Cláudio Vicentino
Bacharel e licenciado em Ciências Sociais pela Universidade de São Paulo (USP)
Professor de História do Ensino Médio e de cursos pré-vestibulares
Autor de obras didáticas e paradidáticas para Ensino Fundamental e Médio

José Bruno Vicentino
Bacharel e licenciado em História pela Pontifícia Universidade Católica (PUC-SP)
Professor de História do Ensino Fundamental, Médio e de cursos pré-vestibulares
Autor de obras didáticas para Ensino Fundamental e Médio

O nome *Teláris* se inspira na forma latina *telarium*, que significa "tecelão", para evocar o entrelaçamento dos saberes na construção do conhecimento.

TELÁRIS
HISTÓRIA
9

editora ática

editora ática

Direção Presidência: Mario Ghio Júnior
Direção de Conteúdo e Operações: Wilson Troque
Direção editorial: Luiz Tonolli e Lidiane Vivaldini Olo
Gestão de projeto editorial: Mirian Senra
Gestão de área: Wagner Nicaretta
Coordenação: Eduardo Guimarães
Edição: Solange Mingorance, Flávia Merighi Valenciano, Carolina Ocampos Alves e Wellington dos Santos (editores); Ligia Torres Figueiredo (edit. assist.)
Planejamento e controle de produção: Patrícia Eiras e Adjane Queiroz
Revisão: Hélia de Jesus Gonsaga (ger.), Kátia Scaff Marques (coord.), Rosângela Muricy (coord.), Ana Paula C. Malfa, Arali Gomes, Brenda T. M. Morais, Carlos Eduardo Sigrist, Célia Carvalho, Claudia Virgilio, Diego Carbone, Flavia S. Vênezio, Gabriela M. Andrade, Heloísa Schiavo, Hires Heglan, Lilian M. Kumai, Luís M. Boa Nova, Luiz Gustavo Bazana, Marília Lima, Patricia Cordeiro, Patrícia Travanca, Raquel A. Taveira, Sandra Fernandez, Sueli Bossi, Vanessa P. Santos; Amanda T. Silva e Bárbara de M. Genereze (estagiárias)
Arte: Daniela Amaral (ger.), Claudio Faustino e Erika Tiemi Yamauchi (coord.), Katia Kimie Kunimura, Yong Lee Kim, Jacqueline Ortolan e Lívia Vitta Ribeiro (edição de arte)
Diagramação: Fernando Afonso do Carmo, Nathalia Laia e Arte Ação
Iconografia e tratamento de imagem: Sílvio Kligin (ger.), Denise Durand Kremer (coord.), Tempo Composto Ltda e Mariana Sampaio (pesquisa iconográfica); Cesar Wolf e Fernanda Crevin (tratamento)
Licenciamento de conteúdos de terceiros: Thiago Fontana (coord.), Luciana Sposito (licenciamento de textos), Erika Ramires, Luciana Pedrosa Bierbauer, Luciana Cardoso Sousa e Claudia Rodrigues (analistas adm.)
Ilustrações: Diego Martinez e Pedro Bottino
Cartografia: Eric Fuzii (coord.), Robson Rosendo da Rocha (edit. arte) e Portal de Mapas
Design: Gláucia Correa Koller (ger.), Adilson Casarotti (proj. gráfico e capa), Erik Taketa (pós-produção), Gustavo Vanini e Tatiane Porusselli (assist. arte)
Foto de capa: Alamy/Fotoarena

Todos os direitos reservados por Editora Ática S.A.
Avenida das Nações Unidas, 7221, 3º andar, Setor A
Pinheiros – São Paulo – SP – CEP 05425-902
Tel.: 4003-3061
www.atica.com.br / editora@atica.com.br

Dados Internacionais de Catalogação na Publicação (CIP)

```
Vicentino, Cláudio
    Teláris história 9º ano / Cláudio Vicentino, José Bruno
Vicentino. - 1. ed. - São Paulo : Ática, 2019.

    Suplementado pelo manual do professor.
    Bibliografia.
    ISBN: 978-85-08-19352-3 (aluno)
    ISBN: 978-85-08-19353-0 (professor)

    1. História (Ensino fundamental). I. Vicentino, José
Bruno. II. Título.

2019-0178                                    CDD: 372.89
```

Julia do Nascimento - Bibliotecária - CRB-8/010142

2020
Código da obra CL 742192
CAE 654384 (AL) / 654383 (PR)
3ª edição
3ª impressão
De acordo com a BNCC.

Impressão e acabamento Ricargraf

Apresentação

Muita gente questiona: por que estudar História? Por que precisamos saber o que aconteceu no passado?

Essas perguntas, feitas frequentemente por alguns alunos, nos motivaram a escrever uma coleção que pretende despertar seu interesse pelo estudo dessa disciplina.

Não se trata de decorar datas ou de falar sobre assuntos que parecem distantes da sua realidade. Neste estudo da História, você encontrará inúmeras oportunidades de relacionar o passado com o presente e compreender diferentes formas de pensar e agir do ser humano. Por que isso importa? Porque vai ajudar você a compreender melhor o mundo em que vivemos, a identificar a necessidade de mudanças e defender a permanência das conquistas sociais, políticas, econômicas e culturais.

Você faz parte da História, você faz História – e como cidadão precisa construir conhecimento sobre os mais variados assuntos de maneira crítica e participativa. Aprender História é um rico caminho para desenvolver o senso crítico, a capacidade de análise e entendimento, a valorização dos legados culturais e a percepção das permanências e mudanças presentes nas diferentes sociedades ao longo do tempo.

Nesta coleção, você vai conhecer sujeitos, lugares, períodos, investigações, processos e eventos históricos do Brasil e das diversas regiões do mundo, desde os primórdios da humanidade até os dias atuais. Vai compreender diferentes conceitos e concepções científicas; interpretar documentos escritos e imagéticos; perceber como a História dialoga com as outras disciplinas. Vai descobrir que estudar História pode fazer diferença na sua formação.

Bom ano de estudo!

Os autores

CONHEÇA SEU LIVRO

Este livro é dividido em **quatro unidades**, subdivididas em **capítulos**.

Abertura de unidade
As aberturas de unidade trabalham a leitura de imagem e apresentam um breve texto de introdução aos principais temas que serão tratados.

Abertura de capítulo
As aberturas de capítulo apresentam um texto introdutório e uma imagem cujo propósito é estimulá-lo a refletir sobre o tema tratado e a relacionar passado e presente.

Trabalhando com documentos
Presente em todos os capítulos, esta seção permitirá a você conhecer e analisar os mais diferentes tipos de documentos históricos.

Glossário
As palavras e as expressões destacadas no texto com grifo verde remetem ao glossário na lateral da página, que apresenta a definição desses termos.

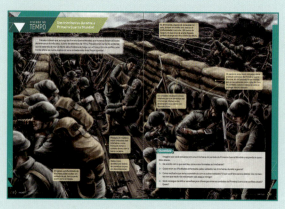

Vivendo no tempo
O objetivo desta seção é demonstrar aspectos da vida em um determinado tempo ou contexto histórico.

Conexões
Seção que valoriza a interdisciplinaridade, relacionando a História com outros saberes, disciplinas e áreas do conhecimento. Ela aparece em momentos diferentes em cada volume.

Infográfico
Seção especial que trata os conteúdos mais complexos de forma gráfico-visual, auxiliando na compreensão de determinados temas.

Mapeando saberes

Ao final de cada capítulo, você encontrará uma síntese dos principais tópicos estudados. Esta seção está dividida em **Atenção a estes itens** e **Por quê?**.

Atividades

No final dos capítulos, você vai encontrar exercícios de retomada do conteúdo estudado, de análise de documentos e propostas de atividades práticas.

Autoavaliação

Seção voltada à autoanálise do aprendizado. Traz questões cognitivas e atitudinais e propõe uma reflexão sobre suas facilidades e dificuldades no estudo do capítulo.

Lendo imagem

Seção que encerra cada unidade. Primeiro, apresenta a análise de uma imagem e, depois, propõe outra imagem para você ler, seguindo etapas que vão ajudá-lo a desenvolver essa competência.

Projeto do semestre

Promove a cidadania por meio da reflexão e do debate de temas da atualidade. A seção aparece duas vezes no livro e traz oportunidades de trabalhos práticos envolvendo a escola onde você estuda e a comunidade onde vive.

Como fazer

Aparece no final do livro e vai orientá-lo a desenvolver procedimentos úteis em seus estudos escolares, como fichamentos, trabalhos em equipe, leitura de mapas históricos, entre outros.

Saiba mais

Este boxe traz comentários sobre dúvidas ou polêmicas envolvendo interpretações ou concepções históricas e o aprofundamento de um dos assuntos tratados no capítulo.

Construindo conceitos

Boxe que explica conceitos importantes da História.

Distribuídos ao longo dos capítulos, estes boxes trazem dicas de filmes, livros, músicas e *sites* relacionados aos temas estudados para você explorar e aprofundar seus estudos.

 De olho na tela

 Minha biblioteca

 Mundo virtual

 Minha *playlist*

SUMÁRIO

Introdução 10

Unidade 1

Entrando no século XX 14

CAPÍTULO 1: A Primeira Guerra Mundial 16
1. **Contrastes da *Belle Époque*** 17
2. **Tensões e disputas** 18
   - O estopim da guerra 19
3. **O desenrolar do conflito** 20

Trabalhando com documentos 21
Vivendo no tempo 22
   - Tecnologia e destruição 24
   - Desdobramentos 25
4. **Os tratados de paz** 26
   - Consequências da Primeira Guerra 27

Conexões 28
   - A saia, a bicicleta e a Primeira Guerra: outras mudanças 30

Mapeando saberes 31
Atividades 32
Autoavaliação 33

CAPÍTULO 2: A Revolução Russa e a URSS. 34
1. **Socialismo e revolução** 35
   - As correntes socialistas 35
2. **Os antecedentes da Revolução Russa** 36
   - Os ideais socialistas entre os trabalhadores russos 37
3. **O processo revolucionário** 38
   - A queda do czarismo 38
   - Os bolcheviques no poder 39
4. **Desdobramentos da Revolução** 40
   - O nascimento do stalinismo 40

Trabalhando com documentos 42
Mapeando saberes 43
Atividades 44
Autoavaliação 45
Projeto 1º semestre (Abertura) 46

CAPÍTULO 3: Brasil: a construção da República 48
1. **Ruptura ou continuidade?** 49
   - Uma proposta de periodização 49
2. **A República da Espada** 50
   - O Governo Provisório (1889-1891) 50
   - A Constituição de 1891 50
   - A política econômica de Rui Barbosa 51

Infográfico: Sociedades indígenas no início da República 52
   - Eleição e renúncia de Deodoro da Fonseca (1891) 54
   - O governo de Floriano Peixoto: o Marechal de Ferro (1891-1894) 54
3. **A República Oligárquica** 55
   - O coronelismo, o voto de cabresto e a política dos governadores 55
   - O café com leite 57
   - A política econômica da República Oligárquica 57
   - A política externa da República Oligárquica 58
4. **Os brasileiros mais pobres no início da República** 60
   - Reformas e revoltas urbanas 60

Trabalhando com documentos 63
   - O messianismo e as revoltas no campo 64
   - Breve balanço 66
   - Presidentes da República Oligárquica 68

Mapeando saberes 69
Atividades 70
Autoavaliação 71
Lendo imagem 72

Unidade 2

Autoritarismo, totalitarismo e a Segunda Guerra Mundial 74

CAPÍTULO 4: Crises e totalitarismo 76
1. Estados Unidos da América 77
   - A Crise de 1929: o *crash* da Bolsa de Valores 78
   - A adoção do *New Deal* 78
2. O nazifascismo 79
   - O fascismo italiano 80
   - O nazismo na Alemanha 80
- Conexões 82
3. Stalin e a URSS 84
4. A Guerra Civil Espanhola (1936-1939) 84
   - A divisão da sociedade espanhola 85
- Trabalhando com documentos 86
- Mapeando saberes 87
- Atividades 88
- Autoavaliação 89

CAPÍTULO 5: O Brasil nos anos 1920 90
1. A crise da República Oligárquica 91
   - Novos personagens entram em cena 91
   - O Movimento Tenentista 92
- Trabalhando com documentos 94
2. A cultura urbana se transforma 95
   - A Semana de Arte Moderna 95
   - Artistas plásticos negros no Brasil 96
3. A Revolução de 1930 97
- Mapeando saberes 98
- Atividades 99
- Autoavaliação 99

CAPÍTULO 6: A Era Vargas 100
1. Vargas no poder 101
2. O Governo Provisório 102
   - A Revolução Constitucionalista 103
   - A Constituição de 1934 103
3. Vargas de 1934 a 1937 105
   - Conflitos no campo 106
4. A Ditadura Vargas: o Estado Novo 107
   - A propaganda como instrumento de poder 108
   - O controle estatal da economia 109
   - A repressão 109
   - Direitos trabalhistas 110
- Trabalhando com documentos 111
- Mapeando saberes 112
- Atividades 113
- Autoavaliação 113
- Projeto 1º semestre (Conclusão) 114

CAPÍTULO 7: A Segunda Guerra Mundial e a queda de Vargas 116
1. O início de uma nova guerra 117
2. O avanço do Eixo (1939-1942) 118
   - Os embates se ampliam 118
3. A vitória dos Aliados 120
   - A tragédia de Hiroxima 121
4. Os acordos do final da guerra 122
   - A criação da ONU 123
5. A "política da boa vizinhança" 124
6. O Brasil na guerra 124
- Trabalhando com documentos 125
7. A deposição de Vargas 126
- Mapeando saberes 127
- Atividades 128
- Autoavaliação 129
- Lendo imagem 130

Unidade 3

O mundo da Guerra Fria e da descolonização 132

CAPÍTULO 8: Guerra Fria: o mundo dividido 134
1. O mundo dividido em blocos 135
2. A Revolução Chinesa 136
   - A Longa Marcha 137
3. Conflitos no Oriente 138
   - A Guerra da Coreia 138
   - A Guerra do Vietnã 139
4. A política de coexistência pacífica 141
5. Os anos 1960: crises e rebeldias 142
   - Revolução nos hábitos 143
   - O *American way of life* 144

Trabalhando com documentos 145
Mapeando saberes 146
Atividades 147
Autoavaliação 147
Projeto 2º semestre (Abertura) 148

CAPÍTULO 9: Brasil: da democracia à ditadura 150
1. Governos democráticos entre 1946 e 1964 151
2. O golpe de 1964 153
3. Os Anos de Chumbo 154
   - O governo Castelo Branco (1964-1967) 155
   - O governo Costa e Silva (1967-1969) 155
   - O governo Médici (1969-1974) 156
   - O governo Geisel (1974-1979) 156
   - O governo Figueiredo (1979-1985) 156
   - Aspectos econômicos 157
4. Cultura e política nos tempos da ditadura 157
   - A resistência indígena e negra frente à ditadura 158

Conexões 160

5. A participação popular no fim da ditadura 162

Trabalhando com documentos 164
Mapeando saberes 165
Atividades 166
Autoavaliação 167

CAPÍTULO 10: América Latina: em busca da soberania 168
1. Industrialização e Guerra Fria 169
2. A influência estadunidense 170
3. Intervenções e confrontos na América Central 170
   - A Revolução Cubana 171
4. América do Sul: populismo e ditadura 173
   - Argentina: de Perón a Menem 173
   - Chile: fim de um sonho 174

Trabalhando com documentos 175
   - Peru: instabilidade política 176
   - México: revolução e o domínio do PRI 177

Mapeando saberes 178
Atividades 179
Autoavaliação 179

CAPÍTULO 11: A descolonização da Ásia e da África 180
1. Gandhi e a independência da Índia 181
2. África: guerras de independência 182
   - República Democrática do Congo 183
   - A África de língua portuguesa 183
   - África do Sul 184
3. As colônias se libertam 185

Conexões 186

4. Os conflitos do Oriente Médio 188
   - A disputa pela Palestina 188
   - Irã contra Iraque 191

Trabalhando com documentos 193
   - A Guerra do Golfo 194

Mapeando saberes 196

Atividades 197
Autoavaliação 197
Lendo imagem 198

Unidade 4

O fim da Guerra Fria e o Brasil recente 200

CAPÍTULO 12: O fim da Guerra Fria e a globalização 202

1▶ O fim da Guerra Fria 203
   A intervenção soviética no Afeganistão 203
2▶ A crise da URSS e o governo Gorbachev 204
   A desintegração do bloco soviético 205
3▶ O fim da União Soviética 206
   As sucessivas crises na Rússia 206
4▶ A China em transformação 208
5▶ O mundo pós-Guerra Fria 209
   O 11 de setembro e o Afeganistão 209
   Globalização e novas alianças 210
6▶ O neoliberalismo e as crises econômicas 211
7▶ Neoliberalismo na América Latina 212
Trabalhando com documentos 214
8▶ Os grandes conglomerados 215
   Crises sociais 216
Mapeando saberes 217
Atividades 218
Autoavaliação 219

CAPÍTULO 13: Brasil: redemocratização e globalização 220

1▶ De Sarney a Itamar: o Brasil pós-ditadura ... 221
Infográfico: Indígenas, quilombolas e mulheres na Constituição de 1988 222
Trabalhando com documentos 223
   Collor: mudanças neoliberais e *impeachment* 224
   Itamar Franco e o controle da inflação 224
2▶ De Fernando Henrique Cardoso a Michel Temer 225
Conexões 226
   Política e economia no governo de Luiz Inácio Lula da Silva 228
   O governo de Dilma Rousseff 229
   O segundo mandato de Dilma Rousseff e novo *impeachment* 229
   O governo de Michel Temer 230
Mapeando saberes 232
Atividades 233
Autoavaliação 233
Projeto 2º semestre (Conclusão) 234

CAPÍTULO 14: O nosso tempo 236

1▶ A revolução do nosso tempo 237
Trabalhando com documentos 239
2▶ Tempo de desafios 240
   A internet e seus usos 240
   Produção, consumo e meio ambiente 241
   Desigualdade social e violência 242
   O tráfico e o consumo de drogas 242
   As guerras e os "senhores das armas" 243
3▶ Nossa história 246
   Vivendo no seu tempo 246
Mapeando saberes 247
Atividades 248
Autoavaliação 249
Lendo imagem 250
Como fazer 252
Bibliografia 256

INTRODUÇÃO

Neste último ano do Ensino Fundamental 2, vamos finalizar nossos estudos históricos conhecendo mais sobre os séculos XX e XXI. Apesar de ser um período mais recente, grande parte do que veremos durante o ano não foi vivenciada por vocês, nem mesmo por seus pais e avós.

Para compreendermos melhor a história dos séculos XX e XXI, é necessário relembrarmos o que aconteceu no mundo entre fins dos séculos XVIII e XIX.

No 8º ano, vocês acompanharam grandes mudanças que marcaram a História, como a Revolução Francesa e as independências dos Estados Unidos da América e da América Latina. Viram como os ideais do Iluminismo influenciaram esses acontecimentos e como a Revolução Industrial modificou o trabalho, o comércio, as relações entre os países e o cotidiano das pessoas.

Essa transformação no modo de produzir mercadorias motivou o imperialismo adotado pelos europeus na África e na Ásia e trouxe sérias consequências para as populações locais. Também estimulou a origem do socialismo, corrente de pensamento que questionava o novo modelo de produção e o lugar que os trabalhadores ocupavam nele.

No Brasil, além da independência, vimos como o país se organizou durante o Primeiro e o Segundo Reinados e as rebeliões que contestavam o poder central, principalmente durante o governo de dom Pedro I e o período regencial. Estudamos como se articulou a luta pela abolição do sistema escravista e pela inserção de pobres, ex-escravizados e seus descendentes, indígenas e mulheres em uma sociedade que não reconhecia esses grupos como cidadãos.

Essas e outras tantas mudanças e permanências nos ajudarão a olhar e a entender o mundo dos séculos XX e XXI. Afinal, como já aprendemos, tudo na História está interligado.

Avenida Paulista, em São Paulo, por volta de 1925. O pórtico à esquerda era o Belvedere Trianon, onde hoje se localiza o Masp.

Avenida Paulista em São Paulo. Foto de junho de 2018.

O breve século XX

Como pode um século ser breve se todos duram cem anos? Se aprendemos, no início do 6º ano, que esse é o termo usado para designar esse período de tempo, então tudo é uma questão de interpretação.

Vocês devem se lembrar também de que cada historiador, ao estudar História, analisa uma época, fatos e documentos de acordo com sua visão. É isso que proporciona as diferentes interpretações sobre um mesmo assunto.

Para o historiador inglês Eric Hobsbawm, o século XX não se iniciou em 1901, mas 13 anos depois, com o começo da Primeira Guerra Mundial. Seu marco final também não seria o ano 2000, mas 1991, quando a União das Repúblicas Socialistas Soviéticas (URSS) deixou de existir. Por isso, ele chamou esse período de **breve século XX**.

E o que aconteceu durante esse tempo? Para Hobsbawm, essa era de 77 anos foi marcada por lutas sociais surgidas em reação ao sistema capitalista e agravadas por sucessivas crises econômicas.

Um aspecto marcante do século XX foram as guerras. Motivadas por diferentes razões, elas foram quase ininterruptas e envolveram praticamente todos os países. Além de imensa destruição, os confrontos provocaram cerca de 187 milhões de mortes.[1]

O período posterior às guerras mundiais também foi caracterizado pela divisão dos países em dois blocos político-econômicos distintos: o bloco capitalista, conduzido pelos EUA, e o socialista, liderado pela URSS. A luta entre esses dois blocos ficou conhecida como Guerra Fria.

A primeira parte do Muro de Berlim é derrubada por uma multidão em 10 de novembro de 1989. O muro separava a Alemanha Ocidental (capitalista) da Alemanha Oriental (socialista) durante a Guerra Fria. Na foto, um homem com uma picareta participa da destruição do Muro entre a Postdam Platz e o Portão de Brandemburgo.

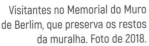

Visitantes no Memorial do Muro de Berlim, que preserva os restos da muralha. Foto de 2018.

[1] HOBSBAWM, Eric. *Globalização, democracia e terrorismo*. São Paulo: Companhia das Letras, 2007. p. 21.

Uma nova ordem mundial: a globalização

A partir de 1991, com o fim da URSS e da Guerra Fria, as nações do mundo deixaram de se organizar em dois blocos opostos e passaram a estabelecer novos vínculos econômicos, políticos e culturais entre si. Isso representou uma nova expansão do capitalismo, agora ainda mais global. A essa fase do desenvolvimento da humanidade convencionou-se denominar **globalização**.

Vocês já devem ter percebido como o mundo atual está cada vez mais conectado, em todos os sentidos.

Durante o século XX, ocorreram ainda grandes mudanças na forma de viver do ser humano.

A integração internacional em âmbito político, econômico, social e cultural é denominada globalização.

Esse foi o século de maior avanço da perspectiva de vida, graças às novas tecnologias de produção de alimentos e de cura de doenças. Também foi o século que deu o pontapé inicial na grande revolução tecnológica que se consolidaria no século XXI. O telefone fixo e os orelhões deram lugar ao celular e aos *smartphones*. A internet, que surgiu na época da Guerra Fria como um sistema de comunicação para proteger informações sigilosas dos estadunidenses, hoje faz parte da rotina da grande maioria da população.

No entanto, todas essas inovações não puseram fim à miséria e às desigualdades enfrentadas por uma enorme parcela da população mundial. E não acabaram com conflitos, violência e desastres ambientais que continuam a se repetir por todo o planeta.

Telefone fixo da década de 1970.

O século XXI: um período de desafios

Em pleno século XXI, a pergunta que precisamos nos fazer é: diante de tantos avanços, quais conquistas ainda precisam ser alcançadas?

Pensemos na pobreza em que vivem muitos seres humanos.

Para um grande número de pessoas, a penúria é vista como algo natural. Está relacionada às condições que cada indivíduo teve ao nascer ou ao aproveitamento das oportunidades surgidas durante a vida. De acordo com essa visão, nada se pode fazer para mudar essa situação. No máximo, pode-se tentar torná-la suportável.

> **Penúria:** estado de extrema pobreza, miséria.

Telefone celular de 1992.

No século XIX a escravidão também era considerada por muitos algo natural e até mesmo inevitável. Mas ela foi abolida graças à ação de movimentos organizados que envolveram escravizados, ex-escravizados e homens e mulheres livres.

Assim, é importante pensar a pobreza como resultado de uma situação social que precisa ser modificada, e buscar caminhos para isso.

Smartphone de 2017.

No Brasil, por exemplo, existe grande desigualdade social. Em 2015, 1% da população, considerada a parcela mais rica, possuía 28% de toda a riqueza da nação[2]. No mesmo ano, o Brasil apareceu como o 10º país mais desigual do mundo, em uma pesquisa feita pela Organização das Nações Unidas (ONU)[3].

Outra questão desafiadora é a constante busca do crescimento econômico. No século XIX e durante grande parte do século XX não se consideravam os efeitos ambientais gerados pelo aumento da produção e do consumo.

No século XXI ganhou importância o **desenvolvimento sustentável**, ou seja, garantir o desenvolvimento econômico e material para atender às necessidades humanas, usando e preservando os recursos naturais (florestas, matas, rios, lagos, oceanos e a diversidade biológica). Dessa forma, tenta-se minimizar os impactos das atividades humanas no meio ambiente.

Porém, existe uma perspectiva que nos mostra um quadro de dificuldades à frente. Os recursos naturais precisam ser suficientes para, além de abolir a pobreza, atender ao crescimento populacional, que a cada ano acrescenta mais de 100 milhões de habitantes no planeta. Será que a Terra está preparada para isso?

Essas questões foram apresentadas nesta introdução para serem pensadas ao longo de todo o ano. Servem de incentivo para você e seus colegas refletirem sobre o mundo em que vivemos. E os exemplos do século XX vão ajudar vocês nessa tarefa. Afinal, muitos de seus acontecimentos serviram de base para a construção da realidade atual, do nosso mundo do século XXI.

Bons estudos!

◁ Charge de Angeli, de 2003, que ironiza a desigualdade social existente no mundo. Você consegue perceber os artifícios que o autor utilizou para fazer uma crítica?

[2] Camada 1% mais rica da população brasileira detém 28% da riqueza do país. *Economia IG*. Disponível em: <http://economia.ig.com.br/2017-12-15/desigualdade-social-brasil.html>. Acesso em: 22 fev. 2018.

[3] CORRÊA, Marcelo. Brasil é o 10º país mais desigual do mundo. *O Globo*. Disponível em: <https://oglobo.globo.com/economia/brasil-o-10-pais-mais-desigual-do-mundo-21094828>. Acesso em: 22 fev. 2018.

Linha de montagem na fábrica de munições e armas Vickers, Sons & Maxim na Inglaterra. Foto de cerca de 1905. Com as novas tecnologias disponibilizadas com a chamada Terceira Revolução Industrial, a produção da indústria bélica teve um crescimento considerável no início do século XX.

UNIDADE 1

Entrando no século XX

O século XX foi marcado por avanços e conflitos. As mudanças na tecnologia foram tão importantes que dizemos que ocorreu uma Terceira Revolução Industrial. Apesar de essas mudanças oferecerem qualidade de vida a muitas populações, parte das invenções foi utilizada pela indústria bélica em guerras. Relembrar os conflitos armados nos ajuda a refletir sobre o uso da violência nas relações entre povos e países.

Granger/Fotoarena

Observe a imagem e responda às questões oralmente.

1. Entre os diversos conflitos do século XX estão a Primeira e a Segunda Guerra Mundiais. O que você sabe sobre elas?

2. Você já assistiu a algum filme ou leu algum livro ou reportagem sobre uma dessas duas guerras? Comente com a classe o que mais chamou sua atenção.

CAPÍTULO 1

A Primeira Guerra Mundial

Bertrand Guay/Agência France-Presse

Painel de Joe Sacco, com 132 m × 7 m, na estação de Montparnasse, em Paris, na França. A série de desenhos mostra o primeiro dia da Batalha de Somme, em 1916. Foto de 2014.

O início do século XX foi uma época de inúmeras inovações tecnológicas e culturais, que pareciam anunciar um mundo novo, moderno e promissor. Elas integravam a dinâmica da Segunda Revolução Industrial, juntando ciência e tecnologia e respaldando a ideia de um progresso irrefreável. Foi no impulso de tais avanços que se efetivou o trabalho de muitos pesquisadores e cientistas, a exemplo de Sigmund Freud, com a Psicanálise, e de Albert Einstein, com a Teoria da Relatividade Geral.

Ao mesmo tempo, desde as últimas décadas do século XIX, o dinamismo econômico, tecnológico, científico e cultural carregava as seguidas disputas pela hegemonia entre as potências europeias em áreas coloniais, bem como a intensificação dos nacionalismos e a concentração de riquezas. As deploráveis condições de vida dos operários nos grandes centros urbanos e a exploração da mão de obra barata nas unidades fabris eram o outro lado do progressismo em curso. A esse conjunto geral soma-se uma intensa corrida armamentista.

Nesse contexto, explode, em 1914, a Primeira Guerra Mundial. Iniciada como um conflito entre potências europeias, a guerra ganhou caráter mais amplo em 1917, com a entrada dos Estados Unidos. A Grande Guerra, como ficou conhecida na época, revelava o outro lado do progressismo e a outra face da tecnologia: a destruição.

> ### ▶ Para começar 💬
>
> Observe a imagem e responda às questões.
>
> 1. Quais aspectos da foto mais chamam sua atenção? Que relação você estabelece entre ela e a Primeira Guerra Mundial?
>
> 2. Observando a imagem, como você descreveria a Primeira Guerra Mundial?
>
> 3. Em sua opinião, existem pessoas ou grupos que se beneficiam com as guerras? Explique sua resposta.

1 Contrastes da Belle Époque

A expressão francesa *Belle Époque* (Bela Época) é usada para designar o período de euforia e otimismo que antecedeu, na Europa, a Primeira Guerra Mundial.

Desde a década de 1870, com o surgimento da iluminação elétrica, do fonógrafo, do telefone e do automóvel moderno, entre outros inventos, a população europeia se maravilhava com as novas tecnologias. Nas grandes cidades, esse entusiasmo se manifestava no mundo elegante das exposições universais, das artes, do espetáculo e da moda, que tinham Paris como modelo. A burguesia, enriquecida com a industrialização, impunha seu gosto por toda a Europa.

Mas nem só de beleza vivia a sociedade europeia da virada do século XX. Agitações políticas impulsionadas pelo nacionalismo, sentimentos de revanchismo e rivalidades entre as nações europeias, disputas entre os países desenvolvidos pela hegemonia mundial e uma acentuada corrida armamentista eram o reverso da moeda do progresso.

A concentração de riquezas nas mãos das elites industriais, comerciais e financeiras fez aumentar a desigualdade entre ricos e pobres. O operariado, explorado e descontente com seu trabalho nas fábricas, quase não se beneficiava com os desenvolvimentos tecnológicos. Além disso, as rivalidades entre as nações imperialistas, que disputavam o controle sobre territórios da África e da Ásia, gerou um clima de enorme tensão na Europa.

Por isso, muitos historiadores afirmam que a Europa da *Belle Époque* era um mundo tranquilo sobre um barril de pólvora. Sob a aparente estabilidade havia uma grande tensão prestes a explodir. A cada novo impasse, os países mais poderosos intensificavam seus aparatos militares, preparando-se para a guerra.

Em 1914, o conflito tornou-se inevitável e sepultou a *Belle Époque*.

Torre Eiffel, em Paris, em 1889. Toda construída em aço, tornou-se símbolo da modernidade e do progresso no final do século XIX.

LINHA DO TEMPO

1871-1914 — Rivalidade França × Alemanha

1914 — Assassinato de Francisco Ferdinando; Início da guerra

1914-1915 — Guerra de movimento

1916-1918 — Guerra de posição

1917 — Entrada dos EUA na guerra

1918 — Saída da Rússia da guerra

1919 — Tratado de Versalhes

Primeira Guerra Mundial (1914-1918)

Linha do tempo esquemática. O espaço entre as datas não é proporcional ao intervalo de tempo.

2 Tensões e disputas

Em 1871, o desfecho da Guerra Franco-Prussiana criou na Europa um clima de tensão que só tendia a se agravar. A Alemanha, que finalmente conseguira se unificar, passou a disputar mercados com outras potências europeias, como a própria França e a Inglaterra. Já os franceses, que perderam o rico território da Alsácia-Lorena, sentiram-se humilhados com a derrota e passaram a alimentar um sentimento de revanche.

O agravamento das tensões entre os países europeus foi acompanhado pela formação de blocos rivais. Isso deu início a uma intensa corrida armamentista: quando um dos lados ampliava sua capacidade bélica, o outro logo buscava equiparar-se. Daí esse período ser conhecido como **Paz Armada**.

Das alianças, dois grandes blocos ganharam corpo no início do século XX: Áustria-Hungria e Itália estavam ligadas à Alemanha, formando a **Tríplice Aliança**. Inglaterra e França se aliaram à Rússia, compondo a **Tríplice Entente**.

> **Entente**: a palavra, que em francês significa 'entendimento', indica um acordo entre países para atingir um objetivo comum.

Qualquer acontecimento poderia colocar em risco a paz na Europa e precipitar uma guerra generalizada. E, naquele momento, focos de tensão não faltavam. Veja alguns:

- **Questão Marroquina**: desde 1880, o Marrocos era disputado por diferentes nações europeias, por causa de sua localização estratégica no norte da África. Em 1904, a França assinou um acordo com os ingleses, dando-lhes sua aprovação para dominarem o Egito. Em troca, obteve apoio britânico para controlar o Marrocos. Era o entendimento entre Inglaterra e França que ficou conhecido como *Entente Cordiale*. Isso causou reações da Alemanha, interessada em ampliar seus domínios na região.

Durante a Paz Armada, as potências europeias passaram por uma corrida armamentista sem a intenção de dar início a um conflito. Nesse período, a indústria bélica aumentou seus recursos, e novas tecnologias em armamentos foram desenvolvidas. A ilustração, de 1893, publicada em um jornal londrino, representa mulheres preenchendo cartuchos com dinamite em pó.

O sistema de alianças produziu dois grandes blocos de países rivais.

As alianças militares na Europa (início do século XX)

Tríplice Aliança
Tríplice Entente

Fonte: elaborado com base em ATLAS da história do mundo. São Paulo: *Folha de S.Paulo*, 1995. p. 247.

- **Questão Balcânica**: durante a crise do Império Turco Otomano, o Império Austro-Húngaro anexou ao seu território, em 1908, as regiões eslavas da Bósnia e da Herzegovina, nos Bálcãs. A Sérvia reagiu prontamente, pois idealizava liderar a união dos povos eslavos da região. Contava com o apoio da Rússia, que incentivava o nacionalismo eslavo. Por sua vez, os austro-húngaros tinham o apoio dos alemães, que desejavam construir uma ferrovia ligando Berlim a Bagdá, passando pela península Balcânica. Tal caminho os levaria ao golfo Pérsico, região rica em petróleo cujo domínio é cobiçado pelas grandes potências até hoje.

A ferrovia Berlim-Bagdá

Traçado da Ferrovia Berlim-Bagdá. A obra não foi concluída, mas seu projeto reforçou as rivalidades entre as potências imperialistas na região balcânica.

Fonte: elaborado com base em HARPER, Tom; BRYARS, Tim. *A history of the Twentieth Century in 100 maps*. Disponível em: <https://www.press.uchicago.edu/dam/ucp/books/pdf/9780226202471_blad.pdf>. Acesso em: 8 nov. 2018.

O estopim da guerra

No dia 28 de junho de 1914, na cidade de Sarajevo, na Bósnia, o herdeiro do trono austro-húngaro, Francisco Ferdinando, e sua esposa foram assassinados por um estudante sérvio, membro de uma sociedade secreta ligada ao nacionalismo eslavo.

O Império Austro-Húngaro lançou um ultimato à Sérvia, exigindo a dissolução das sociedades secretas e a aceitação de uma comissão austro-húngara para investigar o crime. Diante da resposta negativa, a Áustria declarou guerra à Sérvia.

Conforme os acordos militares anteriormente estabelecidos, o governo russo deu apoio aos sérvios, o governo alemão colocou-se ao lado do Império Austro-Húngaro e a França saiu em defesa da Rússia. Com várias declarações de guerra feitas em poucos dias, estava em curso a Primeira Guerra Mundial.

Francisco Ferdinando e Sophia, sua esposa, em Sarajevo (Bósnia), em 28 de junho de 1914, minutos antes de serem assassinados.

Ultimato: última proposta apresentada por um país a seu adversário. Se rejeitada, provoca o fim das conversações e o início da guerra.

3 O desenrolar do conflito

A primeira fase do confronto recebeu o nome de **guerra de movimento**, pois se caracterizou pela movimentação das tropas. Os alemães ocuparam a Bélgica, nação neutra, para chegar até a fronteira com a França e, assim, invadir esse país. A Inglaterra, que temia o predomínio alemão na Europa, enviou um ultimato aos invasores para que respeitassem a neutralidade belga. Como a Alemanha não pretendia recuar, o pedido transformou-se em declaração de guerra.

O plano da Alemanha consistia em concentrar seus ataques no lado ocidental, a fim de vencer rapidamente a França e, depois, enfrentar a Rússia pelo lado oriental. Após invadirem o território francês pela Bélgica, os alemães chegaram a 25 quilômetros de Paris, mas foram detidos pelas tropas francesas na **Batalha do Marne**, às margens do rio de mesmo nome.

Para garantir os territórios já conquistados, os alemães cavaram trincheiras em frente aos exércitos adversários, que fizeram o mesmo. Iniciava-se, assim, a segunda fase do conflito, chamada **guerra de trincheiras**. Por três anos, os exércitos disputavam cada pedaço do território sem avanços significativos, mas com inúmeras mortes de ambos os lados. Já na frente oriental, os alemães obtinham vitórias sucessivas sobre os russos.

Ao longo do conflito, outros países entraram na guerra. O Japão, em 1914, e a Itália (que rompeu com a Alemanha), em 1915, aderiram à Entente, formando o **Bloco dos Aliados**. Já a Bulgária e a Turquia aderiram ao lado comandado pela Alemanha, compondo o bloco das **Potências Centrais**.

> **Minha biblioteca**
>
> **A Primeira Guerra Mundial**, de André Diniz, editora Escala Educacional, 2008. Personagens e dramas do primeiro grande conflito armado vivido pela humanidade são apresentados em quadrinhos.
>
> **Nada de novo no *front***, de Erich M. Remarque, editora L&PM Pocket, 2004. O autor, que foi ferido ao lutar como soldado na Primeira Guerra Mundial, recria suas experiências neste primeiro romance pacifista da literatura moderna.

> **De olho na tela**
>
> **Lawrence da Arábia**. Direção: David Lean. Reino Unido, 1962. Conta a história de Lawrence, um militar do Exército inglês em missão da campanha inglesa no norte da África e no Oriente Médio durante a Primeira Guerra Mundial.

A movimentação dos exércitos durante a Primeira Guerra Mundial

Fonte: elaborado com base em KINDER, H.; HILGEMAN, W. *The Anchor Atlas of the World History*. New York: Doubleday, 1978. v. 2. p. 130.

A Primeira Guerra Mundial começou com uma grande ofensiva das tropas alemãs em direção à França, pela região da Bélgica. Porém, as tropas acabaram contidas, iniciando a guerra de trincheiras. Na frente oriental e nos Bálcãs, a guerra apresentou mais mobilidade.

UNIDADE 1 • Entrando no século XX

TRABALHANDO COM DOCUMENTOS

Em 1914, o estadunidense Richard Harding Davis era correspondente do jornal *New York Tribune* e estava na Bélgica no dia em que o país foi atravessado pelas tropas alemãs que se deslocavam em direção ao canal da Mancha para atacar a França. No texto a seguir, o jornalista descreve o episódio que presenciou.

A entrada do exército em Bruxelas perdeu o tom humano. Perdeu-o quando os três soldados à frente das tropas entraram de bicicleta no Boulevard du Regent e perguntaram o caminho para Gare du Nord. Quando passaram, passou com eles a nota humana.

O que veio depois deles, e 24 horas depois continuava chegando, não foram homens marchando, mas uma força da natureza semelhante a uma maré, uma avalanche ou um rio inundando as margens. [...]

À visão dos primeiros regimentos do inimigo, ficamos excitados de interesse. Após três horas, eles haviam passado numa ininterrupta coluna de aço cinza [e] estávamos entediados. Mas, conforme as horas passavam e não havia tempo para respirar e nem espaços abertos nas fileiras, a coisa se tornou fantástica, desumana. Voltamos a olhá-la, fascinados. Tinha o mistério e a ameaça da neblina rolando para nós do outro lado do mar.

[...] Só o olho mais penetrante detectava a menor diferença entre os milhares de homens que passavam. Todos se moviam sob um manto de invisibilidade.

[...]

Os homens da infantaria cantavam "Pátria, minha pátria". Entre cada verso da música davam três passos. Às vezes dois mil homens cantavam juntos em batida e ritmo absoluto. [...]

À meia-noite, as carroças de carga e os canhões de sítio continuavam a passar. Às 7 horas fui acordado pelo barulho de homens e bandas tocando com elegância. Se marcharam à noite eu não sei; mas já faz 24 horas que o exército cinzento passa com o mistério da neblina e a pertinácia de um rolo compressor.

LEWIS, Jon E. (Org.). *O grande livro do jornalismo*. Rio de Janeiro: José Olympio, 2008. p. 79-82.

1▸ Em 1914, os EUA ainda não haviam entrado na Primeira Guerra. Todavia, no texto que escreveu para o jornal *New York Tribune*, Richard Harding Davis já assumia uma posição no conflito. Que posição era essa? Transcreva o trecho do texto que justifica sua resposta.

2▸ Quais características do exército alemão faziam o jornalista compará-lo a uma força da natureza semelhante a uma maré, uma avalanche ou um rio inundando as margens?

3▸ A descrição do exército alemão revela qual era a expectativa do jornalista em relação à guerra? Justifique.

4▸ Mais de uma vez, o jornalista ressalta a cor do exército alemão, tomando a cor de seus uniformes cinza, descrevendo-o como "uma ininterrupta coluna de aço cinza" e referindo-se a ele como "exército cinzento". Em sua opinião, por que ele faz isso?

▷ Soldados alemães na batalha de Lodz, na Polônia, durante a Primeira Guerra Mundial. Foto de 1914.

A Primeira Guerra Mundial • CAPÍTULO 1

VIVENDO NO TEMPO

Das trincheiras durante a Primeira Guerra Mundial

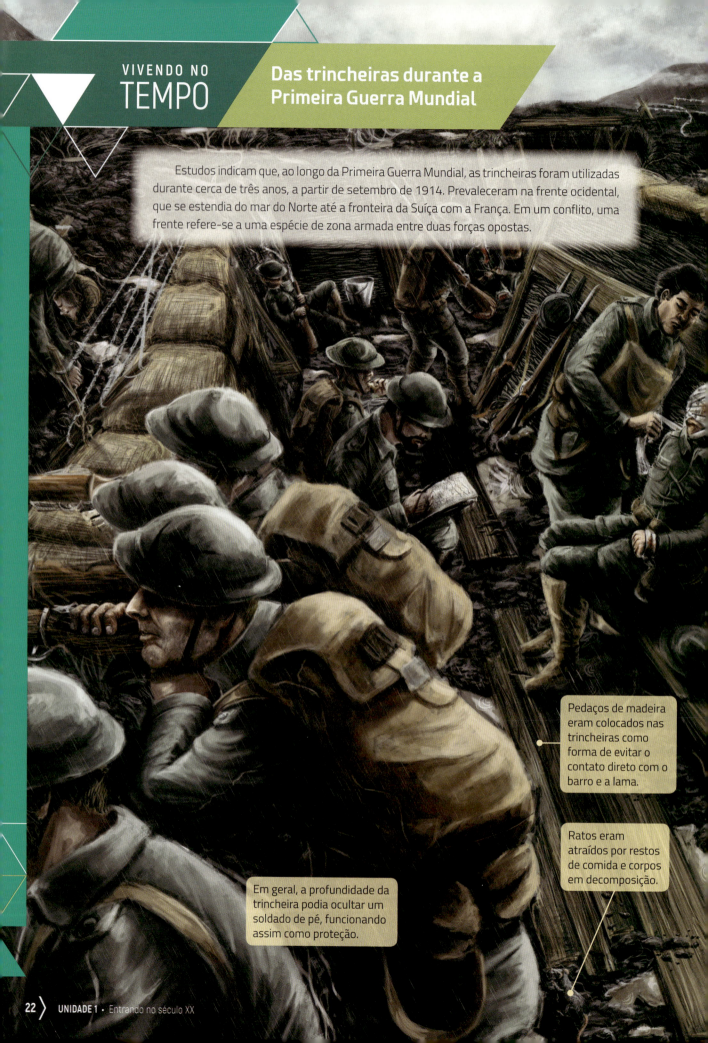

Estudos indicam que, ao longo da Primeira Guerra Mundial, as trincheiras foram utilizadas durante cerca de três anos, a partir de setembro de 1914. Prevaleceram na frente ocidental, que se estendia do mar do Norte até a fronteira da Suíça com a França. Em um conflito, uma frente refere-se a uma espécie de zona armada entre duas forças opostas.

Pedaços de madeira eram colocados nas trincheiras como forma de evitar o contato direto com o barro e a lama.

Ratos eram atraídos por restos de comida e corpos em decomposição.

Em geral, a profundidade da trincheira podia ocultar um soldado de pé, funcionando assim como proteção.

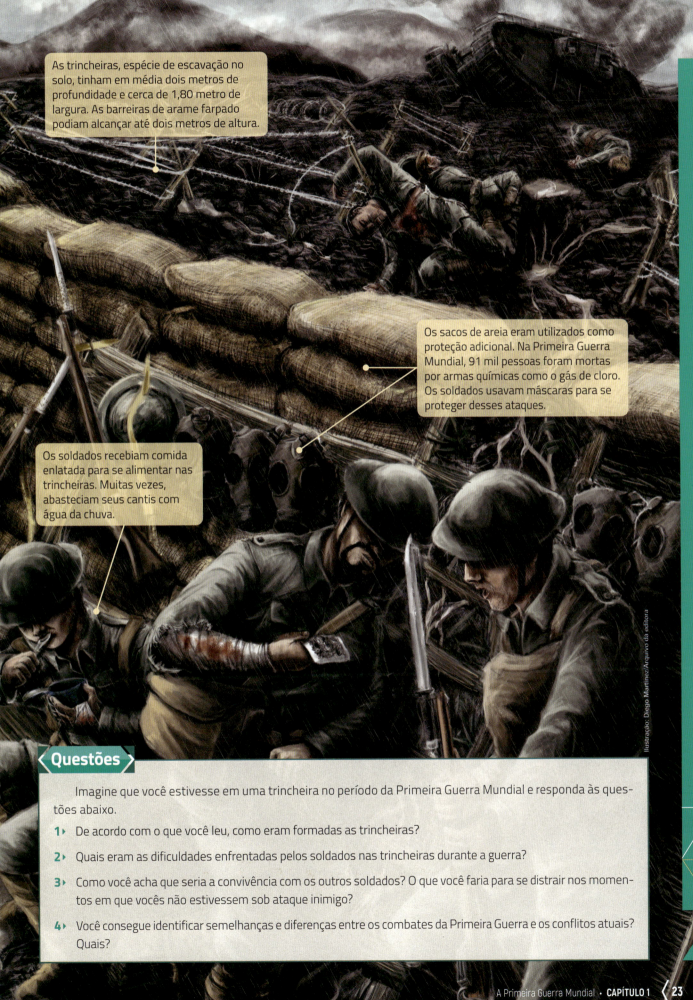

As trincheiras, espécie de escavação no solo, tinham em média dois metros de profundidade e cerca de 1,80 metro de largura. As barreiras de arame farpado podiam alcançar até dois metros de altura.

Os sacos de areia eram utilizados como proteção adicional. Na Primeira Guerra Mundial, 91 mil pessoas foram mortas por armas químicas como o gás de cloro. Os soldados usavam máscaras para se proteger desses ataques.

Os soldados recebiam comida enlatada para se alimentar nas trincheiras. Muitas vezes, abasteciam seus cantis com água da chuva.

Ilustração: Diego Martinez/Arquivo da editora

Questões

Imagine que você estivesse em uma trincheira no período da Primeira Guerra Mundial e responda às questões abaixo.

1. De acordo com o que você leu, como eram formadas as trincheiras?
2. Quais eram as dificuldades enfrentadas pelos soldados nas trincheiras durante a guerra?
3. Como você acha que seria a convivência com os outros soldados? O que você faria para se distrair nos momentos em que vocês não estivessem sob ataque inimigo?
4. Você consegue identificar semelhanças e diferenças entre os combates da Primeira Guerra e os conflitos atuais? Quais?

Tecnologia e destruição

A Primeira Guerra Mundial foi uma das mais mortíferas da História: além de cerca de 13 milhões de mortos, a maioria jovens soldados, essa guerra deixou 20 milhões de mutilados e feridos.

Tamanha capacidade de destruição foi promovida pela utilização de novas e "avançadas" tecnologias, como metralhadoras, tanques, aviões, submarinos e armas químicas como o gás mostarda. Contraditoriamente, os anos de guerra também foram marcados pela descoberta de novas terapias e medicamentos.

Assim, enquanto os avanços da Medicina diminuíam as mortes causadas por doenças, aumentava a mortandade promovida pela guerra. Isso fez os europeus duvidarem da ideia de progresso, tão cultivada na *Belle Époque*.

▷ Monumento aos mortos da Batalha de Somme, que ocorreu em 1916 e foi considerada uma das maiores da Primeira Guerra Mundial. Foto de 2014.

Envenenados, óleo sobre tela (231 cm × 611 cm) de John S. Sargent, de 1918. Nessa tela, veem-se soldados sobreviventes de um ataque de bomba de gás. Amplamente utilizado na Primeira Guerra, o gás mostarda foi depois proibido por acordos internacionais.

Desdobramentos

Detidos em terra pelas trincheiras francesas e bloqueados no mar pela poderosa armada inglesa, os alemães lançaram-se em uma audaciosa guerra submarina. Em 1917, seus submarinos atacaram navios estadunidenses que transportavam armas e suprimentos para os países da Entente. Isso serviu de pretexto para a entrada dos EUA na guerra, favorecendo o lado dos Aliados no equilíbrio das forças em confronto.

Enquanto isso, eclodia na Rússia a **Revolução Socialista de 1917**, que estudaremos no próximo capítulo. No início de 1918, o governo russo assinou um armistício com a Alemanha, liberando-a dos combates na frente oriental.

Já na frente ocidental, os confrontos resultavam em um contínuo desgaste dos alemães. Internamente, a situação do país também se agravava. Pressionado por um movimento popular, o *Kaiser* Guilherme II teve de renunciar ao trono e foi instaurada uma república no país.

Enfraquecido, o novo governo alemão aceitou a proposta de paz feita pelo presidente estadunidense Woodrow Wilson (os chamados **catorze pontos de Wilson**). Em 11 de novembro de 1918 foi assinado o **Armistício de Compiègne**, pondo fim à Primeira Guerra Mundial.

> **Armistício:** rendição, acordo que cessa temporariamente as hostilidades.
>
> ***Kaiser:*** imperador alemão.

OS CATORZE PONTOS DE WILSON

1. Abolição da diplomacia secreta, isto é, todos os acordos internacionais deveriam ser negociados publicamente entre as nações e não poderiam conter cláusulas ocultas.
2. Plena liberdade de navegação.
3. Eliminação das barreiras econômicas entre as nações.
4. Limitação dos armamentos nacionais ao nível mínimo compatível com as necessidades de segurança.
5. Ajuste parcial das pretensões imperialistas, levando-se em conta os interesses dos povos dominados.
6. A retirada dos alemães do território russo, ali instalados desde o acordo de paz entre os dois países.
7. A restauração da independência da Bélgica.
8. A devolução da Alsácia-Lorena à França.
9. Redefinição das fronteiras da Itália, que incorporou regiões de forte presença italiana, antes sob domínio austríaco.
10. Autonomia dos povos sob controle da Áustria-Hungria.
11. Restauração da Romênia, de Montenegro e da Sérvia, assegurando-se aos sérvios o acesso ao mar.
12. Autonomia dos povos até então submetidos aos turcos. Além disso, os estreitos de Bósforo e Dardanelos passariam a estar permanentemente abertos.
13. Criação de uma Polônia independente, habitada por uma população de origem indiscutivelmente polonesa e com pleno acesso ao mar.
14. Criação de uma Sociedade ou Liga das Nações, com objetivo de arbitrar as futuras pendências entre as nações, concretizando-se assim o tão sonhado Direito Internacional.

Fonte: RODRIGUES, Luiz Cesar B. *A Primeira Guerra Mundial*. São Paulo/Campinas: Atual/Unicamp, 1986. p. 57-58.

4 Os tratados de paz

No início de 1919, os líderes dos países vitoriosos reuniram-se no Palácio de Versalhes, na França, para definir os rumos da Europa e impor punições aos derrotados. Suas resoluções foram firmadas no **Tratado de Versalhes**.

A Alemanha, considerada culpada pela guerra, foi obrigada a:

- indenizar os países vitoriosos em aproximadamente 33 bilhões de dólares;
- devolver a região da Alsácia-Lorena à França;
- evacuar os territórios ocupados na Bélgica;
- perder todas as suas colônias;
- entregar uma faixa de terra à Polônia, dando-lhe acesso ao mar por um corredor até a cidade de Dantzig, transformada em porto livre;
- reduzir seu Exército a um máximo de 100 mil homens, extinguir sua Força Aérea e entregar navios e submarinos aos vencedores, entre outros bens.

Além disso, previu-se a criação da **Liga das Nações**, uma organização destinada a garantir a paz internacional. Reunindo os signatários do Tratado de Versalhes e países convidados, ela seria formada por 45 nações. Porém, antes mesmo de ser criada, alguns problemas puseram em xeque sua eficácia: os EUA preferiram não participar da entidade, e países como a Rússia revolucionária e a Alemanha derrotada não foram convidados a integrá-la.

Foram ainda assinados outros tratados, relativos a questões de fronteira e à criação de novos países, com o desmembramento do Império Austríaco em vários Estados independentes pelo Tratado de Saint-Germain: Polônia, Tchecoslováquia, Hungria e Iugoslávia. Outros acordos garantiram, ainda durante a guerra, autonomia à Finlândia, à Estônia, à Letônia e à Lituânia, que se libertaram do domínio russo.

> **Signatário:** aquele que assina um documento, tratado, etc.

Primeira sessão da Liga das Nações com seus 41 Estados-membros. Fotografia de 15 de novembro de 1920, Genebra.

A Europa do pós-Primeira Guerra Mundial

Observe no mapa o novo traçado da Europa após a Primeira Guerra Mundial. No fim do conflito, surgiram na Europa vários novos Estados. Compare este mapa com o da página 18 (*As alianças militares na Europa*) e identifique os Estados criados.

Fonte: elaborado com base em ATLAS da história do mundo. São Paulo: Folha de S.Paulo, 1995. p. 261.

Consequências da Primeira Guerra

Embora os principais derrotados tenham sido a Alemanha, o Império Austro-Húngaro e o Império Turco Otomano, as guerras quase nunca trazem um vencedor. Todos os países europeus envolvidos na Primeira Guerra sofreram perdas irreparáveis nos quatro anos de conflito.

Nunca o mundo assistira a tanta destruição em um espaço de tempo tão curto. Várias cidades e áreas rurais foram devastadas, o que afetou milhões de pessoas, tanto civis quanto militares.

A Primeira Guerra Mundial promoveu ainda mudanças importantes nas relações de força entre os países. Com o conflito, a Europa passou a depender do auxílio dos EUA, que se tornaram a principal potência mundial. A sociedade europeia deixou de ser um modelo para os demais países do mundo, que passaram a se inspirar no estilo de vida estadunidense.

O bloqueio do comércio marítimo promoveu a industrialização de alguns países. O Brasil, por exemplo, passou a produzir muitas das mercadorias que antes eram compradas dos europeus.

Na vida cotidiana, um dos resultados da guerra foi uma maior participação das mulheres na vida pública e no mercado de trabalho. Com grande parte da população masculina europeia envolvida nos conflitos, elas acabaram ocupando lugares antes reservados apenas aos homens.

Outros efeitos do conflito na política, no comportamento, na arte e na cultura serão vistos mais detalhadamente no capítulo 4, no qual trataremos do período conhecido como **entreguerras**.

CONEXÕES COM A GEOGRAFIA

Refugiados: os que perdem seu lugar

Durante a Primeira Guerra Mundial, milhares de pessoas deslocaram-se dentro de seu próprio país ou foram para outros e viveram na condição de prisioneiros, refugiados e deslocados internos.

Milhares de belgas e sérvios fugiram, respectivamente, em direção à França e à Albânia, bem como cerca de 3 milhões de russos se dirigiram ao interior do país.

No Leste Europeu e na região dos Bálcãs, a criação de novas fronteiras resultou na fuga de: 250 mil búlgaros da Grécia, Sérvia e Romênia; 50 mil gregos da Bulgária e 1,2 milhão da Turquia; e 200 mil húngaros da Romênia. Além deles, cerca de 300 mil armênios fugiram do genocídio. Sobre esse assunto, leia o texto do historiador Eric Hobsbawm a seguir.

> A Primeira Guerra Mundial e a Revolução Russa forçaram milhões de pessoas a se deslocarem como refugiados, ou a compulsórias "trocas de população" entre Estados, que equivaliam à mesma coisa. Um total de 1,3 milhão de gregos foi repatriado para a Grécia, sobretudo da Turquia; [...] cerca de 200 mil búlgaros passaram para o diminuído território que tinha o seu nome nacional [...]. Numa estimativa por cima, os anos 1914-1922 geraram entre 4 e 5 milhões de refugiados.
>
> HOBSBAWM, Eric. *Era dos extremos*: o breve século XX: 1914-1991. São Paulo: Companhia das Letras, 2010. p. 57 e 58.

Os motivos que levaram as pessoas a abandonar tudo o que tinham – casa, bens e família – repetem-se no século XXI, em que milhares de homens, mulheres e crianças continuam temendo por sua vida e pela manutenção de sua liberdade. Eles são de várias etnias e religiões e podem ser encontrados em diversos lugares do mundo.

O Alto Comissariado das Nações Unidas para os Refugiados (Acnur) tem como principal missão assegurar os direitos e o bem-estar dos refugiados. Segundo esse órgão, estas são as definições para as expressões "refugiados" e "deslocados internos":

> **Refugiado** é uma pessoa que está fora do seu país natal devido a fundados temores de perseguição relacionados a raça, religião, nacionalidade, grupo social ou opinião política [...] a conflitos armados, violência generalizada e violação massiva dos direitos humanos.
>
> **Deslocados internos** são frequentemente confundidos com refugiados. [...] Não cruzaram uma fronteira internacional para encontrar abrigo, mas permaneceram em seus países. Mesmo tendo fugido por razões similares às dos refugiados [...], os deslocados internos permanecem legalmente sob proteção de seu próprio governo [...].
>
> ACNUR. Protegendo refugiados no Brasil e no mundo. Disponível em: <www.acnur.org/t3/fileadmin/Documentos/portugues/Publicacoes/2013/Protegendo_refugiados_no_Brasil_e_no_mundo_2013.pdf?view=1>. Acesso em: 8 nov. 2018.

Os movimentos de refugiados e deslocados internos se diferencia dos movimentos populacionais migratórios espontâneos, aqueles que ocorrem por iniciativa das próprias pessoas em razão de diferentes motivos, como a busca por trabalho e melhores condições de vida.

Refugiados no Brasil

A Venezuela é o país de origem da maior parte dessas pessoas que pedem refúgio no Brasil. Das 33 865 solicitações de 2017, 17 865 eram de venezuelanos. Esse valor representa 52,75% do total.

Em seguida, vêm os pedidos de refúgio de pessoas de Cuba (7,01%), Haiti (6,97%), Angola (6,01%) e China (4,32%). O número de haitianos que pedem refúgio no país tem caído ano a ano. [...]

A principal porta de entrada no Brasil é Roraima, que faz fronteira com a Venezuela, país de origem desses estrangeiros. Em 2017, quase a metade (47,11%) das solicitações de refúgio foi registrada no estado.

A Venezuela também é vizinha do estado do Amazonas, que recebeu o terceiro maior número de solicitações de refúgio. Foram 2 864 pedidos em 2017 – equivalente a 8,46% do total.

▷ Em meio à crise na Venezuela, cresceu o fluxo de imigrantes na fronteira norte do Brasil. No início de 2018, a prefeitura de Boa Vista, capital do estado de Roraima, estimava que cerca de 40 mil venezuelanos já teriam entrado na cidade. Foto de abril de 2018.

Em segundo lugar, ficou São Paulo. O estado recebeu 9 591 dos 33 865 pedidos contabilizados em 2017 (28,32%).

G1. *Brasil registra número recorde de solicitações de refúgio em 2017*. Disponível em: <https://g1.globo.com/mundo/noticia/brasil-registra-numero-recorde-de-solicitacoes-de-refugio-em-2017.ghtml>. Acesso em: 8 nov. 2018.

1▸ Em geral, quais motivos levam os refugiados a deixar seu país de origem?

2▸ Qual é a diferença entre **refugiado** e **deslocado interno**?

3▸ Nos gráficos abaixo, observe os estudos da Agência da ONU para Refugiados (Acnur) sobre os refugiados até o final de 2016. Em seguida, responda às questões.

Principais países de origem de refugiados (2016)

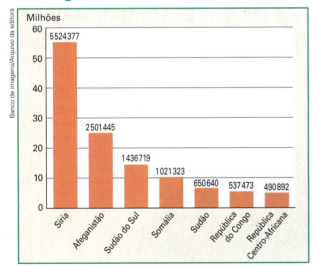

Fonte: elaborado com base em *ACNUR*. Disponível em: <http://www.acnur.org/portugues/>. Acesso em: 21 jun. 2018.

Principais países de destino de refugiados (2016)

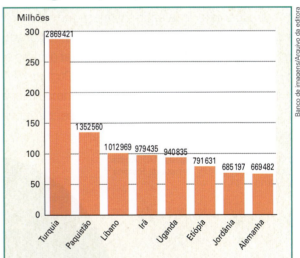

Fonte: elaborado com base em *ACNUR*. Disponível em: <http://www.acnur.org/portugues/>. Acesso em: 21 jun. 2018.

a) Quais são os três países que mais originaram refugiados ao final de 2016?

b) E quais são os três países que mais receberam refugiados?

c) Em sua opinião, por que as pessoas saíram da Síria, do Afeganistão e do Sudão do Sul em 2016? Ocorreu algo diferente ou marcante nesses países durante esse ano? Pesquise em jornais, revistas e na internet.

A saia, a bicicleta e a Primeira Guerra: outras mudanças

Na *Belle Époque*, a moda eram as saias cheias, longas e com caudas, blusas de gola alta e acessórios floridos (chapéus e sombrinhas), tudo decorado com rendas, pregas, nervuras e babados.

Durante a Primeira Guerra Mundial, a escassez de materiais e a forte contenção de despesas tornaram as peças de roupa mais simples. As saias encurtaram, as mangas das blusas diminuíram e as peças, em geral, perderam volume.

Além disso, a ida dos homens aos campos de batalha levou mais mulheres a trabalhar fora de casa. Esse fato também promoveu mudanças nas vestimentas femininas: para se adaptar às condições das fábricas, elas se tornaram mais leves e confortáveis, com cortes simples e retos.

A borracha e o couro passaram a ser usados na fabricação de instrumentos bélicos. Ternos masculinos foram transformados em elegantes *tailleurs* para mulheres; chapéus passaram a ser produzidos com materiais descartáveis, como a serragem; paraquedas rasgados eram reutilizados para a confecção de vestidos de noiva. Até mesmo a largura dos cintos diminuiu, marcando a moda da época.

Por fim, o uso da bicicleta como meio de transporte levou muitas trabalhadoras a vestir roupas mais soltas e curtas. Desde o final do século XIX, a bicicleta vinha desempenhando um papel importante na luta feminina por direitos. Em uma época dominada pelos homens, o uso desse novo meio de transporte logo ganhou apoio de lideranças feministas:

"A mulher está pedalando em direção ao sufrágio", disse a americana Elizabeth Staton (1815-1902), citando outro direito ainda por conquistar na época. A bicicleta é "igualitária e niveladora" e ajuda a "libertar o nosso sexo", afirmou a presidente da Liga Francesa de Direitos da Mulher, Maria Pognon (1844-1925). Entre os americanos, o ciclismo ficou ligado à figura da *New Woman* [Nova Mulher], que contestava os tradicionais papéis femininos envolvendo-se com movimentos reivindicatórios, principalmente pelo direito de voto.

MELO, Victor Andrade de; SCHETINO, André. Liberdade em duas rodas. *Revista de História*, 16 jun. 2010. p. 44.

Esta foto foi produzida em 1901. Repare na riqueza de detalhes da vestimenta. Observe ainda os acessórios que compunham o vestuário das mulheres europeias mais abastadas.

▶ *Tailleur*: palavra de origem francesa que se refere ao traje feminino formal composto basicamente de casaco e saia.

Com vestimentas mais adequadas, como a calça e o casaco, as mulheres passaram a usar mais frequentemente a bicicleta como meio de transporte, como é o caso desta moça em Paris, França. Foto de 1914.

Mapeando saberes

ATENÇÃO A ESTES ITENS

A CAMINHO DA GUERRA

- Nas décadas que antecederam a Primeira Guerra Mundial, a Europa vivia um período de otimismo e euforia, a *Belle Époque*. Porém, o aumento das disparidades entre ricos e pobres e as disputas das nações imperialistas por novos mercados geravam um clima de tensão na Europa. Foi a época da corrida armamentista e das alianças militares, com a formação de dois blocos rivais: a Tríplice Aliança (Alemanha, Áustria-Hungria e Itália) e a Tríplice Entente (França, Rússia e Inglaterra). Regiões eslavas do Império Austro-Húngaro reivindicavam sua autonomia por meio de um movimento nacionalista liderado pela Sérvia e apoiado pela Rússia. Isso aumentou ainda mais as tensões.

O CONFRONTO

- Em 1914, o assassinato do herdeiro do trono austro-húngaro por um nacionalista sérvio levou a Áustria a declarar guerra à Sérvia. A Rússia saiu em defesa dos sérvios, apoiada pela França. Já a Áustria-Hungria recebeu apoio da Alemanha. O sistema de alianças fez o conflito se generalizar rapidamente. A Alemanha combateu tanto a leste quanto a oeste de seu território. Na frente ocidental, invadiu rapidamente a França, mas foi logo detida em uma desgastante guerra de trincheiras. Na frente oriental, obteve seguidas vitórias contra a Rússia, que saiu da guerra após a Revolução Bolchevique de 1917, ano em que submarinos alemães atacaram navios estadunidenses que abasteciam os países Aliados. Isso provocou a entrada dos EUA na guerra e desequilibrou as forças em combate. Em 1918, um movimento popular derrubou o *Kaiser* e instaurou uma república na Alemanha. Enfraquecido, o país se rendeu no mesmo ano.

A PAZ DE VERSALHES E O NOVO QUADRO INTERNACIONAL

- Os líderes dos países vitoriosos impuseram punições aos alemães, firmadas no Tratado de Versalhes. Entre outras medidas, estipularam a perda de suas colônias, a redução de seu exército, a devolução da região da Alsácia-Lorena à França e pesadas indenizações. Outros acordos redesenharam as fronteiras da Europa, com o surgimento de novos países. Os países europeus foram prejudicados pelo conflito, com imensas perdas humanas e materiais. Os EUA emergiram como potência mundial

POR QUÊ?

- A destruição e as mortes provocadas pela Primeira Guerra puseram em xeque a crença no progresso. Elas mostraram que as inovações tecnológicas, tão admiradas na *Belle Époque*, nem sempre garantiam melhorias para a humanidade.

- A atual hegemonia estadunidense, perceptível na economia, na política, nas questões militares e na cultura mundiais, teve seu maior impulso nos desdobramentos da Primeira Guerra Mundial.

ATIVIDADES

Retome

1. Explique o que foi a *Belle Époque*. Que sentimento predominava nesse período na sociedade europeia?

2. Às vésperas da Primeira Guerra, a Europa estava dividida em dois blocos político-militares rivais. Sobre eles, responda:

   a) Que blocos eram esses?

   b) Por que eles foram formados?

3. Quais foram as duas principais fases da Primeira Guerra e quais eram suas características?

4. Em 1917, dois acontecimentos mudaram o equilíbrio de forças entre os blocos combatentes. Quais acontecimentos foram esses e quais desdobramentos tiveram para o conflito?

5. Observe novamente a imagem reproduzida na abertura do capítulo. Depois, leia o seguinte trecho do livro *Nada de novo no* front, no qual o escritor Erich M. Remarque, ex-combatente no Exército alemão, deixou registradas suas lembranças da guerra:

   > Os tanques, antes objetos de troça, transformaram-se em armas terríveis. Desenvolvem-se em longas filas blindadas, e, aos nossos olhos, personificam, mais do que qualquer coisa, o horror da guerra.
   >
   > [...] estes tanques são máquinas; suas esteiras giram sem parar, como a guerra; são portadores da destruição, quando descem insensivelmente para as crateras e sobem novamente sem parar, como uma frota de encouraçados, rugindo, soltando fumaça, indestrutíveis bestas de aço, esmagando mortos e feridos [...].
   >
   > Granadas, gases venenosos, esquadrões de tanques: coisas que esmagam, devoram e matam.
   >
   > REMARQUE, Erich M. *Nada de novo no* front. São Paulo: Abril Cultural, 1981. p. 222-223.

   ▶ Troça: gozação, zombaria.

   a) Com base nas imagens do capítulo e no texto acima, escreva um texto de aproximadamente oito linhas, relacionando o desenvolvimento tecnológico e científico do início do século XIX com as características assumidas pela Primeira Guerra.

   b) Forme um grupo com três ou quatro colegas e escolham uma das fotos do capítulo. Tirem uma cópia dela e usem-na para elaborar um cartaz de propaganda pacifista. Em seu processo de criação, façam interferências na foto reproduzida: colagens, desenhos, acréscimo de textos, etc. O importante é utilizar as informações que vocês têm sobre a Primeira Guerra como meio de evitar o uso de ações militares para a resolução dos conflitos.

6. Compare o acordo de paz proposto por Woodrow Wilson com os tratados firmados no pós-guerra.

   a) Quais dos catorze pontos de Wilson foram confirmados pelo Tratado de Versalhes?

   b) As decisões firmadas pelo Tratado de Versalhes impuseram à Alemanha penas mais brandas ou mais pesadas do que as previstas nos catorze pontos de Wilson? Por quê?

Analise os cartazes de propaganda

7. Os cartazes a seguir foram produzidos durante a Primeira Guerra Mundial. Observe-os e leia a legenda que os acompanha.

Nesse cartaz, impresso na Inglaterra, lê-se: "Suas vidas dependem dela. Mulheres para a indústria de munição. Alistem-se já".

Nesse cartaz, impresso nos EUA, lê-se: "Sim, senhor. Eu estou aqui! Procuram-se recrutas. Batalhão motorizado da América".

a) A quem são destinados os cartazes?

b) Que apelo eles fazem?

8 ▸ Compare as mulheres representadas nesses cartazes com a mulher que aparece na foto de 1901, da página 30.

a) Quais são as principais diferenças entre elas?

b) Que mudança na condição das mulheres essas diferenças indicam?

9 ▸ Leia atentamente o texto a seguir. Depois, utilizando os dados fornecidos pelo autor, faça uma síntese dos prejuízos humanos e materiais da Primeira Guerra Mundial.

A 5 de setembro de 1917, a Srta. Barbara Adam, estudante de vinte anos de idade da Universidade de Cambridge, se casava com o Capitão Jack Wootton, de 26 anos. Nenhum dos dois estava preparado para o casamento, de acordo com as convenções de sua época e de sua classe; o consentimento das famílias se deveu exclusivamente à guerra.

Tiveram uma lua de mel de 24 horas no campo e uma noite no Rubens Hotel, em Londres, antes da partida do Capitão Wootton, da estação de Victoria, para se reunir ao seu regimento na frente de batalha. Cinco semanas depois, ele falecia devido aos ferimentos, sem que sua esposa o tivesse visto outra vez. O Exército enviou sua mochila ensanguentada à Sra. Wootton e ela retomou os estudos em Cambridge. Na sequência de uma notável carreira pública, tornou-se uma das primeiras mulheres a ingressar na Câmara dos Lordes. Casou-se novamente. Contudo, ao descrever seu primeiro e breve casamento em sua autobiografia, escrita meio século mais tarde, ela confessava ainda evitar todas as oportunidades de entrar no Rubens Hotel.

Em tempos normais, tal história pareceria especialmente trágica. Mas era rotineira durante a Primeira Guerra Mundial. Eventos semelhantes aconteceram a dezenas de milhares de casais. O resultado mais direto e mais devastador da guerra foi a matança em massa de homens jovens. A Grã Bretanha perdeu 680 mil, a França, 1,3 milhão e a Alemanha, 1,7 milhão... Tantas viúvas e tantos pais enlutados deram ensejo a que se formasse um movimento para proclamar o branco a cor do luto, para que as ruas não ficassem tão sombrias. A ideia não se popularizou, mas os antigos rituais de luto se resumiram a uma simples braçadeira ou foram simplesmente abolidos...

CROSS, Colin. O significado da guerra total. In: *Século XX*. São Paulo: Abril, 1968. p. 667.

Autoavaliação

1. Quais atividades você considerou mais fáceis e mais difíceis? Por quê?

2. Em quais atividades você utilizou o texto do capítulo como base para sua resposta?

3. Algum ponto do capítulo não ficou muito claro para você? Qual?

4. Você compreendeu o esquema *Mapeando saberes*? Explique.

5. Você saberia apontar exemplos da atualidade considerando o que aprendeu no item *Por quê?* do *Mapeando saberes*?

6. Como você avalia sua compreensão dos assuntos tratados neste capítulo?

 » **Excelente**: não tive nenhuma dificuldade.
 » **Boa**: tive algumas dificuldades, mas consegui resolvê-las.
 » **Regular**: foi difícil compreender certos conceitos e resolver as atividades.
 » **Ruim**: tive muitas dificuldades, tanto no conteúdo quanto na realização das atividades.

CAPÍTULO 2

A Revolução Russa e a URSS

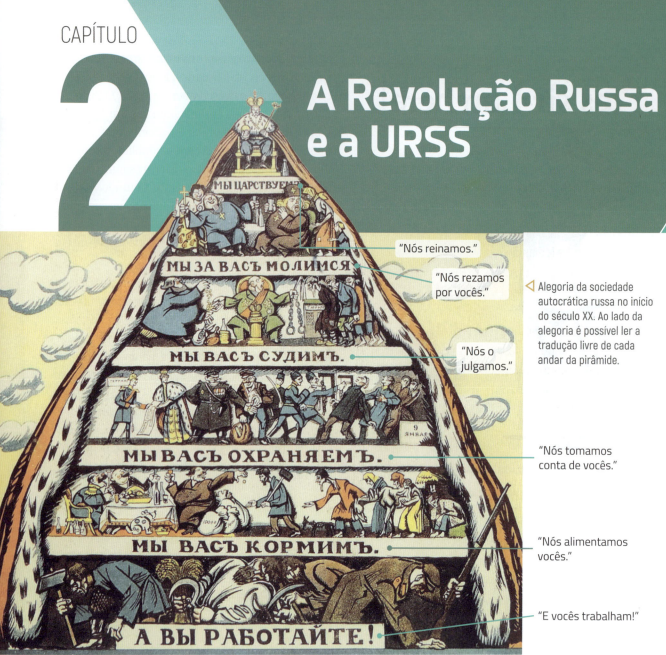

Alegoria da sociedade autocrática russa no início do século XX. Ao lado da alegoria é possível ler a tradução livre de cada andar da pirâmide.

- "Nós reinamos."
- "Nós rezamos por vocês."
- "Nós o julgamos."
- "Nós tomamos conta de vocês."
- "Nós alimentamos vocês."
- "E vocês trabalham!"

Reprodução/Museu Russo, São Petersburgo, Rússia.

Em 1917, enquanto ocorriam os combates da Primeira Guerra Mundial, eclodiu a Revolução Socialista, também conhecida como **Revolução Russa**. Com ela, os russos implantaram uma nova forma de organização social e política, inspirada nas ideias socialistas surgidas no século XIX. Alguns anos mais tarde, foi fundada a **União das Repúblicas Socialistas Soviéticas (URSS)**, o primeiro país socialista do mundo. Em menos de 30 anos, a URSS, como ficou conhecida, chegaria à condição de superpotência mundial, disputando com os Estados Unidos a hegemonia internacional.

As divergências entre os dois países resultariam, a partir de 1945, na formação de dois blocos antagônicos: um liderado pela URSS, que reunia os países socialistas; o outro comandado pelos EUA, formado pelos países capitalistas.

Na segunda metade do século XIX, as ideias socialistas ganharam espaço na Europa. Elas combatiam a exploração dos operários durante a Revolução Industrial. Sua difusão foi facilitada pela crescente organização dos trabalhadores, que passaram a se reunir em sindicatos para lutar por seus direitos.

▶ **Antagônico:** oposto, conflitante.

▶ Para começar

Observe a imagem e responda às questões.

1. Que sociedade ela representa?
2. Quem são os personagens e como foram representados nela?
3. Em sua opinião, o que esta obra critica?
4. Você se lembra de alguma imagem em que a sociedade era representada de forma parecida com essa? Qual?

1 Socialismo e revolução

As correntes socialistas

As ideias socialistas logo impulsionaram diversos movimentos revolucionários, como a Comuna de Paris de 1871. Ainda hoje, vários partidos e grupos políticos de diversas partes do mundo apresentam propostas inspiradas no socialismo.

Uma das principais correntes socialistas do século XIX foi o **marxismo**. Tendo como base as ideias de Karl Marx, essa teoria defendia a criação de uma sociedade sem desigualdade ou exploração – a sociedade comunista. Para alcançá-la, seria necessário realizar uma revolução e instaurar uma sociedade de transição, comandada por um Estado socialista.

Outra corrente surgida nessa época foi o **anarquismo**, que propunha o fim das desigualdades e da opressão e a eliminação de todas as estruturas de poder, incluindo o Estado.

Já a **social-democracia**, surgida na Alemanha, defendia alcançar o socialismo de forma gradual (sem revolução), por meio de sucessivas reformas no capitalismo.

As divergências em relação às estratégias para alcançar uma sociedade mais igualitária, fosse pela via reformista, fosse pela revolucionária, perduraram por todo o século XX.

A Internacional Comunista

Em 1864, operários europeus de diferentes tendências socialistas criaram uma Associação Internacional dos Trabalhadores, a chamada **Primeira Internacional**. Alguns anos depois, contudo, ela foi dissolvida em meio às divergências entre as várias correntes participantes.

Em 1889, surgiu a **Segunda Internacional**, que reunia partidos e sindicatos da Europa, dos EUA e da Argentina. Nos vários congressos da associação, ocorridos em diversas cidades europeias, ganharam destaque as opiniões dos sociais-democratas e dos marxistas, além da expulsão dos anarquistas.

Com a eclosão da Primeira Guerra, em 1914, as divergências entre marxistas (contrários à participação no conflito) e sociais--democratas (que apoiavam os interesses de seus Estados na guerra) levaram à dissolução da Segunda Internacional.

LINHA DO TEMPO

3/1917
Queda do czar: governo menchevique

11/1917
Revolução Bolchevique

1917-1921
Guerra Civil: Brancos × Vermelhos

1921
Nova Política Econômica (NEP)

1922
URSS

1924
Morte de Lenin: disputas entre Trotski e Stalin

1928
Planos quinquenais

Linha do tempo esquemática. O espaço entre as datas não é proporcional ao intervalo de tempo.

◁ Cartaz da Primeira Internacional (1864-1876), criada por operários europeus para canalizar reivindicações e propostas de trabalhadores de todo o mundo.

2 Os antecedentes da Revolução Russa

No início do século XX, o Império Russo tinha uma população de quase 150 milhões de habitantes. Cerca de 80% deles viviam no campo, em condições semelhantes à da servidão feudal. Os 20% restantes eram formados por operários urbanos, especialmente nas cidades de São Petersburgo e Moscou, e pela poderosa elite da aristocracia russa.

Essa elite era formada por um grupo de grandes proprietários, os boiardos, e pela nascente burguesia industrial. Ocupavam os principais cargos públicos e militares, controlando o Estado ao lado do czar. O poder do imperador, que se assemelhava ao dos reis absolutistas da Europa, era reforçado pelo apoio da Igreja ortodoxa russa e pela atuação da polícia política, a Okhrana.

Os três últimos czares russos, da dinastia Romanov, procuraram industrializar o Império por meio de empréstimos de capital estrangeiro. O último deles, Nicolau II, envolveu-se na competição imperialista por mercados na Ásia. Disputou com o Japão a posse das regiões chinesas da Manchúria e Coreia, na **Guerra Russo-Japonesa** de 1904, e perdeu, fato que comprometeu internamente a autoridade do czar.

Outros eventos contribuíram para a impopularidade de Nicolau II. Em janeiro de 1905, milhares de pessoas pobres se reuniram em uma manifestação popular pacífica em frente ao Palácio de Inverno, sede do governo russo. A manifestação foi violentamente reprimida pelas tropas do czar. Esse episódio, que resultou em cerca de mil mortos e mais de 2 mil feridos graves, foi chamado de **Domingo Sangrento** e desencadeou uma onda de protestos, greves e levantes. Em uma dessas revoltas, marinheiros assumiram o controle do encouraçado Potemkin, ancorado no mar Negro.

O czar Nicolau II, sua esposa, Alexandra, e seus cinco filhos, em retrato de 1905, aproximadamente.

▶ **Encouraçado:** ou couraçado, é um navio de guerra de grande porte, com poderosa artilharia e revestido com uma resistente e grossa couraça de aço.

▷ Pintura do século XX, de Ivan Vladimirov, intitulada *Domingo Sangrento*, que representa os protestos de janeiro de 1905. A tropa czarista levanta as armas contra o povo, que foge dos tiros. Ao fundo, o Palácio de Inverno, em São Petersburgo, Rússia.

Cedendo à pressão popular, Nicolau II prometeu convocar a Duma, o Parlamento russo, e elaborar uma Constituição que ampliasse a participação política. Pouco tempo depois, no entanto, o czar voltou a governar de forma autocrática, decepcionando a população urbana.

Ainda no ano 1905, uma **grande greve** atingiu várias fábricas da capital São Petersburgo. Para organizar o movimento, os grevistas criaram um conselho geral (**soviete**) dos trabalhadores em luta. Seguindo seu exemplo, outros sovietes surgiram em diversas cidades, reunindo não só operários, mas também camponeses e soldados, que passaram a exigir reformas sociais, políticas e econômicas.

Ao lado dos partidos políticos, os sovietes de trabalhadores tornaram-se uma nova forma de pressão contra o regime.

> **Autocrático:** baseado em um poder pessoal ilimitado e absoluto; autoritário.

Os ideais socialistas entre os trabalhadores russos

Desde 1903, os socialistas russos estavam divididos em **mencheviques** e **bolcheviques** (em russo, "minoria" e "maioria", respectivamente). Ambos lutavam por uma sociedade igualitária, mas pregavam caminhos distintos para atingi-la.

Os mencheviques, liderados por Plekanov e Martov, e mais tarde por Kerensky, pretendiam derrubar o czarismo com uma revolução burguesa nos moldes da Revolução Francesa de 1789. Acreditavam que era preciso acelerar a modernização do capitalismo russo e transformar a Duma no principal órgão de poder nacional. Somente o amadurecimento capitalista poderia levar, posteriormente, à vitória do socialismo.

Os bolcheviques, alinhados com o pensamento marxista, defendiam uma revolução socialista imediata. Pregavam a união de operários e camponeses contra o czarismo e afirmavam que o poder deveria ser exercido pelos sovietes.

Com os acontecimentos de 1905, a divisão entre essas facções aprofundou-se. O início da Primeira Guerra Mundial, em 1914, e o papel da Rússia no conflito ampliaram ainda mais as divergências, o que levou ao rompimento definitivo entre bolcheviques e mencheviques.

A intervenção de Vladimir Lenin no 2º Congresso do Partido Operário Social-Democrata Russo, em 1903. O partido era conhecido pela sigla R.S.D.R.P. (*Rossiyskaya Sotsial-Demokraticheskaya Rabochaya Partiya*). Litografia colorida de Sergei Arsenevich Vinogradov.

3 O processo revolucionário

Os sucessivos fracassos do Exército czarista durante a **Primeira Guerra Mundial** aumentaram a impopularidade de Nicolau II e o desgaste do seu governo.

No início de 1917, mais de 1,5 milhão de russos havia morrido na guerra. Boa parte do território do país estava ocupada pelos alemães e, no *front*, os exércitos estavam sem armas e sem suprimentos. Uma intensa crise econômica agravava a situação, com o crescente desabastecimento das cidades. As dificuldades aumentaram quando a Finlândia, a Estônia, a Bessarábia e a rica região da Ucrânia proclamaram sua independência.

A queda do czarismo

Em março de 1917 (fevereiro no calendário russo), os mencheviques lideraram um levante. Os populares se rebelaram e receberam o apoio dos soldados. O czar Nicolau II, isolado, abdicou do trono.

Um governo provisório foi instalado em seguida, sob o comando do príncipe Lvov, que estabeleceu a chamada República da Duma. No novo regime liberal, teve destaque a atuação do menchevique Kerensky.

O novo governo decidiu manter o país na guerra, mas se desgastou com as sucessivas derrotas militares. O descontentamento popular, antes dirigido ao czar, transferiu-se para os mencheviques.

Nesse contexto, os bolcheviques conquistaram a simpatia popular, sobretudo após a divulgação das **Teses de abril**, escritas por Lenin. Com o lema **Paz, terra e pão**, o documento defendia a saída da Rússia da guerra, a reforma agrária e a normalização do abastecimento de gêneros de subsistência. Trotski, por sua vez, organizava um exército dos sovietes para lutar contra o governo: a **Guarda Vermelha**.

Nesta foto, de março de 1917, soldados e civis marcham contra o governo czarista na antiga São Petersburgo, rebatizada Petrogrado pelo czar Nicolau II em 1914. Depois, em 1924, foi nomeada Leningrado (em homenagem a Lenin) e, por fim, renomeada São Petersburgo, em 1991.

Minha biblioteca

A Revolução Russa, de Omar Viñole, Laudo Viñole e André Diniz, editora Escala Educacional, 2008. Utilizando a linguagem dos quadrinhos, o livro trata da revolução que acabou com o regime dos czares e culminou na criação da União das Repúblicas Socialistas Soviéticas (URSS).

Dez dias que abalaram o mundo: história de uma revolução, de John Reed, editora Companhia das Letras, 2010. Considerado a primeira grande reportagem moderna, esse livro é uma minuciosa descrição da Revolução Russa de 1917.

Saiba mais

É habitual começarem-se os livros sobre a Revolução Russa com uma advertência sobre uma diferença de datas relativa ao calendário. Segundo o calendário Juliano, vigente na Rússia à época da insurreição, ela teria ocorrido a 25 de outubro de 1917. Uma posterior mudança para o calendário gregoriano, utilizado pelos países ocidentais, transformou esta data em 7 de novembro. De modo que a Revolução teve início em outubro pelo calendário velho, e em novembro pelo novo.

Não ocorreu "duas vezes", mas há duas datas, conforme se utilize um ou outro calendário [...].

GONZÁLEZ, Horácio. *A Revolução Russa*. São Paulo: Moderna, 1986. p. 5.

Os bolcheviques no poder

Após conflitos armados, os bolcheviques venceram os mencheviques e assumiram o governo da Rússia em 7 de novembro de 1917 (25 de outubro, no calendário russo). O poder passou a ser exercido pelo **Conselho dos Comissários do Povo**, liderado por Lenin (presidente), Trotski (assuntos estrangeiros) e Stalin (assuntos internos).

O governo bolchevique estatizou os bancos e as indústrias, que passaram para o controle dos trabalhadores, e acabou com as grandes propriedades rurais, que começaram a ser administradas pelos camponeses. No início de 1918, firmou um acordo de paz com a Alemanha, retirando-se da Primeira Guerra Mundial.

O controle do governo ficou a cargo do Partido Comunista Russo, denominação adotada pelos bolcheviques a partir de 1918. No ano seguinte, seus membros e os dirigentes de partidos comunistas existentes na Europa fundaram a **Terceira Internacional**, também conhecida como *Komintern*, com o objetivo de promover a revolução em todo o mundo.

As antigas elites russas não aceitaram a derrota e se levantaram contra os comunistas. Os anos de 1917 a 1921 foram marcados por uma sangrenta guerra civil envolvendo o **Exército Branco**, apoiado pelas potências capitalistas europeias, e o **Exército Vermelho**, dos bolcheviques.

Ao final do conflito, a vitória coube aos revolucionários. As perdas, porém, foram grandes para os dois lados: mais de 8 milhões de pessoas morreram por causa dos confrontos, das epidemias e das dificuldades econômicas.

> **Estatizar:** transformar em propriedade do Estado.

Propaganda soviética para a Terceira Internacional, denominada Internacional Comunista, ou *Komintern*. Cartaz de 1925. Nele, pode-se ler: "Viva a Terceira Internacional Comunista!".

A carência de soldados após a guerra civil e o desejo de promover a integração de jovens ao ideal nacional revolucionário levaram à incorporação de crianças nas Forças Armadas. A foto de 1923, em Moscou, mostra o regimento de crianças (a partir dos 6 anos de idade) que fazia parte do Exército Vermelho.

4 Desdobramentos da Revolução

Em 1921, para enfrentar a grave crise provocada pela Primeira Guerra Mundial e pela guerra civil, o governo de Lenin instituiu um plano para reativar a economia russa, a **Nova Política Econômica (NEP)**.

Algumas práticas capitalistas foram readmitidas, como a produção privada de manufaturas, o pequeno comércio particular, a entrada de capitais estrangeiros e a venda da produção dos camponeses no mercado. A medida foi definida por Lenin como "um passo atrás, para dar dois passos à frente". Ela foi considerada um recuo provisório ao capitalismo para assegurar a consolidação do Estado socialista.

Em 1922, diversos Estados europeus e asiáticos do antigo império czarista aderiram ao governo revolucionário russo, constituindo a **União das Repúblicas Socialistas Soviéticas (URSS)**.

Em 1924, uma nova Constituição definiu a estrutura de poder. Ao antigo **Conselho dos Comissários do Povo**, veio se somar o **Soviete Supremo**, formado por representantes dos sovietes rurais e urbanos de todas as repúblicas. Ele elaborava as leis e elegia um comitê executivo (*Presidium*). O Soviete Supremo era supervisionado pelo **Partido Comunista da União Soviética (PCUS)**. Quem controlava o partido, portanto, dominava toda a estrutura de poder.

União das Repúblicas Socialistas Soviéticas em 1924

Fonte: elaborado com base em *Atlas Historique Duby*. Larousse, 2013. p. 300.

O nascimento do stalinismo

Em 1924, Lenin faleceu. Trotski e Stalin disputaram o poder, divergindo sobre o destino do socialismo soviético. Trotski queria a difusão imediata da Revolução para o mundo. Já Stalin defendia o desenvolvimento e a consolidação do socialismo na URSS e só depois expandir a Revolução.

Stalin ganhou a disputa. Em 1929, Trotski foi expulso do país, refugiando-se no México, onde foi assassinado em 1940 por um militante stalinista. Seus aliados na URSS foram perseguidos e eliminados.

Durante o governo de Stalin (1924-1953), o Partido Comunista impôs a centralização política, econômica e administrativa da URSS. Acabavam de vez a autonomia e o poder de ação dos sovietes.

A partir de 1928, Stalin estatizou todas as propriedades e estabeleceu uma **coletivização forçada do campo**, transformando em propriedade estatal as terras e tudo o que nelas fosse produzido. Foram criados os *kolkhozes* (cooperativas) e os *sovkhozes* (fazendas estatais).

Camponeses de vários cantos da URSS resistiram, escondendo-se com suas colheitas nas florestas. Os mais ricos mataram seus rebanhos, em vez de entregá-los ao Estado. Essa situação levou à fome, responsável pela morte de cerca de 6 milhões de pessoas.

A resistência dos camponeses foi vencida à força. Os que se negavam foram assassinados ou presos nos campos de trabalho forçado em regiões remotas do país.

Ainda em 1928, Stalin substituiu a NEP por uma **política de planificação econômica**, denominada **planos quinquenais**.

O realismo socialista, a escola artística que se pôs a serviço do comunismo, exaltava o trabalhador, por meio do cinema, da poesia, da literatura e da música. Acima, *Monumento aos trabalhadores*, de Vera Moukhina, inaugurado em 1936, em Moscou. Foto de 2018.

+ Saiba mais

Os planos quinquenais

Os planos quinquenais de Stalin estabeleciam metas de produção a serem alcançadas no prazo de cinco anos para alcançar a liderança econômica e política mundial. Toda a nação foi mobilizada para essa tarefa.

Os dois primeiros planos quinquenais (1928-1932 e 1933-1938) visavam industrializar o país. Áreas da Rússia asiática foram industrializadas nesse período, e as regiões geladas, pouco ocupadas, passaram a ser cultivadas. Em dez anos, a produção de ferro e carvão aumentou cerca de quatro vezes. Houve também enormes investimentos na indústria bélica e no Exército Vermelho.

No entanto, essa industrialização acelerada trouxe alguns problemas: grandes sacrifícios foram impostos ao povo russo; fábricas se deterioravam, por terem sido erguidas às pressas e com materiais baratos; e a fabricação de bens de consumo ficou em segundo plano, em favor da indústria de base.

▶ **Bem de consumo:** produto feito para uso direto pelo consumidor.
▶ **Indústria de base:** fabricante de bens de produção (como equipamentos, matéria-prima, etc.), que servem de base para as demais indústrias.

Cartaz de propaganda de 1932 com a figura de Stalin convocando a população à construção do socialismo.

Mundo virtual

100 anos da Revolução Russa. Infográfico interativo do jornal *O Estado de S. Paulo*, que mostra os principais acontecimentos da Revolução Russa, com imagens e textos da época. Disponível em: <http://infograficos.estadao.com.br/internacional/100-anos-revolucao-russa>. Acesso em: 5 jul. 2018.

Revolução Russa, 100. Conteúdo do *site* do jornal *Folha de S.Paulo* sobre o centenário da Revolução Russa, comemorado em 2017. Disponível em: <www1.folha.uol.com.br/especial/2017/revolucao-russa>. Acesso em: 5 jul. 2018.

A Revolução Russa não promoveu uma onda revolucionária mundial nem pôs fim ao sistema capitalista, como desejavam Lenin e os bolcheviques. Contudo, teve impacto mundial, incluindo o Brasil, inspirando vários movimentos socialistas. A Revolução estimulou a fundação de partidos comunistas em todo o mundo, como o Partido Comunista Alemão (KPD), em 1919, o Partido Comunista Chinês (PCC), em 1920, o Partido Comunista do Brasil (PCB), em 1922, e muitos outros.

Para evitar uma possível revolução, os governos dos países capitalistas intensificaram a repressão a todos os movimentos e organizações que considerassem ameaçadores.

TRABALHANDO COM DOCUMENTOS

O texto abaixo é parte de um discurso proferido em Petrogrado por Lenin, líder da Revolução Bolchevique, no dia 16 de abril de 1917.

Caros camaradas, soldados, marinheiros e trabalhadores! Estou feliz em poder saudar em suas pessoas a vitoriosa Revolução Russa e saudá-los como a vanguarda da revolução proletária internacional.

A guerra pirata do imperialismo é o início da guerra civil por toda a Europa [...]. Não está longe a hora em que os povos irão virar as suas armas contra seus exploradores capitalistas... Esta é a aurora da revolução socialista.

A Alemanha ferve...

A qualquer dia, agora, toda a Europa capitalista irá tombar. A Revolução Russa, por vocês realizada, preparou o caminho e deu início a uma nova época. Longa vida à revolução proletária internacional.

Não sei ainda se vocês estão de acordo com o Governo Provisório. Mas sei muito bem que, enquanto eles ficam fazendo doces discursos e fazendo tantas promessas, eles estão é a enganar vocês e a todo o povo da Rússia. O povo precisa de paz. O povo precisa de pão e de terra. E eles dão a vocês guerra, fome e nada de comida, e a terra continua com os seus donos. Marinheiros, camaradas, vocês têm de lutar pela revolução, lutar até o fim.

Apud FIGUEIREDO, Carlos. *Cem discursos históricos*. Belo Horizonte: Leitura, 2002. p. 310-311.

Líder bolchevique Vladimir Ilyich Lenin discursando em 1917 durante a revolução de outubro.

1▶ A quem Lenin se dirige em seu discurso?

2▶ Quando o discurso foi proferido, o que havia acabado de acontecer na Rússia?

3▶ A que evento Lenin se refere quando fala em "guerra pirata do imperialismo"? Por que ele a chama de "pirata"?

4▶ De acordo com Lenin, qual deveria ser o desdobramento da revolução iniciada na Rússia?

5▶ O que é o Governo Provisório? Lenin está de acordo com ele? Justifique sua resposta com frases do texto.

6▶ O que Lenin propõe no lugar das promessas do governo?

7▶ Pesquise em livros, enciclopédias, revistas e na internet informações sobre a participação das mulheres na revolução. Quais foram suas conquistas? E quais foram os rumos das lutas femininas na época stalinista?

Mapeando saberes

O CZARISMO, O ATIVISMO SOCIALISTA E A REVOLUÇÃO DE 1905

- Na Rússia, os dois principais grupos socialistas eram o dos bolcheviques ("maioria", em russo) e o dos mencheviques ("minoria", em russo). Ambos lutavam contra o governo autoritário do czar, mas por vias diferentes. Em 1905, ocorreram as primeiras revoltas contra o czarismo, impulsionadas pela derrota na Guerra Russo-Japonesa, pelas péssimas condições de vida dos trabalhadores e pela ausência de participação popular no governo. O czar prometeu convocar a Duma, Parlamento russo, mas logo voltou a governar de forma autocrática.

O SÉCULO XIX E AS IDEIAS SOCIALISTAS

- As ideias socialistas ganharam força na Europa na segunda metade do século XIX, em reação às péssimas condições de vida dos trabalhadores. Suas principais correntes são o marxismo (que propõe a criação de uma sociedade comunista por meio de uma revolução), o anarquismo (que visa destruir todas as estruturas de poder e dominação, incluindo o Estado) e a social-democracia (que propõe reformar o capitalismo).

A REVOLUÇÃO RUSSA DE 1917

- Em fevereiro de 1917 (no calendário russo), uma revolução derrubou o czar e instaurou um Governo Provisório liderado pelos mencheviques. Mas as terras continuavam concentradas nas mãos dos grandes proprietários, a fome persistia e a participação na Primeira Guerra continuava a dizimar a população russa. Diante da crise, os bolcheviques tomaram o poder no mês de outubro (no calendário russo). O governo passou a ser exercido por um Conselho dos Comissários do Povo, presidido por Lenin. Trotski tornou-se ministro da Guerra e Stalin, das Nacionalidades. Os bancos foram estatizados, as terras foram distribuídas entre os camponeses e a Rússia retirou-se da guerra.

ATENÇÃO A ESTES ITENS

LENIN, A GUERRA CIVIL, A NEP E A CRIAÇÃO DA URSS

- As antigas elites organizaram um Exército Branco, apoiado pelas nações capitalistas, para lutar contra o Exército Vermelho dos comunistas. Entre 1917 e 1921, uma violenta guerra civil provocou a morte de milhões de russos, com a vitória dos comunistas. Buscando enfrentar a crise provocada pela guerra, Lenin criou a NEP, que readmitiu algumas práticas capitalistas. Em 1922, antigas regiões do Império Russo aderiram ao comunismo e formaram a União das Repúblicas Socialistas Soviéticas (URSS).

STALIN, OS PLANOS QUINQUENAIS E A INDUSTRIALIZAÇÃO

- Após a morte de Lenin, em 1924, Stalin venceu Trotski na disputa pelo poder. Ele abandonou a ideia de uma revolução mundial e concentrou as ações comunistas na Rússia, por meio dos planos quinquenais (metas a serem atingidas em cinco anos). Em dez anos, a URSS fomentou a industrialização e se tornou uma potência econômica.

POR QUÊ?

- A Revolução Russa inspirou muitos movimentos revolucionários em todo o mundo, incluindo o Brasil, onde um Partido Comunista foi criado em 1922.

- Até hoje, diferentes grupos propõem sociedades alternativas ao capitalismo, influenciados pelas ideias socialistas.

ATIVIDADES

Retome

1. Cite as três principais vertentes do pensamento socialista europeu da segunda metade do século XIX. Quais eram as diferenças entre elas?

2. Entre as diversas manifestações de oposição ao regime czarista russo, em 1905 teve destaque a revolta dos marinheiros contra as injustiças e arbitrariedades. Onde ocorreu e como ficou conhecido o episódio?

3. Quais eram as propostas dos bolcheviques e dos mencheviques em relação à:
   a) presença da Rússia na Primeira Guerra Mundial;
   b) passagem do capitalismo ao socialismo.

4. Quais críticas os bolcheviques faziam ao Governo Provisório liderado pelos mencheviques após a Revolução de 1917?

5. Qual era o objetivo da Nova Política Econômica (NEP) e em quais pontos se baseava?

6. Observe as fotos a seguir, tiradas entre 1930 e 1933 na União Soviética. Depois, responda à questão a seguir.

▷ Criança faminta na URSS, década de 1930.

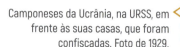

◁ Camponeses da Ucrânia, na URSS, em frente às suas casas, que foram confiscadas. Foto de 1929.

- O que as fotografias mostram? Descreva o contexto econômico da época.

Compare duas fotos

7. Desde meados do século XIX, quando foi inventada, a fotografia tem sido utilizada para registrar eventos públicos e privados. Por serem produzidas instantaneamente, as fotos parecem retratar a realidade de um modo fiel e imparcial. Contudo, precisamos ter em mente que tanto as pessoas que as produzem como aquelas que as utilizam fazem um **recorte** da realidade. Como? Valorizando ou escondendo cenários; destacando, alterando ou deformando a aparência do que é retratado; omitindo ou realçando detalhes.

Observe as imagens abaixo.

Lenin discursando em praça de Moscou, URSS, em 1924. Foto de autoria desconhecida.

Mesma imagem de Lenin discursando em praça de Moscou, URSS, em 1924. Imagem alterada.

Na foto 1, vemos Lenin discursando em praça pública. À direita, no nível inferior da tribuna, estão Lev Kamenev (líder comunista que seria executado pelo regime stalinista em 1936) e, um pouco mais abaixo, Leon Trotski.

A foto 2, veiculada durante o governo de Stalin, é uma cópia da anterior. Observe-a atentamente e responda às questões.

a) Quais elementos da foto 2 confirmam que ela é uma cópia da foto 1?

b) Que diferença você identifica entre as duas fotografias?

c) Tendo em mente os desdobramentos da Revolução Russa após a morte de Lenin, levante uma hipótese para explicar essa diferença.

d) A memória de uma pessoa, de um evento ou de um país é, muitas vezes, construída por meio de fotografias e de outras imagens. Com base na foto 2, responda: Que memória da Revolução Russa Stalin procurou construir?

Autoavaliação

1. Quais atividades você considerou mais fáceis e mais difíceis? Por quê?
2. Em quais atividades você utilizou o texto do capítulo como base para sua resposta?
3. Algum ponto do capítulo não ficou muito claro para você? Qual?
4. Você compreendeu o esquema *Mapeando saberes*? Explique.
5. Você saberia apontar exemplos da atualidade considerando o que aprendeu no item *Por quê?* do *Mapeando saberes*?
6. Como você avalia sua compreensão dos assuntos tratados neste capítulo?
   » **Excelente**: não tive nenhuma dificuldade.
   » **Boa**: tive algumas dificuldades, mas consegui resolvê-las.
   » **Regular**: foi difícil compreender certos conceitos e resolver as atividades.
   » **Ruim**: tive muitas dificuldades, tanto no conteúdo quanto na realização das atividades.

PROJETO 1º SEMESTRE — Abertura

Manifesto

Primeira República e representatividade

A proposta deste projeto didático é a produção de um manifesto.

Manifesto é um gênero textual de caráter argumentativo pelo qual uma pessoa ou um grupo expõe determinada decisão, posição ou concepção. No caso de um manifesto político, o autor se posiciona a respeito de um problema de natureza política ou social. É importante ter um conhecimento profundo do cenário que se pretende denunciar, assim como argumentos e sugestões para reparar tal problema. Dessa forma, autores de manifestos devem sempre estar atentos à realidade de seu tempo, assim como ser capazes de elaborar soluções criativas e efetivas para melhorar as condições sociais ao seu redor.

O tema do manifesto aqui proposto é relativo ao contexto do Brasil na Primeira República: um cenário politicamente conturbado, repleto de ações políticas que violavam o que hoje conhecemos como Direitos Humanos. Assim, para elaborar o manifesto, é preciso conhecer bastante o período descrito, para que seja possível pensar em como podemos tornar mais democrática tanto a realidade histórica trabalhada quanto a realidade em que vivemos.

Conhecendo o tema

A República instaurada após 1889 trouxe consigo um cenário político bastante tumultuoso, marcado pelo domínio político de oligarquias regionais, conflitos entre setores distintos das Forças Armadas e baixa representatividade política da população em geral. O período é crítico, pois foi marcado pelo avanço de várias instituições que dificultaram o estabelecimento de uma democracia plena no país, principalmente no que diz respeito ao acesso ao voto.

O coronelismo, o voto de cabresto e a política dos governadores foram algumas dessas estruturas. Consulte o material didático e pesquise em livros, revistas e *sites* para compreender melhor esses conceitos; é importante, sobretudo, entender como o poder local cerceava a igualdade de direitos, essencial em uma democracia, e tornava a participação política mais difícil.

As seguintes questões podem instigá-lo e guiá-lo na produção do seu manifesto: Qual é a sua opinião sobre tais práticas recorrentes durante a Primeira República? Como elas influenciavam a política no período? De que maneira essas práticas se refletem no Brasil atual? Que medidas podem ser tomadas para evitá-las?

Cartaz do Partido Democrático feito em 1928, denunciando a prática do voto de cabresto durante a Primeira República.

Planejamento

A elaboração do manifesto será em grupo e deve seguir algumas etapas básicas:

1. Organizem-se, com a ajuda do professor, em grupos de três a quatro alunos, e discutam como as tarefas básicas para a elaboração do manifesto serão divididas. Alguns membros da equipe podem ficar encarregados da pesquisa, enquanto outros podem se concentrar na redação do manifesto, por exemplo.

2. Utilizem as *Dicas de pesquisa*, assim como o material didático e outras fontes coletadas pelo grupo, para elaborar um panorama do funcionamento das instituições políticas durante a Primeira República. Essa etapa é muito importante, pois permitirá estabelecer a base da realidade sobre a qual vocês vão desenvolver suas críticas e argumentos.

3. Discutam com o professor e com os outros colegas quais eram os problemas mais críticos e impeditivos da participação política democrática no período da República Oligárquica, e utilizem seus conhecimentos e criatividade para pensar em soluções para tais problemas.

Operários na praça Mauá, no Rio de Janeiro, durante greve nos anos 1920. A greve foi um dos instrumentos de reivindicação popular no início do século XX.

Dicas de pesquisa

As sugestões bibliográficas a seguir podem auxiliá-lo em sua pesquisa sobre a Primeira República.

LUSTOSA, Isabel. *A história do Brasil explicada aos meus filhos*. Rio de Janeiro: Nova Fronteira, 2012.

NAPOLITANO, Marcos. *História do Brasil República* – Da queda da Monarquia ao fim do Estado Novo. São Paulo: Contexto, 2016.

Um exemplo de manifesto feito no Brasil no período da Primeira República é o *Manifesto Antropófago*, concebido pelo escritor Oswald de Andrade em 1928, durante o movimento modernista. Veja a seguir onde encontrar esse manifesto artístico-literário, bem como algumas análises sobre ele e o contexto em que foi escrito.

ANDRADE, Oswald de. Manifesto Antropófago. *Tropicália*. Disponível em: <http://tropicalia.com.br/leituras-complementares/manifesto-antropofago>; acesso em: 6 nov. 2018.

BOPP, Raul. *Movimentos modernistas no Brasil* – 1922-1928. Rio de Janeiro: José Olympio, 2012.

BORTULUCCE, Vanessa Beatriz. O manifesto como poética da modernidade. *Literatura e Sociedade*, n. 21, 2015. p. 5-17. Disponível em: <http://www.revistas.usp.br/ls/article/view/114486/112319>; acesso em: 6 nov. 2018.

CAPÍTULO 3

Brasil: a construção da República

Em greve, professores da rede estadual realizam ato público em frente ao Palácio Farroupilha. Porto Alegre (RS), 2017.

Com o golpe de 15 de novembro de 1889 teve fim o regime monárquico no Brasil e iniciou-se a República. O acontecimento ocorreu sem confrontos armados, mas provocou importantes desdobramentos no país: os primeiros anos do novo sistema de governo foram marcados por muitas discordâncias políticas e vários conflitos sociais. No Rio Grande do Sul, na Bahia e em Pernambuco houve resistências ao golpe, mas esses eventos isolados não puseram em risco o novo regime.

Nesse período, aumentaram as divergências entre os próprios republicanos, que não formavam um grupo uniforme. Havia pelo menos três projetos de República, e a discordância entre eles acabou provocando levantes armados.

Além disso, revoltas civis e militares indicavam o descontentamento da população com o novo regime, que não beneficiava toda a sociedade.

Os novos grupos que detinham o poder não desejavam mudanças na ordem política e social. E muito menos demonstrações de descontentamento com a República.

▶ Para começar

Observe a imagem e responda às questões.

1. Que situação é mostrada na imagem?
2. Qual é a importância da participação das pessoas na situação apresentada?
3. Explique qual é a função desse tipo de movimento.
4. Tendo como base seus conhecimentos de história do Brasil, você diria que a situação mostrada sempre existiu no país? Explique sua resposta.

48 › UNIDADE 1 • Entrando no século XX

1 Ruptura ou continuidade?

Após o 15 de novembro, três diferentes grupos republicanos passaram a disputar o poder, cada um com suas propostas:

- O projeto dos **grandes proprietários de terra**, notadamente os paulistas, que contou com apoio de alguns profissionais liberais, propunha uma República liberal federalista (com autonomia das províncias), inspirado no modelo dos Estados Unidos.
- O projeto **militar** era a favor de uma espécie de ditadura, com um governo centralizador e mantenedor da ordem e do progresso, influenciado pela doutrina positivista.
- O projeto dos **grupos urbanos**, como pequenos proprietários, profissionais liberais, jornalistas, professores e estudantes, inspirava-se na República Jacobina, implantada na França em 1792 e 1793, de ampla participação popular. Eram vistos com receio pelos demais republicanos.

> **Jacobino:** nome dado ao grupo político mais ligado aos populares que disputava o poder na França logo após a Revolução de 1789.

Trabalhadores urbanos e rurais manifestaram-se de diferentes formas, muitas vezes agitando o cenário político brasileiro, principalmente nos centros urbanos, que passaram a ser cada vez mais palco de lutas e reivindicações dos trabalhadores.

Uma proposta de periodização

Para melhor compreendermos o período inicial da República, costumamos dividi-lo em duas fases.

A primeira, de 1889 a 1894, é chamada **República da Espada**, em referência aos militares que governaram o país nesse período.

A segunda, entre 1894 e 1930, é denominada **República Oligárquica**. Nessa época, o governo foi controlado por uma elite de latifundiários, ligados à produção de café em São Paulo e de gado leiteiro em Minas Gerais.

+ Saiba mais

Outros nomes são utilizados para indicar as primeiras décadas da República, entre eles **República Velha** e **Primeira República**. Optamos por utilizar os termos **República da Espada** e **República Oligárquica** por representarem melhor a estrutura de poder existente naquela época. Esta última também é conhecida como **República do Café com Leite**. O termo República Velha foi criado pelos defensores da Revolução de 1930, que derrubou o governo existente. Ou seja, expressa a visão dos vencedores, que acreditavam terem estabelecido uma Nova República a partir dessa data. Já a expressão Primeira República foi emprestada da historiografia francesa e faz referência ao governo introduzido na França logo após a queda da monarquia, no contexto da Revolução Francesa.

LINHA DO TEMPO

1822 — Independência do Brasil

Brasil monárquico (1822-1889)

1889 — Proclamação da República

República da Espada (1889-1894)

1894 — Eleição presidencial direta

1896-1897 — Guerra de Canudos

1904 — Revolta da Vacina

1907 — Protestos e greves

1910 — Revolta da Chibata

1912-1916 — Contestado

1917 — Protestos e greves

1930 — Fim do governo Washington Luís e da República Café com Leite

República Oligárquica (1894-1930)

Linha do tempo esquemática. O espaço entre as datas não é proporcional ao intervalo de tempo.

2 A República da Espada

O Governo Provisório (1889-1891)

No mesmo dia em que o imperador foi deposto, um decreto instaurou no país uma República Federativa. As antigas províncias foram transformadas em estados, que juntos formavam os Estados Unidos do Brasil. Foi criado um **Governo Provisório**, chefiado pelo marechal **Deodoro da Fonseca**.

Para consolidar o novo sistema, foram tomadas as seguintes medidas:

- exílio da Família imperial para evitar qualquer resistência monarquista: Pedro II e familiares foram expulsos para a Europa (o imperador deposto morreu dois anos depois, em Paris);
- a convocação de eleições para uma Assembleia Constituinte: grupo composto de parlamentares encarregados de elaborar a primeira Constituição republicana;
- separação entre Igreja e Estado: os registros de casamento e nascimento, antes atribuições da Igreja, passam a ser feitos pelo Estado;
- concessão de nacionalidade brasileira a todos os estrangeiros residentes no país;
- adoção de uma nova bandeira nacional para substituir a do Império;
- fechamento de Câmara, Senado e Assembleias Provinciais;
- substituição dos presidentes das antigas províncias: foram indicados pelo Governo Provisório para administrar os estados (em substituição às províncias).

A Constituição de 1891

Em setembro de 1890, ocorreram as eleições para a Assembleia Constituinte. Entre os eleitos, havia militares, membros da elite agrária e das camadas médias urbanas (como advogados, jornalistas e comerciantes). Em fevereiro de 1891, a nova Constituição foi promulgada. Seu texto determinava que:

- o Estado brasileiro se organizava em três poderes independentes – o **Legislativo**, o **Executivo** e o **Judiciário**;
- essa mesma divisão de poderes era respeitada em cada estado;
- o Poder Executivo nos estados era exercido pelo **presidente do Estado** (somente após 1930 é que passou a ser chamado de governador do Estado);
- tinham direito a voto todos os maiores de 21 anos, exceto mulheres, frades, mendigos, analfabetos e soldados;
- somente o primeiro presidente e o seu vice seriam eleitos de forma indireta pela própria Assembleia Constituinte. Após encerrar seu trabalho, ela seria transformada em Congresso Nacional (formando o Senado e a Câmara).

Ao determinar que apenas os cidadãos homens e alfabetizados podiam votar, a Constituição de 1891 excluiu grande parte da população do processo político. Em 1894, cerca de 65% dos adultos eram analfabetos e, de cada cem brasileiros, apenas dois ou três atendiam a todas as exigências para serem eleitores.

 De olho na tela

Cafundó. Direção: Paulo Betti e Clóvis Bueno. Brasil, 2006. O filme conta a história de João de Camargo, o Preto Velho, que, no início do século XX, após conquistar sua liberdade, teve de se inserir no "mundo dos brancos". Ele tornou-se uma lenda popular e figura religiosa.

Além das mulheres e dos analfabetos, eram excluídos dos direitos políticos os milhares de indígenas que ocupavam, viviam e compunham o território nacional. Veja no quadro a seguir como eram organizados os três poderes.

A organização dos três poderes no nível federal

Poder	Órgão	Composição
Legislativo	Senado	Senadores eleitos (três de cada estado) com mandato de nove anos.
Legislativo	Câmara dos Deputados	Deputados eleitos (com número variável em cada estado, de acordo com sua população) com mandato de três anos.
Executivo	Presidência da República	Presidente da República eleito (ou, na sua ausência ou impedimento, vice-presidente também eleito) com mandatos de quatro anos. Os ministros eram escolhidos pelo presidente.
Judiciário	Supremo Tribunal Federal	Quinze juízes do Supremo, nomeados pelo presidente, e diversos juízes federais distribuídos pelos estados. Todos com cargo vitalício.

A política econômica de Rui Barbosa

Como ministro da Fazenda do Governo Provisório, Rui Barbosa procurou incentivar o desenvolvimento industrial, elevando os impostos sobre os produtos importados e ampliando a oferta de crédito aos industriais brasileiros.

Para efetuar os empréstimos, a Casa da Moeda aumentou a emissão de dinheiro. Porém, empresas foram criadas apenas no papel para receber recursos do governo. Com excesso de dinheiro circulando, houve uma forte elevação de preços, que fez a inflação aumentar. A movimentação de dinheiro na Bolsa de Valores do Rio de Janeiro, onde eram negociadas as ações das empresas, era imensa. Essa situação foi comparada à euforia com que se faziam as apostas nas corridas de cavalo no jóquei-clube. Daí o termo encilhamento para denominar a política econômica de Rui Barbosa.

Diante desse cenário, o governo suspendeu as emissões de moeda e cancelou os empréstimos às empresas, levando muitas delas à falência. Em janeiro de 1891, Rui Barbosa demitiu-se do cargo de ministro.

Marc Ferrez/Coleção particular

▶ **Crédito:** empréstimo oferecido por um credor (que pode ser um banco, o Estado, entre outros).

▶ **Bolsa de Valores:** local onde se efetuam a compra e a venda dos títulos (ações) das empresas.

▶ **Ação:** cada uma das partes em que se divide o capital (total de recursos) de uma empresa; a cada parte corresponde um título (documento de propriedade), que pode ser negociado.

▶ **Encilhamento:** ato de apertar o cavalo com cilhas (cintas largas que circundam a barriga do animal), preparando-o para a corrida.

▷ A foto, de 1890, mostra a rua Direita, atual rua Primeiro de Março, na cidade do Rio de Janeiro. O prédio do meio abrigava a Bolsa de Valores.

Brasil: a construção da República • **CAPÍTULO 3**

INFOGRÁFICO

Sociedades indígenas no início da República

Final da monarquia

No final do século XIX, a maior parte da população indígena do país vivia separada da sociedade brasileira. Durante o Império, prevaleceu a tentativa de integração desses povos pela catequese, que não respeitava a cultura de cada etnia. Contudo, essa prática não evitou os conflitos violentos entre proprietários de terra e as populações nativas, a escravização nem a mortandade dos indígenas.

A foto, do final do século XIX, mostra crianças indígenas em sala de aula no internato de Taracuá, nas proximidades do rio Uaupés, no Amazonas.

Territórios indígenas

"Os indígenas só se tornaram alvo de preocupações políticas nos primórdios da República, quando os positivistas defenderam sua proteção pelo governo, por meio da demarcação de seus territórios"[1]. A Constituição de 1891, porém, não fez nenhuma menção àquela população, ignorando completamente sua existência.

A expansão do "progresso"

Entre a segunda metade do século XIX e o início do XX, a expansão das atividades agrícolas e pecuaristas, a mineração e a implantação de estradas de ferro levaram à ocupação de territórios habitados havia séculos pelos indígenas. Em nome do "progresso", as aldeias dos Kaingang quase desapareceram por completo nas regiões Sul e Sudeste. O mesmo aconteceu com os Matanawí e os Pirahã, na região do Amazonas, e os Maxakal, que viviam entre os estados da Bahia e de Minas Gerais, para citar apenas alguns casos. A pressão gerada por esse desbravamento levou a muitos enfrentamentos, como a resistência dos Parintintim contra os exploradores de borracha na Amazônia. Mas essas eram exceções. Em geral, as aldeias se desfaziam, seus habitantes morriam ou abandonavam a região. E, sem restrições legais, qualquer um podia tomar posse das terras e, eventualmente, comercializá-las.

Construção da Estrada de Ferro Madeira-Mamoré, em Rondônia. A foto, de cerca de 1907, mostra a etapa inicial da construção da ferrovia, que se estendeu por mais de 300 quilômetros pela Amazônia.

1 MELO, Joaquim Rodrigues. *A política indigenista na Amazonas e o Serviço de Proteção aos Índios*: 1910-1932. Dissertação (Mestrado) – Universidade Federal do Amazonas. Instituto de Ciências Humanas e Letras, Manaus, 2007. p. 36-37.

Serviço de Proteção aos Índios

Em 1910, foi criado o Serviço de Proteção aos Índios e Localização de Trabalhadores Nacionais, ou Serviço de Proteção aos Índios (SPI), como passou a ser chamado em 1918. O objetivo principal desse órgão era prestar assistência e proteção aos indígenas. Seu primeiro diretor foi o então tenente-coronel do Exército Cândido Rondon. No contato com indígenas, Rondon afirmava: "Morrer se for preciso, matar, nunca". Apesar de lançar um modelo amistoso de relação com as populações indígenas, Rondon via o indígena como sujeito a ser tutelado pelo Estado, que deveria "civilizá-lo".

Rondon incentivou a realização de inúmeros levantamentos e estudos sobre as populações indígenas existentes em várias regiões do país. Isso contribuiu para o contato com grupos que viviam isolados.

▶ **Tutelar:** defender, proteger, manter sob sua responsabilidade.

Rondon com indígenas Pianaroti na Guiana Holandesa, atual Suriname, em foto de 1928.

Direitos dos indígenas

Apesar de reconhecido, o indígena continuou sendo tratado como socialmente incapaz, pois sua cultura era muito distinta daquela tida por "nacional". Esse quadro só começou a ser alterado na década de 1940.

Em 1967, o SPI foi substituído pela Fundação Nacional do Índio (Funai), que existe até hoje.

Com a promulgação em 1988 da atual Constituição brasileira, ficou assegurado o direito de os povos indígenas manterem sua própria cultura, organização social e autonomia. Contudo, muitos desses direitos são desrespeitados até hoje.

Eleição e renúncia de Deodoro da Fonseca (1891)

Conforme previa a nova Constituição, os integrantes do Congresso Nacional deveriam escolher o presidente da República e seu vice. Duas chapas foram inscritas. Segundo as regras da época, presidente e vice eram escolhidos com votos separados. Isso permitiu a eleição de marechal Deodoro a presidente e Floriano Peixoto como vice, cada um pertencendo a uma chapa diferente.

> **Chapa:** lista de candidatos de um partido ou grupo.

O novo mandato do marechal Deodoro da Fonseca foi marcado por uma série de atritos entre o presidente e o Congresso. Quando este aprovou um projeto de lei que restringia o poder do presidente, Deodoro determinou seu fechamento, o que provocou reação dos políticos de oposição, das Forças Armadas e até de parte dos trabalhadores, que também reagiam contra o elevado custo de vida.

Diante de tantas pressões e temendo uma guerra civil, Deodoro da Fonseca renunciou ao cargo em 23 de novembro de 1891, sendo substituído pelo vice Floriano Peixoto.

O governo de Floriano Peixoto: o Marechal de Ferro (1891-1894)

Para abafar os conflitos entre os diversos projetos republicanos, o novo presidente governou de forma autoritária. O frequente uso da força para repreender seus opositores lhe rendeu o apelido de "Marechal de Ferro".

Marechal Deodoro, em pintura a óleo de Autran, produzida em 1891.

Floriano logo reabriu o Congresso e implantou medidas que atendiam às necessidades das camadas populares, como a diminuição dos impostos sobre a carne, o controle do valor dos aluguéis e a construção de casas.

Apesar disso, o presidente sofreu forte oposição de civis e militares. Nos estados, ele substituiu os governantes partidários do ex-presidente Deodoro. Sentindo-se prejudicados, estes passaram a exigir a convocação de novas eleições.

No início de 1892, levantes armados exigindo novas eleições foram sufocados e seus líderes presos. No ano seguinte explodiu a **Revolta da Armada** (1893-1894). Sob o comando do almirante Custódio de Melo e Saldanha da Gama, oficiais da Marinha tomaram alguns navios no Rio de Janeiro para exigir a destituição do presidente.

Artilharia nas ruínas da ilha de Villegagnon, no Rio de Janeiro, durante a Revolta da Armada. Foto datada entre 1893 e 1895.

A resposta de Floriano foi dura. Os enfrentamentos duraram meses, até a vitória dos governistas em março de 1894. Uma parte dos militares revoltosos exilou-se em Portugal, outra foi presa e um terceiro grupo rumou para o Rio Grande do Sul, a fim de apoiar um levante que ali ocorria, a chamada **Revolução Federalista**.

Saiba mais

A Revolução Federalista

No Rio Grande do Sul, a elaboração da Constituição estadual foi marcada por disputas entre dois grupos locais. Os **republicanos**, também chamados de **pica-paus**, desejavam um poder centralizado, com um presidente de estado forte. Os **federalistas**, chamados de **maragatos**, lutavam pela descentralização e pelo Parlamentarismo.

Durante o governo de Floriano, teve início um confronto armado entre ambos, espalhando uma luta violenta por todo o estado.

Em 1893, os rebeldes da Revolta da Armada uniram-se aos federalistas. Juntos, avançaram sobre os estados de Santa Catarina e Paraná, conquistando a cidade de Curitiba. Porém, pouco tempo depois, apoiados pelo Exército de Floriano, os pica-paus expulsaram os rebeldes, que recuaram para a cidade de Desterro, capital de Santa Catarina. Ali, em abril de 1894, os revoltosos foram duramente perseguidos e mortos pelas forças de Floriano.

Um mês após as execuções por enforcamento e fuzilamento de vencidos, o nome da cidade Desterro foi modificado para Florianópolis, uma forma de deixar claro quem estava no poder. Os combates continuaram no Rio Grande do Sul até julho de 1895, quando os federalistas foram finalmente derrotados. Os confrontos resultaram em mais de 12 mil mortos.

De olho na tela

Uma história de amor e fúria. Direção: Luis Bolognese. Brasil, 2013. O protagonista dessa animação atravessa momentos marcantes da história do Brasil, mostrando que a história do país não é tão pacífica quanto se costuma ouvir.

3 A República Oligárquica

Encerrado o governo de Floriano Peixoto, eleições diretas foram realizadas em 1894. Com a vitória do cafeicultor paulista Prudente de Morais, o controle do Estado passou para as mãos de uma oligarquia de latifundiários. Tal domínio foi sustentado sobre três elementos: o **coronelismo**, o **voto de cabresto** e a **política dos governadores**.

O coronelismo, o voto de cabresto e a política dos governadores

No final do século XIX, a principal atividade econômica brasileira continuava a ser a agricultura. A maior parte da população residia e trabalhava na zona rural, dependente dos coronéis. Estes usavam seu controle sobre os habitantes locais para manipular as eleições. E como isso funcionava?

As eleições diretas eram feitas por meio de voto aberto, ou seja, não secreto. Assim, os coronéis mandavam seus jagunços vigiarem a votação para pressionar os eleitores a votarem em seu candidato. Além disso, prometiam aos eleitores diversos favores em troca de votos, como proteção, emprego e cuidados médicos, os quais nem sempre eram cumpridos. Essa prática, bastante comum na época, ficou conhecida como **voto de cabresto**.

▶ **Cabresto:** arreio de corda ou couro que serve para prender o cavalo à estrebaria ou para controlar o animal; designa algo que subjuga e controla.

Nas grandes cidades e capitais, a situação não era muito diferente. No Rio de Janeiro, por exemplo, os candidatos contratavam capangas para intimidar os eleitores e obter um resultado favorável.

Outra prática comum desse período foi a chamada **política dos governadores**. Por meio dela, os governantes estaduais garantiam, em seus estados, a eleição de deputados e senadores que fossem favoráveis ao governo federal. Isso ocorria com a ajuda dos coronéis, que controlavam as votações. Em troca, o presidente deixava de intervir nesses locais, garantindo maior poder às oligarquias da região.

Para manter essa política, foi criado um órgão subordinado ao presidente, chamado **Comissão de Verificação**. Sua função era dar a palavra final sobre a posse de deputados e senadores eleitos: aqueles que fossem da oposição sofriam a **degola**, isto é, não eram empossados, em geral sob a acusação de fraude.

Saiba mais

Quem eram os coronéis?

A figura do coronel tem origem no período da criação da Guarda Nacional, em 1831, destinada a auxiliar as Forças Armadas e o Corpo dos Permanentes (a polícia da época) para combater as agitações políticas durante as regências.

Essa milícia era constituída por cidadãos e organizada em companhias distribuídas por todo o país. Elas eram chefiadas por pessoas influentes em sua região, as quais recebiam do governo imperial o título de coronel. Com o tempo, a distinção deixou de se vincular apenas aos chefes das companhias para também ser destinada aos grandes proprietários de terras, que usavam o título para se imporem em suas regiões.

Mesmo após a extinção da Guarda, em 1918, os proprietários de terra continuaram a se beneficiar do prestígio e da patente de coronel, submetendo a população local a suas ordens e obrigando-a a votar em seus candidatos.

Em um carro da época, um coronel conduz um carro, acompanhado por um membro do clero católico, sentado no banco de trás como passageiro. Apoiadores do coronel, um soldado e um menino também estão na fotografia. Interior do estado de São Paulo, foto de 1903.

De olho na tela

Abril despedaçado. Direção: Walter Salles. Brasil/França/Suíça, 2001. O filme mostra o cotidiano do sertão brasileiro no período da República Velha.

O café com leite

No início da República, São Paulo e Minas Gerais representavam as principais forças econômicas do país. Os paulistas eram responsáveis pela maior parte da produção de café; os mineiros, pela criação do gado leiteiro. Ambos, eram estados populosos e tinham o maior número de eleitores do país.

Trabalhadores escravizados de uma fazenda de café no Vale do Paraíba. Foto de Marc Ferrez, c. 1885.
Até o final do período imperial brasileiro, o trabalho agrícola era realizado principalmente por escravizados. Durante o período republicano, quais foram as transformações ocorridas em relação à mão de obra?

A política econômica da República Oligárquica

Ao contrário dos governos militares de Deodoro e Floriano, que buscaram promover a indústria aumentando as tarifas alfandegárias, os governos oligárquicos defendiam um Brasil importador de produtos industrializados e exportador de gêneros agrícolas, principalmente o café.

No entanto, diante do continuado crescimento da produção do café, os preços sofreram grande queda no mercado internacional, o que diminuiu as receitas obtidas. Durante o governo Prudente de Morais, a situação se agravou com crises e instabilidade social. Para combater essa situação, seu sucessor, Campos Sales, instaurou um plano econômico, o *funding-loan* (empréstimo consolidado), que estabeleceu:

- a obtenção de novos empréstimos externos;
- a suspensão do pagamento da dívida externa por treze anos;
- a fixação das rendas da alfândega do Rio de Janeiro como garantia aos banqueiros internacionais;
- o compromisso de combate à inflação.

Campos Sales também previu a redução de despesas e o aumento dos impostos. Sua rigorosa política econômica estabilizou a economia do país, mas provocou a queda no padrão de vida da população, o aumento de falências de empresas e a elevação do desemprego.

A crescente produção do café e a queda dos preços atingiu seu auge em 1906. A solução encontrada pelos presidentes de Minas Gerais, São Paulo e Rio de Janeiro foi propor ao governo federal que comprasse e estocasse a produção excedente, forçando o aumento dos preços no mercado internacional. Para isso, foram realizados novos empréstimos externos. O **Convênio de Taubaté**, como ficou conhecida essa reunião, preservava a economia cafeeira, transferindo para o Estado os custos da manutenção dos lucros dos fazendeiros.

O único momento da República Oligárquica em que a exportação de café perdeu a centralidade na política econômica foi durante a Primeira Guerra Mundial (1914-1918). Nesse período, as vendas externas de café caíram e a dificuldade de importação de bens de consumo estimulou a indústria brasileira, que precisou abastecer o mercado interno com os produtos que antes eram adquiridos na Europa e nos Estados Unidos.

A política externa da República Oligárquica

O governo federal atuou fortemente ao lado de outros países para incentivar a vinda de imigrantes para trabalhar nas lavouras. O final do século XIX e o início do século XX foram de intenso fluxo migratório para o país. Até 1910, haviam entrado no Brasil mais de 2,4 milhões de estrangeiros. O maior grupo era o dos italianos (1,3 milhão), seguido pelos portugueses (703 mil), espanhóis (333 mil), alemães (104 mil) e japoneses (2 mil). Os imigrantes influenciaram a sociedade brasileira introduzindo novidades na alimentação, na língua, nas festas, etc.

Na política externa, destacou-se a atuação do barão do Rio Branco. Em 1895, ele conseguiu resolver a delimitação da fronteira com a Argentina, no atual oeste catarinense, e, em 1900, a questão de limite territorial entre o Amapá e a Guiana Francesa. Também foi decisivo na incorporação do Acre ao território do Brasil, em 1903, pelo Tratado de Petrópolis. A área, então pertencente à Bolívia, era ocupada por seringueiros brasileiros desde os anos 1880, dando origem a seguidos conflitos. Por fim, em 1904, foram definidos com os ingleses os limites do atual estado de Roraima e a Guiana.

Família de Luigi e Ângela Mazato Carraro, foto da década de 1920. Luigi Carraro e Ângela Mazato (sentados) partiram da Itália e desembarcaram no Brasil, no porto de Santos, no final do século XIX.

Tratado de fronteiras na República Oligárquica

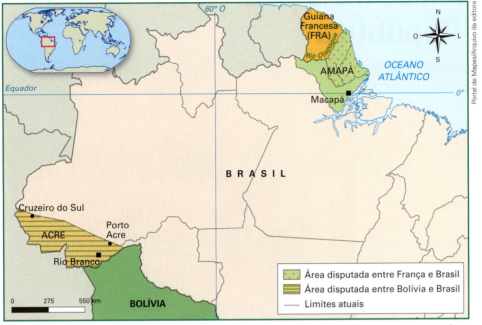

Fonte: organizado pelos autores e elaborado com base em SIMIELLI, Maria Elena. *Geoatlas básico*. São Paulo: Ática, 2000. p. 29.

Saiba mais

O trabalho nos seringais da Amazônia

A borracha é um produto derivado do látex, seiva leitosa extraída de árvores amazônicas conhecidas como seringueiras. Durante muito tempo, era utilizada apenas na produção de artesanato indígena. No século XIX, porém, os europeus descobriram que ela podia ser empregada na indústria e passaram a importá-la do Brasil.

Os migrantes nordestinos e a população indígena local foram os responsáveis pela plantação e exploração dos seringais da Amazônia. Apesar da enorme riqueza obtida com a exportação do produto, eles quase nada recebiam por seu trabalho e viviam endividados. Mas por que isso ocorria?

Ao ser contratado, o seringueiro recebia itens básicos de sobrevivência, como mantimentos, ferramentas, roupas, armas, munição, remédios, etc. No final do mês, os valores referentes a esses produtos eram descontados dos salários. Na prática, a remuneração do seringueiro era, quase sempre, inferior à quantia devida ao patrão, o que provocava seu permanente endividamento.

Seringueiro na região Norte do Brasil extraindo látex. Foto de 1925.

Brasil: a construção da República • CAPÍTULO 3 59

4 Os brasileiros mais pobres no início da República

O período inicial da República Oligárquica foi marcado por um acelerado processo de urbanização. Diversos centros urbanos passaram a exercer maior influência econômica e política devido ao aumento populacional.

Abrigavam a elite dominante, com projetos modernizadores e civilizatórios, mas o contraste e a desigualdade eram percebidos nas epidemias, falta de saneamento, cortiços, baixos salários e no acentuado processo de "favelização" de grande parte da sociedade. Esses fatores foram importantes para a eclosão de diversas manifestações durante esse período.

Foto da favela Morro do Pinto, no Rio de Janeiro, feita por Augusto Malta em 1912.

Reformas e revoltas urbanas

Os projetos de reforma ocorridos desde finais do século XIX pretenderam transformar as cidades, levando em consideração as necessidades do abastecimento, da circulação de pessoas e dos novos modelos de transporte.

A mais conhecida delas foi a reforma implementada pelo prefeito Pereira Passos no Rio de Janeiro, capital do país naquela época.

Para construir aquedutos, criar rede de esgotos, calçar as ruas, abrir avenidas e aterrar os pântanos, a prefeitura desapropriou e demoliu cortiços e prédios antigos na área central da cidade. Milhares de famílias ficaram desalojadas, sem receber nenhum tipo de indenização pela remoção.

A intenção era embelezar e "civilizar" a cidade, demolindo áreas degradadas, que contrastavam com a imagem de progresso. Tal ação ficou conhecida entre o povo como a política do "bota abaixo".

> **Desapropriar:** transformar algo em bem público.
> **Indenização:** recebimento de uma compensação; recompensa.

Uma das maiores obras de Pereira Passos foi a construção da avenida Central no Rio de Janeiro, atual avenida Rio Branco, inaugurada oficialmente em 1905. Foto de Marc Ferrez, c. 1910.

A Revolta da Vacina

No início da República, epidemias de febre amarela, peste bubônica e varíola atingiam várias cidades brasileiras, vitimando muitas pessoas. A situação era ainda mais grave no Rio de Janeiro, cuja população crescia sem um planejamento urbano adequado, o que fazia da capital um foco de doenças.

Ao assumir a presidência, em 1902, Rodrigues Alves estabeleceu como metas de seu mandato a modernização e o saneamento da capital do país. Para isso, planejou uma grande reforma urbana, executada pelo prefeito Pereira Passos.

Manifestação popular que resultou em bonde tombado no centro da cidade do Rio de Janeiro durante a Revolta da Vacina. Foto de 1904.

O médico sanitarista Oswaldo Cruz foi nomeado diretor de Saúde Pública e autorizou que agentes da prefeitura – os **mata-mosquitos** – invadissem as residências para eliminar ratos e mosquitos, transmissores das principais doenças, o que indignou a população.

Em 1904, foi instituída a vacinação obrigatória contra a varíola, sem antes esclarecer o público sobre sua necessidade. A população se rebelou: ergueram barricadas e houve tiroteios com a polícia, no conflito que ficou conhecido como **Revolta da Vacina**.

A vacinação obrigatória simbolizava o autoritarismo da República, e por isso foi amplamente rejeitada pela população, resultando em um saldo de 30 mortos, 110 feridos e 945 presos, dos quais 461 foram deportados para o Acre.

A Revolta da Chibata

Em 1910 eclodiu a **Revolta da Chibata**. Organizada por 2 300 marinheiros, teve como estopim a punição de um marujo com 250 chibatadas (chicotadas).

O uso da chibata era uma prática antiga dentro da Marinha, como forma de os oficiais punirem os subordinados – a maior parte composta por negros e mulatos. O caráter violento dessa prática, que lembrava os tempos da escravidão, passou a ser denunciado pelos marinheiros.

Liderados por João Cândido e Francisco Dias Martins, os rebeldes tomaram vários navios de guerra e ameaçaram bombardear o Rio de Janeiro. Exigiam alimentação de melhor qualidade, aumento dos soldos, anistia aos rebeldes e, claro, o fim dos maus-tratos.

▶ **Soldo**: salário.
▶ **Anistia**: perdão.

As exigências foram aceitas e os rebeldes depuseram as armas, mas as mudanças prometidas não aconteceram. Duas semanas depois, um novo levante, desta vez entre os fuzileiros navais, foi um pretexto para o governo prender todos os revoltosos. Alguns sofreram tortura, como João Cândido, outros foram deportados para a Amazônia. Outros, ainda, foram mortos nas prisões ou em alto-mar. Dois anos depois, João Cândido, Dias Martins e mais sete sobreviventes, já expulsos da Marinha, foram julgados e absolvidos.

Minha biblioteca

A República do progresso, de Iara Lis S. C. Souza, editora Atual, 1999. O livro mostra como a ciência, o saneamento, a moda e a engenharia serviram de instrumentos disciplinadores durante a República.

Chibata! João Cândido e a revolta que abalou o Brasil, de Hemetério e Olinto Gadelha, editora Conrad, 2008. Remonta, em quadrinhos, a história de João Cândido e da Revolta da Chibata.

De olho na tela

Memórias da Chibata. Direção: Marcos Manhães Marins. Brasil, 2005. A narrativa aborda a história de um menino negro de 7 anos, bisneto de João Cândido, líder da Revolta da Chibata, para contar a revolta dos marinheiros de 1910.

Saiba mais

O Almirante Negro

João Cândido, conhecido como Almirante Negro, faleceu muito pobre, aos 89 anos de idade, em 1969. Somente em 2008, quase um século depois da Revolta, é que a Lei n. 11.756 (assinada pelo presidente Luiz Inácio Lula da Silva) concedeu anistia póstuma a João Cândido e aos demais marinheiros.

Mundo virtual

Museu AfroBrasil. Biografia de João Cândido contada pelo *site* AfroBrasil. Disponível em: <www.museuafrobrasil.org.br/pesquisa/hist%C3%B3ria-e-mem%C3%B3ria/historia-e-memoria/2014/07/17/jo%C3%A3o-c%C3%A2ndido>. Acesso em: 5 jul. 2018.

Organização operária

Com o desenvolvimento industrial e urbano, muitos bairros operários surgiram em várias cidades brasileiras, habitados em sua maioria por imigrantes estrangeiros.

A vida desses trabalhadores era precária em razão dos baixos salários, da jornada de trabalho pesada e da inexistência de benefícios, como descanso semanal, férias e aposentadoria. Em muitas fábricas, empregavam-se mulheres e crianças, cujos salários eram inferiores aos de homens adultos.

Para piorar, o ambiente das indústrias era insalubre e, muitas vezes, perigoso. Não era raro crianças e demais trabalhadores terem os membros mutilados pelas máquinas, sem direito a tratamento médico, seguro por acidente de trabalho ou qualquer outro auxílio dos empregadores ou do Estado.

Nesse contexto, surgiram as primeiras associações operárias. Elas se inspiravam nas organizações socialistas e anarquistas da Europa, que lutavam tanto por resultados imediatos (melhores condições de trabalho e salários justos, por exemplo) como por objetivos de longo prazo (entre eles, a derrubada do sistema capitalista e a implantação de uma sociedade mais igualitária).

Em 1907, a luta por uma jornada de trabalho de oito horas diárias motivou uma greve que paralisou a capital paulista. A manifestação, iniciada por trabalhadores da construção civil, da indústria de alimentos e metalúrgicos, contagiou outras categorias e se espalhou por várias cidades do estado, como Santos, Ribeirão Preto e Campinas.

Outra grande greve ocorreu em julho de 1917. Com barricadas e conflitos de rua, o movimento paralisou novamente a cidade de São Paulo. Em vez de negociar, os patrões e governantes reprimiram violentamente os protestos, tratando-os não como uma questão social e política, mas como caso de polícia.

Homens, mulheres e crianças operários de uma das unidades das Indústrias Reunidas Francisco Matarazzo, em 1910, um dos maiores grupos industriais do país entre as décadas de 1910 e 1950. As dezenas de empresas de Francisco Matarazzo, italiano que havia chegado ao Brasil no final do século XIX, produziam de velas a sabonetes, de gêneros alimentícios a artefatos de metal, entre diversos outros produtos.

TRABALHANDO COM DOCUMENTOS

O texto abaixo é um manifesto escrito por representantes operárias no início do século XX, durante a Greve Geral de 1917. Leia-o com atenção e faça as atividades a seguir.

Soldados! Não deveis perseguir os vossos irmãos de miséria.

Vós também sois da grande massa popular, e, se hoje vestis a farda, voltareis a ser amanhã os camponeses que cultivam a terra, ou os operários explorados das fábricas e oficinas.

A fome reina em nossos lares e nossos filhos nos pedem pão! Os perniciosos patrões contam, para sufocar as nossas reclamações, com armas que os armaram.

▶ **Pernicioso:** mau, perigoso.

Soldados! Estas armas vo-las deram para garantir o seu direito de esfomear o povo! Mas, soldados, não vos presteis a fazer o jogo dos grandes patrões, que não têm pátria!

Lembrai-vos de que o soldado [...] até o dia 13 de maio de 1888 recusava-se a ir contra os escravos que se rebelavam, fugindo ao cativeiro!

Que belo exemplo a imitar! Não vos presteis, soldados, a servir de instrumento da opressão dos Crespi, Matarazzo, Gamba, Hoffmann etc, os capitalistas que levam a fome ao lar dos pobres!

Soldados! Cumpri vosso dever de homens! Os grevistas são vossos irmãos na miséria e no sofrimento. Os grevistas morrem de fome, enquanto os patrões morrem de indigestão!

Soldados, recusai-vos ao papel de carrascos!

São Paulo, junho de 1917.

Um grupo de mulheres grevistas.

FUNDAÇÃO Perseu Abramo. Disponível em:<https://fpabramo.org.br/2017/06/29/apelo-aos-soldados-nao-persigam-seus-irmaos-de-miseria>. Acesso em: 5 jul. 2018.

1▶ A quem se dirige o manifesto?

2▶ Qual foi o pedido feito pelas grevistas na carta? Quais argumentos elas usaram para reforçar seu apelo?

3▶ De acordo com o manifesto, quem força os soldados a lutar contra o povo?

4▶ Como os patrões são caracterizados nesse texto?

▷ Manifestação de trabalhadores durante a greve geral em São Paulo. Foto de 1917.

Brasil: a construção da República • **CAPÍTULO 3**

O messianismo e as revoltas no campo

Enquanto nas cidades as medidas autoritárias do governo e as precárias condições de vida e de trabalho da população geravam greves e revoltas, no campo a situação não era melhor. Esquecidos pelas autoridades, uma grande parcela da população rural vivia em condições miseráveis.

Nesse contexto de dificuldades sociais, surgiram os movimentos messiânicos, que pregavam a vinda de um salvador para resolver os males da população.

O **messianismo** é a crença na vinda de um messias (salvador ou libertador de um povo). Jesus Cristo, por exemplo, é o messias dos cristãos. Os judeus ainda esperam seu messias, o redentor, tido como o "prometido por Deus".

De acordo com os movimentos ou religiões messiânicos, a chegada do libertador dá início a um tempo de justiça e prosperidade na Terra, sendo anunciada por eventos extraordinários e sinais divinos.

Antônio Conselheiro e Canudos

O cearense Antônio Mendes Maciel, conhecido como Antônio Conselheiro, foi um dos principais líderes messiânicos brasileiros. Depois de exercer diversas profissões, vagou pelo Nordeste e foi venerado por suas pregações. Em 1893, estabeleceu-se no interior da Bahia e fundou na velha fazenda de **Canudos** uma pequena comunidade que rapidamente se transformou em arraial.

A pregação de Conselheiro atraiu milhares de seguidores e, em poucos anos, Canudos se transformou em uma comunidade autossuficiente. Como forma de administração, prevalecia na comunidade um sistema de mutirão, em que tudo era feito em conjunto. Os integrantes de Canudos apoiavam-se na narração bíblica dos apóstolos, por isso tanto as lavouras quanto o gado serviam a todos. Essa experiência incomodava os latifundiários, que temiam perder seus empregados e, com eles, seu poder. O clero também se assustava, pois via seus fiéis se afastarem.

Além disso, Conselheiro foi rotulado de monarquista, por criticar a separação entre Igreja e Estado promovida pelo governo republicano. Temendo que suas ideias se espalhassem pelo país, as autoridades estaduais e federais organizaram expedições militares para destruir Canudos. As três primeiras foram expulsas pelos habitantes do arraial, que tomaram metralhadoras e canhões dos soldados e se fortaleceram ainda mais.

> **Arraial:** povoado.
> **Autossuficiente:** que produz todos os bens de que necessita; independente.

Minha biblioteca

A Revolta de Canudos, de André Diniz, editora Escala Educacional, 2008. A Guerra de Canudos apresentada na forma de história em quadrinhos.

Arraial de Canudos visto pela estrada do Rosário, desenho de Demétrio Urpia, c. 1895.

Somente a quarta expedição, composta de cerca de 14 mil homens muito bem armados, conseguiu pôr fim à comunidade. O arraial foi arrasado e os que não morreram na luta foram degolados pelas tropas do Exército. Poucos habitantes foram feitos prisioneiros. Alguns historiadores afirmam que a população de Canudos girava em torno de 10 mil habitantes. Já autoridades da época apontavam 25 mil pessoas.

A Guerra de Canudos (1896-1897) foi narrada pelo jornalista Euclides da Cunha, que presenciou o conflito como correspondente do jornal *O Estado de S. Paulo*. Anos depois, o escritor reuniu suas impressões no livro *Os sertões*. A obra narra a luta dos habitantes de Canudos na defesa de seu modo de vida comunitário.

O arraial de Canudos (década de 1890)

Fonte: elaborado com base em ARRUDA, José Jobson de Andrade. *Atlas histórico básico*. São Paulo: Ática, 2001. p. 45.

Fundado às margens do rio Vaza-Barris, interior da Bahia, o arraial de Canudos era povoado, em sua maioria, por sertanejos pobres e analfabetos, submissos aos coronéis e assolados pela miséria.

Saiba mais

O sertão nordestino em guerra

Além dos líderes messiânicos, a miséria de grande parte da população nordestina estimulou o surgimento de bandos armados conhecidos como **cangaceiros**.

Saqueando povoados, fazendas e cidades, eles espalharam medo e morte no sertão do Nordeste. Alguns eram ligados aos coronéis, com quem faziam acordos de proteção nas disputas regionais. Outros eram independentes e até mesmo rivais dos poderosos da região. Para combatê-los, foram criadas as volantes, grupos de soldados armados e pagos pelo governo. O confronto entre os dois grupos deixava a população civil em meio a um verdadeiro fogo cruzado.

O número de bandos e de líderes cangaceiros variou ao longo das décadas. No final do século XIX, o grupo mais temido era o liderado por João Calangro, no sertão do Ceará. A partir dos anos 1920, surgiu o mais famoso de todos os cangaceiros, Virgulino Ferreira da Silva, conhecido como Lampião, acompanhado de Maria Bonita.

Lampião, Maria Bonita e seu bando de cangaceiros, em foto de 1936.

Mundo virtual

Fundação Cultural Cabras de Lampião. *Site* que conta a história de Lampião e promove ações culturais relacionadas à preservação da cultura nordestina. Disponível em: <http://cabrasdelampiao.com.br/museu-do-cangaco>. Acesso em: 5 jul. 2018.

Guerra de Canudos pelo fotógrafo Flávio de Barros. Fotos sobre a Guerra de Canudos que integram a Coleção Brasiliana Fotográfica, do acervo da Biblioteca Nacional. Disponível em: <http://brasilianafotografica.bn.br/?p=300>. Acesso em: 5 jul. 2018.

A Guerra do Contestado (1912-1916)

No início do século XX, o governo concedeu uma extensa área entre o Paraná e Santa Catarina à empresa estadunidense Brazil Railway Company. A região, conhecida como Contestado, era assim chamada por ser disputada pelos dois estados. O local seria utilizado para a construção de parte da estrada de ferro que ligaria São Paulo a Porto Alegre.

Brasil: a construção da República • **CAPÍTULO 3**

Com o início das obras, indígenas e camponeses miseráveis que viviam ali foram expulsos. Concluída a obra, a companhia demitiu boa parte dos operários e ampliou a exploração da madeira, desalojando mais uma leva de pequenos agricultores e proprietários.

Em 1912, operários, camponeses e indígenas prejudicados pela empresa se juntaram em torno de um líder messiânico, o beato José Maria. Temendo um episódio semelhante ao de Canudos, o governo federal, auxiliado pelos coronéis da região, enviou tropas para expulsar os sertanejos.

José Maria morreu no confronto, mas seus seguidores se mantiveram mobilizados em diversas cidades da região. Estima-se que os sertanejos somassem 20 mil pessoas no auge da mobilização. Após diversas batalhas, os rebeldes foram derrotados em 1916. Oito mil homens cercaram a região, acabando com o movimento dos camponeses por meio da violência, da fome e da sede. Outra vez, uma questão de caráter social era tratada violentamente como caso de polícia.

A região do Contestado

Fonte: elaborado com base em COSTA, Luis César A.; MELLO, Leonel Itaussu. *História do Brasil*. 11. ed. São Paulo: Scipione, 1999. p. 276.

Grupo de rebeldes da Guerra do Contestado aprisionado em Papanduva (SC), em 1915.

Breve balanço

Os diversos episódios que marcaram o período da República Oligárquica, como a Guerra de Canudos, a do Contestado, a Revolta da Vacina e a da Chibata, assim como o fenômeno do cangaço, podem ser interpretados como respostas populares à exclusão a que tinha sido submetida grande parte da população.

Tais revoltas, em sua maioria, não propunham uma mudança profunda na estrutura do Estado nem uma revolução social: pretendiam apenas superar as dificuldades imediatas das camadas mais pobres. Acabaram todas vencidas pelos representantes do Estado e dos setores privilegiados, que faziam uso da força policial ou militar para manter as coisas como estavam.

Na década de 1920, surgiriam novos movimentos de contestação. Dessa vez, no entanto, como veremos no capítulo 5, o governo oligárquico comandado pela elite agrária sofreria sérias derrotas.

Saiba mais

A imprensa negra brasileira

A luta dos negros – escravizados ou libertos – teve suas origens ainda no período em que o Brasil era colônia de Portugal. Como vimos, as fugas, formação de quilombos, rebeliões e diversas outras formas de resistência demonstram que esse grupo sempre combateu a situação de desigualdade à qual estava submetido.

A partir do século XIX, com a vinda da família real para o Brasil e a fundação da imprensa oficial na colônia, começou a surgir uma série de jornais e revistas de conteúdo variado.

Já durante a Regência podemos observar a proliferação de periódicos escritos por homens livres: negros e mulatos, que denunciam a discriminação e o escravismo. Um desses exemplos é o jornal *O Homem de Cor*, publicado no Rio de Janeiro em 1833, entre outros. Existiram publicações semelhantes no Recife, em São Paulo e em Porto Alegre, no período que vai de 1833 a 1892. As publicações eram voltadas para assuntos de interesse da população negra, questionando os limites impostos à sua liberdade e cidadania.

Com a República, cresceu o número de jornais e revistas que reivindicavam o espaço de negros e libertos dentro da "nova ordem". Como vimos, o processo de abolição não foi acompanhado de um projeto que integrasse essas pessoas na sociedade brasileira. Dessa forma, podemos notar como a aparição dos jornais foi importante para mobilizá-las em torno de seus interesses comuns.

No contexto do pós-abolição, homens e mulheres negros se organizaram coletivamente de variadas formas, no combate à discriminação racial e em busca de maiores chances de ascensão econômica e social. Naquele período, intensificou-se a produção de jornais e revistas por parte desse grupo, que no seu conjunto ficaram conhecidos como a **Imprensa Negra Paulista**.

Nas duas primeiras décadas do século XX, a maior parte dos periódicos foi elaborada por associações que atuavam como grêmios recreativos, clubes dançantes, esportivos, dramáticos, literários ou carnavalescos. Dessa forma, boa parte [...] tinha como principal finalidade tratar de assuntos relacionados à vida social dos associados e da população negra em geral. Ao longo dos anos, cresceu também a preocupação dos grupos que dirigiam esses veículos em denunciar as restrições sociais sofridas pela população negra, traduzidas na diferença de tratamento e de acesso a oportunidades por causa do preconceito de cor. Além da capital paulista, onde foi produzido o maior número de periódicos, há registros da imprensa negra em cidades como Campinas, Piracicaba, Santos e São Carlos.

IMPRENSA negra paulista. *Periódicos de 1903 a 1963*. Disponível em: <http://biton.uspnet.usp.br/imprensanegra>. Acesso em: 5 jul. 2018.

Capa do jornal *O Mulato* de 1883, Rio de Janeiro (RJ).

Capa do jornal *O Baluarte* em sua primeira edição de 1903, Campinas (SP).

Presidentes da República Oligárquica

Com o fim do governo de Floriano Peixoto, em 1894, o Brasil passou a ser governado por uma oligarquia.

Durante a República Oligárquica, o Partido Republicano Mineiro (PRM) e o Partido Republicano Paulista (PRP) indicavam e sustentavam o presidente de acordo com seus interesses, afora algumas exceções, como se nota a seguir.

Prudente de Morais (1894-1898)
O cafeicultor paulista, eleito pelo voto direto, substituiu o marechal Floriano Peixoto na presidência do país, encerrando a República da Espada.

Campos Sales (1898-1902)
O presidente seguinte, também paulista, concluiu seu mandato com elevado índice de impopularidade, em razão de uma grave crise econômica enfrentada pelo país.

Rodrigues Alves (1902-1906)
O principal desafio do presidente, outro paulista, foi sanar a queda do preço do café no mercado internacional.

Afonso Pena (1906-1909)
O presidente mineiro pôs em prática a política de valorização do café estabelecida no Convênio de Taubaté. Não concluiu o seu mandato, pois morreu em 1909.

Nilo Peçanha (1909-1910)
Afiliado ao Partido Republicano Fluminense, assumiu a presidência após a morte de Afonso Pena. Sua sucessão foi marcada por uma grande disputa. Os mineiros, com amparo do Rio Grande do Sul, apoiavam o militar gaúcho Hermes da Fonseca. Os paulistas, com apoio da Bahia, sustentavam o civil Rui Barbosa.

Hermes da Fonseca (1910-1914)
Passou a intervir nos estados, a fim de derrubar as oligarquias opositoras, especialmente no Norte e no Nordeste, medida conhecida como Política das Salvações, que resultou em diversos conflitos armados. Em um deles, no Ceará, o presidente enfrentou os jagunços do padre Cícero Romão Batista, prefeito de Juazeiro, conhecido como "Padim Ciço".

Venceslau Brás (1914-1918)
A eleição do mineiro como sucessor de Hermes da Fonseca restabeleceu a política do café com leite. Seu governo foi marcado pela Primeira Guerra Mundial, da qual o Brasil participou enviando militares e médicos.

Delfim Moreira (1918-1919)
Nas eleições de 1918, o paulista Rodrigues Alves foi eleito pela segunda vez, mas morreu antes de assumir o cargo: assumiu o vice, o mineiro Delfim Moreira. Conforme determinava a Constituição, foram realizadas novas eleições, e o governo de Delfim Moreira durou apenas sete meses.

Epitácio Pessoa (1919-1922)
Apoiado pela oligarquia mineira, o paraibano venceu as eleições de 1919 e deu continuidade à política de valorização do café.

Artur Bernardes (1922-1926)
O governo do mineiro foi marcado pela oposição dos militares de baixa patente, o que o levou a decretar estado de sítio inúmeras vezes.

Washington Luís (1926-1930)
O último presidente da República Oligárquica foi esse fluminense, conhecido como "paulista de Macaé" por ter desenvolvido sua carreira política em São Paulo. Seu lema foi "governar é abrir estradas".

Ilustrações: Pedro Bottino/Acervo do ilustrador

Mapeando saberes

- Os republicanos tinham pelo menos três projetos de governo: o projeto dos militares ficou conhecido como República da Espada (1889-1894) e o projeto dos grandes proprietários rurais ficou conhecido como República Oligárquica (1894-1930). Os republicanos defensores da participação popular não chegaram a intervir diretamente no governo em nenhum desses momentos.

- A política da República Oligárquica se caracterizou pelo coronelismo, pelo voto de cabresto e pela política dos governadores. A economia brasileira estava baseada principalmente na exportação de café, e qualquer oscilação do preço do produto no mercado internacional provocava crises econômicas que atingiam toda a população. Ao Estado eram repassados os prejuízos dos produtores.

- Na República Oligárquica, não houve incentivo à industrialização. Essa situação só se reverteu, temporariamente, durante a Primeira Guerra. No início da República, poucos brasileiros participavam do processo eleitoral. Somente alguns grupos elegiam representantes para atuar no governo. Sem participação na vida política, a grande massa se manifestava de outras formas.

ATENÇÃO A ESTES ITENS

REPÚBLICA OLIGÁRQUICA EXCLUDENTE

- No início da República, a modernização da sociedade brasileira (a exemplo das reformas urbanas como a do Rio de Janeiro ou da construção de estradas de ferro como a São Paulo-Porto Alegre) foi excludente, ou seja, deixou de fora uma boa parcela da população. Isso provocou uma série de revoltas e levantes.

ALGUMAS DAS REVOLTAS URBANAS

- A Revolta da Vacina no Rio de Janeiro em 1904 teve como estopim a vacinação obrigatória contra a varíola. Mas o descontentamento da população tinha causas mais antigas e profundas, como a desapropriação e a demolição de cortiços no centro da cidade, o que deixou milhares de pessoas desalojadas.

- A punição com chibatadas, aplicada por oficiais da Marinha em subordinados negros e mulatos, lembrava os tempos da escravidão. A Revolta da Chibata, em 1910, pedia não só o fim desses castigos, mas também melhores condições de trabalho. Seu líder, João Cândido, tornou-se um símbolo de resistência.

- As péssimas condições de trabalho nas fábricas contribuíram para as duas grandes greves em 1907 e em 1917, ambas duramente reprimidas.

ALGUMAS DAS REVOLTAS RURAIS

- No Nordeste brasileiro, a miséria e o mandonismo dos coronéis fizeram muitos sertanejos seguirem o líder messiânico Antônio Conselheiro. Reunidos em Canudos, seus seguidores criaram um modo de vida que era visto como ameaça pelo governo e pelos grandes proprietários. Na Guerra de Canudos (1896-1897), o arraial foi destruído, e milhares foram mortos.

- Na região do Contestado, entre o Paraná e Santa Catarina, camponeses e pequenos proprietários foram expulsos de suas terras para viabilizar a construção da estrada de ferro São Paulo-Porto Alegre. Desalojados, reuniram-se em torno do beato José Maria, mas foram combatidos e mortos por forças do governo e dos grandes proprietários locais.

POR QUÊ?

PERMANÊNCIAS
- Muitas das relações de apadrinhamento político que perduram até hoje no campo surgiram no início da República.

MUDANÇAS
- Conhecer as limitações políticas e sociais do passado nos permite entender melhor a democracia no presente e projetar a que queremos no futuro.

- As origens de muitos problemas sociais brasileiros de hoje remontam aos primeiros anos da República.

- Os movimentos de rebeldia dos excluídos da sociedade do início da República revelam a não passividade frente a sua situação, como em outros momentos da história republicana.

ATIVIDADES

Retome

1. Podemos afirmar que a Constituição de 1891 assegurou o direito de voto à maioria da população brasileira? Justifique.

2. Com relação à condução da política econômica brasileira:
   a) cite as diferenças entre as políticas econômicas de Rui Barbosa e de Prudente de Morais;
   b) explique por que a política econômica de Rui Barbosa resultou em numerosas falências e no aumento da inflação;
   c) identifique o principal problema enfrentado pelos cafeicultores na República do Café com Leite e explique como ele foi resolvido;
   d) aponte as consequências da Primeira Guerra na economia brasileira.

3. Explique por que a população do Rio de Janeiro reagiu de maneira violenta às medidas sanitaristas adotadas por Oswaldo Cruz.

4. A reforma urbana realizada no Rio de Janeiro, nessa época, beneficiou toda a população carioca? Justifique.

5. Descreva, com suas palavras, como se organizou a imprensa negra brasileira entre fins do século XIX e início do século XX e comente a importância dela na história do movimento negro no país.

Pesquise

6. Observe o quadro da página 51. Qual é a função de cada um dos poderes?

7. Como são escolhidos atualmente os representantes desses poderes?

8. Como se organizam os poderes em sua cidade? Você sabe o nome dos representantes do Executivo e de alguns do Legislativo?

Analise uma charge

9. Observe a charge a seguir e responda: Qual é a crítica que o chargista direcionava ao sistema eleitoral brasileiro em 1927?

Charge de Storni, de 1927.

10. Quais são as diferenças entre a situação representada pela charge de Storni e a do atual sistema eleitoral do país?

Analise uma letra de música

João Cândido, líder da Revolta da Chibata, foi apelidado pelos jornalistas de Almirante Negro. Em sua homenagem, João Bosco e Aldir Blanc compuseram, na década de 1970, a canção *O mestre-sala dos mares*.

11. Leia a letra da canção a seguir e faça as atividades propostas.

O mestre-sala dos mares

Há muito tempo,
Nas águas da Guanabara,
O dragão do mar reapareceu,
Na figura de um bravo feiticeiro
A quem a história não esqueceu.
Conhecido como o navegante negro,
Tinha a dignidade de um mestre-sala
E ao acenar pelo mar
Na alegria das regatas,
Foi saudado no porto
Pelas mocinhas francesas,
Jovens polacas
E por batalhões de mulatas!
Rubras cascatas
Jorravam das costas dos santos
Marinheiro João Cândido.
Entre cantos e chibatas,
Inundando o coração

Do pessoal do porão
Que a exemplo do feiticeiro
Gritava então:
Glória aos piratas, às mulatas!
Às sereias!
Glória à farofa, à cachaça,
Às baleias!
Glória a todas as lutas inglórias
Que através da nossa história
Não esquecemos jamais!
Salve o navegante negro
Que tem por monumento
As pedras pisadas do cais
[...]

BOSCO, João; BLANC, Aldir. *O mestre-sala dos mares*.
Disponível em: <www.letras.mus.br/joao-bosco/663976>.
Acesso em: 5 jul. 2018.

Na foto, João Cândido Felisberto, o Almirante Negro. Foto de 1910.

a) Escreva os versos da canção que se referem ao castigo da chibata.

b) A letra da música descreve João Cândido de maneira positiva ou negativa? Justifique sua resposta citando as palavras usadas pelos compositores para qualificá-lo.

c) O mestre-sala das escolas de samba é aquele que dirige, que "puxa" a apresentação da escola. Por que João Cândido é chamado de "mestre-sala dos mares" no título da canção?

Trabalhando com texto

Leia o texto a seguir e depois responda às questões.

Mas felizmente já se foram os tempos em que os historiadores não acreditavam na possibilidade de as ideias também fazerem história. E infelizmente os historiadores hoje já descobriram que até ideias vagas, surgidas do nada e da confusão mental, fazem história e, como não podia deixar de ser, fazem uma história da pior qualidade. Assim é que a noção de que a pobreza de um indivíduo era fato suficiente para torná-lo um malfeitor em potencial teve enormes consequências para a história subsequente de nosso país. Este é, por exemplo, um dos fundamentos teóricos da estratégia de atuação da polícia nas grandes cidades brasileiras desde pelo menos as primeiras décadas do século XX.

CHALHOUB, Sidney. *Cidade Febril*: cortiços e epidemias na corte imperial. São Paulo: Companhia das Letras, 1996. p. 22-23.

12▸ Na sua opinião, por que o historiador Sidney Chalhoub afirma que já se foram os tempos em que os historiadores não acreditavam na possibilidade de as ideias também fazerem história?

13▸ Releia o capítulo e faça uma relação dos grupos sociais formados por pessoas pobres na República Oligárquica.

14▸ Relacione a ideia de que a pobreza torna um cidadão suspeito com a atuação do governo em relação aos movimentos sociais ocorridos na República Oligárquica.

15▸ Atualmente, ainda prevalece o tratamento das pessoas pobres como suspeitas?

Autoavaliação

1. Quais atividades você considerou mais fáceis e mais difíceis? Por quê?
2. Em quais atividades você utilizou o texto do capítulo como base para sua resposta?
3. Algum ponto do capítulo não ficou muito claro para você? Qual?
4. Você compreendeu o esquema *Mapeando saberes*? Explique.
5. Você saberia apontar exemplos da atualidade considerando o que aprendeu no item *Por quê?* do *Mapeando saberes*?
6. Como você avalia sua compreensão dos assuntos tratados neste capítulo?

» **Excelente**: não tive nenhuma dificuldade.
» **Boa**: tive algumas dificuldades, mas consegui resolvê-las.
» **Regular**: foi difícil compreender certos conceitos e resolver as atividades.
» **Ruim**: tive muitas dificuldades, tanto no conteúdo quanto na realização das atividades.

LENDO IMAGEM

Em 1889, o governo brasileiro usou alegorias para ajudar a população a compreender e aceitar os novos ideais republicanos. Essas alegorias foram empregadas em desenhos, obras de arte e muitos monumentos. Os símbolos e as alegorias usados pelos artistas militantes da causa republicana foram inspirados em imagens francesas, veiculadas desde o período da Revolução Francesa, como a que vemos abaixo.

Barrete frígio vermelho, um tipo de touca adotado pelos franceses em 1792. Na França, ao longo do século XIX, foi associado à ideia de revolução e radicalismo.

Indumentária greco-romana inspirada nas estátuas das deusas gregas Atena e Nice: simboliza a sabedoria e a vitória.

O seio desnudo simboliza amamentação, sugerindo uma república que ampara os cidadãos.

O feixe indica a união da sociedade em torno dos valores e das leis republicanas, simbolizadas pelo esquadro.

Alegoria da República. Óleo sobre tela (73 cm × 61 cm) de Antoine-Jean Gros, de 1794.

No final de 1904, a revista *O Malho*, periódico que circulou no país de 1902 a 1954, com artigos sobre política e cultura e muitas ilustrações, trazia a capa reproduzida abaixo.

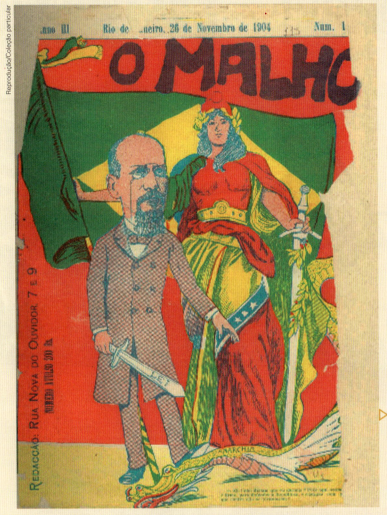

▷ Capa da revista *O Malho*, de 26 de novembro de 1904, de autoria não identificada. Além da alegoria sobre a República, o desenho apresenta uma charge do presidente Rodrigues Alves e a imagem de um dragão.

Identifique os elementos e a composição da obra

1▸ O que Rodrigues Alves e o dragão representam nessa charge?

2▸ Como cada personagem está caracterizado?

Analise a obra

3▸ Quais são as semelhanças entre a representação que a charge faz da República brasileira e a representação francesa pintada por Antoine-Jean Gros?

4▸ De acordo com a charge, quais são as relações existentes entre os três personagens representados?

Interprete a imagem em seu contexto

5▸ Esta edição da revista *O Malho* foi lançada dias depois do fim da Revolta da Vacina. O que a charge critica?

6▸ A alegoria da República representada nessa charge está de acordo com os acontecimentos relacionados às revoltas (tanto nas cidades como no campo) que foram estudados neste capítulo?

LENDO IMAGEM

Marcha contra o fascismo no centro de Londres, Reino Unido, em 17 de março de 2018.

UNIDADE 2

Autoritarismo, totalitarismo e a Segunda Guerra Mundial

Ainda hoje, é possível ver, em noticiários, manifestações contra o nazismo e o fascismo, tanto no Brasil como em diversos países do mundo. Por que, passados mais de 100 anos do surgimento dos partidos que defendiam esses ideais, ainda é necessário combatê-los? Ao estudarmos o contexto de seu aparecimento no ano de 1919 e o que eles representaram para a Europa desse período, poderemos entender a razão dessas atuais mobilizações.

Observe a imagem e responda oralmente:

1. Descreva a imagem, levando em consideração os dados da legenda.

2. O que você sabe do nazismo e do fascismo? Você saberia identificar quais foram seus líderes e onde esses movimentos surgiram?

CAPÍTULO 4

Crises e totalitarismo

Como consequência da Crise de 1929, muitas pessoas passaram a viver sob condições precárias, como os desempregados em fila para receber refeição gratuita. Foto de 1930, em Nova York, EUA.

O período que vai do final da Primeira Guerra Mundial, em 1918, ao início da Segunda Guerra Mundial, em 1939, é conhecido como **entreguerras**. Ele se caracteriza pelas imensas dificuldades enfrentadas por nações de todo o mundo, sobretudo aquelas derrotadas no primeiro conflito.

Logo após a guerra, os países europeus mantiveram ou adotaram governos democráticos, mas, nos anos seguintes, em função principalmente da crise econômica, a democracia foi derrubada em vários países. Pressões populares possibilitaram a ampliação do direito ao voto em vários lugares do mundo, com a adoção do sufrágio feminino na Alemanha (1918), no Reino Unido (1918), nos EUA (1920) e no Brasil (Constituição de 1934).

Segundo o historiador Eric Hobsbawm, em 1920 existiam cerca de 65 países no mundo que adotavam o regime liberal constitucional, com eleições, partidos políticos, divisão do Estado em três poderes independentes, etc. Em 1938, um ano antes do início da Segunda Guerra, restavam apenas 17. Todos os demais haviam adotado formas de governo autoritárias.

▶ Para começar 💬

Observe a imagem. Ela representa a crise socioeconômica que atingiu o mundo ocidental entre as décadas de 1920 e 1930.

1. Descreva a imagem, destacando os elementos que indicam a situação de crise econômica.

2. Você conhece alguém que já passou por situação de desemprego? Quais sentimentos ou sensações você imagina serem os de um desempregado?

▶ **Sufrágio:** voto em eleição.

1 Estados Unidos da América

Envolvendo-se somente em 1917 na guerra e sem ter seu território atingido pelas batalhas, os Estados Unidos obtiveram ganhos financeiros e políticos e firmaram a posição de grande potência mundial.

Enquanto as nações europeias reduziam sua produção industrial e agrícola em decorrência do conflito, os estadunidenses aumentavam sua produtividade, exportando alimentos e bens industrializados para os países beligerantes.

> **Beligerante:** que está em guerra ou faz guerra.

Além disso, ao final da guerra os EUA concederam grandes empréstimos para a reconstrução da Europa. Internamente, a economia estadunidense era regida pelo liberalismo e a cada dia surgiam novas empresas que negociavam suas ações na Bolsa de Valores.

O extraordinário desenvolvimento estadunidense também se revelava nas atividades culturais e de comunicação. Em uma época em que o cinema despontava como diversão em todo o mundo, filmes estadunidenses eram exportados para diversos países. Na música, o *jazz* ganhava espaço dentro e fora do país. Vivia-se um período de grande otimismo, mas também de grandes contradições.

O continuado crescimento da produção industrial e agrícola dos EUA durante os anos 1920 esbarrou na limitação do consumo em relação a tudo que era produzido. Vários eram os motivos para isso, entre eles:

- internamente, os salários dos trabalhadores estadunidenses não aumentavam na mesma proporção que a produção industrial;
- externamente, os países europeus, maiores consumidores dos produtos estadunidenses durante a guerra, aos poucos recuperavam sua economia e deixavam de importar muitos artigos dos Estados Unidos.

O resultado foi uma grave **crise de superprodução**. Muitos pequenos agricultores hipotecaram suas terras para comprar máquinas, insumos ou outras terras. Entretanto, a superprodução agrícola resultou na queda de preços dos produtos, levando os agricultores à falência.

LINHA DO TEMPO

1919-1933
Alemanha: República de Weimar

1921-1932
EUA: presidentes do Partido Republicano

1922
Itália: fascistas – Marcha sobre Roma

1923
Alemanha: Hitler e o *Putsch* de Munique

1924-1953
URSS: Stalin

1925
Mussolini: *Duce* da Itália

1929
EUA: Crise da Bolsa de Nova York

1932
EUA: eleições e vitória de Roosevelt do Partido Democrata

1933
EUA: *New Deal*. Alemanha: Hitler Chanceler (Terceiro *Reich*)

1936-1939
Guerra Civil Espanhola

Entreguerras

Linha do tempo esquemática. O espaço entre as datas não é proporcional ao intervalo de tempo.

> **Hipotecar:** oferecer um bem (em geral, um imóvel) como garantia na tomada de um empréstimo.

> **Insumo:** bem necessário para produzir mercadorias ou serviços (matéria-prima, equipamentos, etc.).

Linha de montagem da fábrica de automóveis Ford em Michigan, EUA, em 1928. Foram vendidos mais de 15 milhões de automóveis entre 1908 e 1927.

Crises e totalitarismo • **CAPÍTULO 4** 77

A Crise de 1929: o *crash* da Bolsa de Valores

A movimentação das Bolsas de Valores nos EUA aumentava todos os dias. No entanto, os preços das ações já não correspondiam ao valor real das empresas, que não conseguiam vender seus produtos. O governo, adepto do liberalismo, não interveio na situação.

Depois de muitas variações no valor das ações negociadas na Bolsa de Nova York, veio a **grande crise**. No dia 24 de outubro de 1929, os negociadores

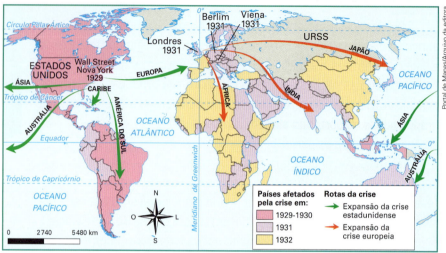

A expansão da Crise de 1929

Fonte: elaborado com base em *Histoire-Géographie*. Paris: Hartier, 1991. p. 42.

de ações não encontraram compradores, o que provocou uma grande queda nos preços desses títulos, que durou dias seguidos. Esse episódio ficou conhecido como *crack* ou *crash* (quebra) da Bolsa de Nova York.

Uma onda de falências varreu todo o país: cerca de 85 mil empresas e 4 mil bancos fecharam e mais de 12 milhões de pessoas ficaram desempregadas. Como os EUA eram a principal alavanca do comércio internacional, a crise logo se irradiou por quase todo o mundo.

O período posterior à quebra da Bolsa de Nova York ficou conhecido como **Grande Depressão** e atingiu todos os países relacionados aos EUA. Calcula-se que cerca de 40 milhões de trabalhadores em todo o mundo perderam seus empregos.

A adoção do *New Deal*

A posição do presidente Herbert Clark Hoover (1929-1933), membro do Partido Republicano e defensor do liberalismo, de não intervir na economia contribuiu para manter essa situação. Para combater os efeitos da crise, o novo governo, do democrata Franklin Delano Roosevelt (1933--1945), aplicou um plano de emergência para recuperar a economia do país, denominado ***New Deal*** (**Novo Acordo**). O plano teve influência das teorias do economista britânico **John Maynard Keynes** (1883-1946), que defendia o **intervencionismo estatal** na economia, contrariando os ideais do liberalismo. O governo passou a investir em grandes obras de infraestrutura, como estradas e barragens, criando empregos e forçando o aumento do poder de compra. Também foram criados bancos de investimentos, que ofereciam empréstimos para manter a produção agrícola e industrial.

Roosevelt implementou ainda uma política de proteção aos trabalhadores, instituindo, por exemplo, o salário desemprego, que garantiu a sobrevivência das pessoas mais pobres e a manutenção do consumo. Em meados da década de 1930, os índices de recuperação da economia começaram a aparecer.

> **Saiba mais**
>
> As origens dos dois grandes partidos estadunidenses da atualidade remontam à época da estruturação política dos EUA, logo após a independência em 1776. Uma raiz do atual **Partido Democrata** desejava mais autonomia para os estados e era defendida por Thomas Jefferson. Outra, favorável a um forte governo central, sustentada por Alexander Hamilton, foi o embrião do atual **Partido Republicano**.

Construindo conceitos

O keynesianismo e o *Welfare State*

As ideias de Keynes, inovadoras para a época, acabaram por remodelar o capitalismo: foram adotadas primeiro nos EUA e, posteriormente, nos diversos países capitalistas da Europa e da América Latina.

Após a Segunda Guerra Mundial, o keynesianismo originou o chamado *Welfare State* (Estado de Bem-Estar Social), que procurava oferecer condições básicas de vida a todos os cidadãos, garantindo-lhes renda, saúde, segurança e educação. De um lado, era uma contraposição ao modelo do Estado liberal, que defendia a mínima intervenção estatal na economia; de outro, se opunha ao Estado comunista, que controlava toda a economia e abolia a propriedade privada.

De forma geral, o intervencionismo keynesiano predominou até o final dos anos 1970. Na década seguinte, a doutrina liberal, conhecida como **neoliberalismo**, voltou a ganhar espaço, prevalecendo desde então em vários países do mundo. O neoliberalismo propõe a liberdade de mercado e uma grande redução das ações do Estado na economia. Diante das mais recentes crises do capitalismo, como as que ocorreram em 2008-2009 e 2011-2012, voltou-se a debater se o Estado deve ou não intervir na economia.

2 O nazifascismo

Nos países atingidos pela Grande Depressão, uma onda de insatisfação e de contestações populares passou a assustar as camadas dominantes e a classe média. Temia-se que essa movimentação desembocasse em revoluções socialistas, a exemplo da URSS. Isso motivou as elites de diversos países a apoiar grupos de extrema direita, como na Itália, na Alemanha, na Espanha e em Portugal, que impediram o avanço da esquerda.

Os partidos de extrema direita, conhecidos como fascistas, propunham a construção de um Estado forte, centralizado, nacionalista, anticomunista e autoritário. Para chegar ao poder, utilizavam práticas violentas e intensa propaganda política.

Escultura tridimensional, de data desconhecida, representando o símbolo do fascismo (um feixe e um machado).

▶ O nome **fascismo**: vem da palavra italiana *fascio* (feixe). No antigo Exército romano, o feixe de varas representava a força da união militar, pois uma vara sozinha pode ser facilmente rachada, mas, unida a muitas outras, ela se torna inquebrável. Liderados por Mussolini, os fascistas defendiam a união das diferentes classes sociais sob a autoridade de um chefe.

Construindo conceitos

Totalitarismo

O conceito de totalitarismo não se restringe ao autoritarismo. Este último é apenas uma das características dos regimes totalitários.

Segundo pesquisadores, o totalitarismo é uma forma de governo na qual o Estado concentra todos os poderes e regulamenta aspectos da vida pública e privada dos cidadãos. Ele se opõe ao Estado liberal, uma vez que se baseia em uma ditadura monopartidária, centrada na figura de um líder. No regime totalitário, a polícia política e a propaganda, controladas por esse líder, espalham o clima de terror por toda a sociedade, perseguindo seus opositores e grupos acusados pelos problemas existentes naquele país: em geral, minorias étnicas, homossexuais e opositores políticos.

Como define o filósofo político Norberto Bobbio:

> Os elementos constitutivos do Totalitarismo são a ideologia, o partido único, o ditador e o terror. [...]

BOBBIO, Norberto; MATTEUCCI, Nicola; PASQUINO, Gianfranco. *Dicionário de política*. Brasília: Editora da Universidade de Brasília, 1998. v. 1. p. 1258.

O fascismo italiano

O **Partido Fascista Italiano** foi organizado por **Benito Mussolini** logo depois da Primeira Guerra Mundial, com o apoio de industriais preocupados com a ascensão dos movimentos de esquerda no país.

Em 1922, liderados por Mussolini, mais de 50 mil camisas negras, militantes que atacavam violentamente seus adversários na cidade e no campo, realizaram a chamada **Marcha sobre Roma**, dirigindo-se ao rei Vítor Emanuel III para lhe exigir o poder, objetivo que foi conquistado. Apoiados pela burguesia, os fascistas eliminaram seus adversários com prisões, torturas e fraudes eleitorais. Outros partidos políticos foram cassados, a imprensa dominada e o Parlamento substituído por um órgão atrelado ao partido fascista. Instaurava-se uma ditadura violenta e totalitária.

Em 1929, o Tratado de Latrão criou dentro de Roma o **Estado do Vaticano**, obtendo a adesão do clero italiano. Solucionava-se, assim, uma pendência com a Igreja Católica existente desde a unificação italiana no século XIX.

Mussolini incentivou o desenvolvimento agrícola, industrial e militar e promoveu a expansão territorial, chegando a invadir a Etiópia, na África, em 1935.

Mussolini discursando em Roma. Foto de 1938.

O nazismo na Alemanha

A derrota alemã na Primeira Guerra Mundial e os efeitos humilhantes do Tratado de Versalhes criaram as condições para o nascimento e desenvolvimento do nazismo. O movimento nazista foi organizado por **Adolf Hitler**, líder do **Partido Nacional Socialista dos Trabalhadores Alemães**, integrado por ex-oficiais e pequenos comerciantes racistas, antissemitas e anticomunistas.

Em 1923, a República de Weimar passava por sua pior crise. As finanças públicas saíram do controle e a inflação superou 17 000%. Aproveitando-se da crise, Hitler tentou um golpe de Estado, o **Putsch** (golpe) **de Munique**, apoiado pela *Sturmabteilung*, as Seções de Assalto (**SA**), grupo paramilitar que intimidava e perseguia adversários, em especial comunistas e judeus. O plano fracassou e Hitler foi preso. Na prisão, escreveu o livro *Mein Kampf* (Minha luta), no qual expôs suas ideias políticas fundadas no totalitarismo, nacionalismo, racismo e expansão territorial.

No final dos anos 1920, a economia alemã se recuperou e os nazistas perderam força política.

Saiba mais

O agrupamento formado pelos nazistas era apelidado de **Nazi** (nacional) e se opunha aos partidos e movimentos não nacionalistas, especialmente à esquerda internacionalista, incluindo o Partido Comunista da Alemanha e o Partido Social-Democrata da Alemanha, os **Sozi** (socialistas-comunistas).

Minha biblioteca

As tribos do mal: o neonazismo no Brasil e no mundo, de Helena Salem, editora Atual, 1995. Apresenta o renascimento da ideologia fascista nas últimas décadas: a explosão dos *skinheads* e a apologia à violência.

Paris é uma festa, de Ernest Hemingway, editora Bertrand Brasil, 2006. O romance recria as atmosferas parisienses do século XX até a invasão do exército nazista.

▶ **Antissemita:** quem é hostil ao povo judeu.

▶ **República de Weimar:** nome da República alemã, proclamada pela Carta Constitucional na cidade de Weimar, em 1919.

A ascensão de Hitler

Com a Crise de 1929, a economia alemã voltou a mergulhar no caos, com agitações sociais e políticas e o crescimento dos partidos de esquerda. Parcela expressiva da população – sobretudo, da classe média – apoiou as propostas extremistas dos nazistas. A popularidade de Hitler aumentou entre os trabalhadores, animados com as promessas de aumentos salariais, reforma agrária e anulação das dívidas dos camponeses, e também entre os empresários, que temiam a força política dos comunistas.

Nas eleições de 1932, o partido nazista conseguiu a maioria dos votos para o Parlamento (*Reichstag*).

Em 1933, Hitler se tornou chanceler (chefe do governo alemão). Em seguida, implantou uma ditadura e promoveu a eliminação de seus opositores, com a proibição de todos os partidos, exceto o nazista, e o fechamento de sindicatos e jornais de oposição. Por meio da Gestapo, a polícia secreta do Estado, Hitler estabeleceu a censura e perseguiu esquerdistas, democratas, ciganos, homossexuais e grupos étnicos minoritários, como judeus, eslavos e negros, responsabilizados pela miséria do povo alemão.

Contrariando as decisões dos tratados do pós-guerra, ele iniciou o rearmamento. Com isso, passou a ambicionar o que chamava de **espaço vital**: a anexação de territórios vizinhos considerados necessários para a formação da **Grande Alemanha**. Essas pretensões seriam o estopim da Segunda Guerra Mundial.

Cartaz de propaganda nazista de 1935 que mostra Adolf Hitler em destaque, segurando a bandeira nazista.

Hitler desfila em carro aberto no Estádio Olímpico de Berlim. Foto de 1939.

Saiba mais

A nazificação do cotidiano

A ideologia nazista estendeu-se também às escolas e universidades. Todos os professores, dos jardins da infância à universidade, foram compelidos a se filiar à Liga Nacional-Socialista de Professores e a ensinar o que lhes era ordenado. As universidades alemãs, outrora famosas por sua pesquisa científica, tornaram-se centros de ciência racista. Fora das escolas, organizações de juventude independentes (incluindo as das Igrejas) foram banidas e todos os jovens alemães, rapazes e moças, desde a idade de 6 anos, foram induzidos a se filiar à Juventude Hitlerista. Aos 18 anos, os rapazes eram conscritos a servir (ou trabalhando ou no exército) e as moças chamadas para serviços domésticos e para as fazendas. Durante esses anos de formação, os jovens ficavam sujeitos a uma contínua doutrinação na fé nazista.

BULLOCK, Alan. A Alemanha de Hitler. In: *Século XX*. São Paulo: Abril, 1968. p. 1513.

Conscrito: recrutado, convocado.

Crianças de uma escola alemã aprendem a fazer a saudação a Hitler, em foto de 1935.

CONEXÕES COM A ARTE

Música e totalitarismo

Em 24 de maio de 1938, na cidade de Düsseldorf, na Alemanha, foi aberta ao público a exposição *Entartete Musik* (Música Degenerada). Foram exibidos textos, fotos, pôsteres e gravações ridicularizando as músicas modernas, consideradas artisticamente defeituosas e moralmente degradantes pelos nazistas. Um ano antes, havia sido realizada na cidade de Munique a exposição *Entartete Kunst* (Arte Degenerada), na qual obras de artistas modernistas foram estigmatizadas.

▶ **Estigmatizar:** condenar, reprovar, censurar.

Um dos principais alvos da exposição era a música atonal. Assim como as pinturas expressionistas, cubistas ou abstratas, a música atonal procurou romper com os padrões clássicos de beleza. Suas melodias não eram cantáveis nem memorizáveis, mas uma sucessão de sons aparentemente arbitrários e sem hierarquia. Isso levou os nazistas a considerarem-na carente de emoções e "defeituosa", características atribuídas à origem judaica de seus compositores.

Outro alvo da exposição foi o *jazz*, estilo de música afro-americano considerado inferior pelos nazistas. O ritmo sincopado, acordes dissonantes e caráter ruidoso foram considerados "bárbaros", e o gênero teve sua execução proibida na Alemanha do Terceiro *Reich*.

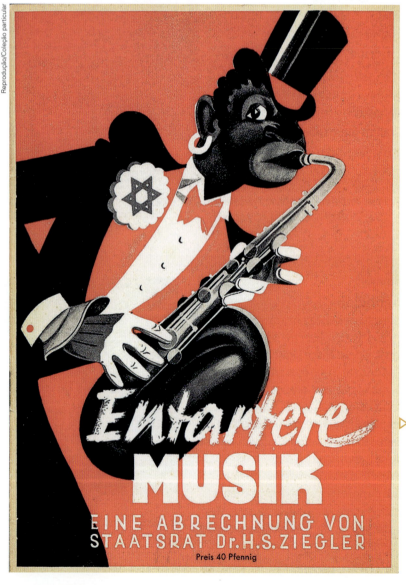

▷ Capa do catálogo da exposição *Música Degenerada*, que traz a caricatura de um saxofonista de *jazz* com uma estrela de Davi na lapela, simbolizando os dois principais alvos dos nazistas: os negros e os judeus.

Um terceiro grupo de "degenerados" incluía os compositores simpatizantes do marxismo, que tinham suas obras banidas por causa das ideias políticas a que eram associadas. Nenhum dos músicos citados na exposição pôde continuar compondo na Alemanha. Algum tempo depois, todos passaram a ser perseguidos.

Visitantes observam obras na exposição *Música Degenerada*, montada em Düsseldorf, na Alemanha, em 1938.

1▸ Ouça atentamente as duas composições musicais apresentadas por seu professor. De acordo com o texto, qual delas era considerada "degenerada" pelos nazistas? Justifique sua resposta.

2▸ A obra ao lado é do pintor Kandinsky, incluída na exposição *Arte Degenerada*, realizada em Munique. Quais relações podem ser estabelecidas entre essa pintura e a "música degenerada" que você acabou de escutar?

3▸ Faça um desenho representando as impressões que cada uma das músicas ouvidas provocou em você.

Improvisação, óleo sobre tela de Kandinsky, de 1913.

Crises e totalitarismo • **CAPÍTULO 4**

3 Stalin e a URSS

A grave Crise de 1929 que assolou a Europa no pós-guerra não atingiu diretamente a recém-criada URSS, pois Stalin havia estatizado a economia, fechando-a para o mercado internacional. O sucesso dos planos quinquenais levou a URSS a se tornar, no final dos anos 1930, uma das principais potências mundiais em termos econômicos e militares.

Politicamente, o governo stalinista foi marcado pela extrema centralização exercida pelos burocratas da administração pública (*nomenklatura*), controlada pelo **Partido Comunista da União Soviética (PCUS)**. A oposição ao regime foi violentamente reprimida, com prisões, mortes e envios de pessoas para regiões distantes, como a Sibéria.

Na foto, da esquerda para a direita, Vyacheslav Molotov, Nikita Kruschev e Josef Stalin em Moscou, na União Soviética, em 1936.

4 A Guerra Civil Espanhola (1936-1939)

Entre o final do século XIX e as primeiras décadas do século XX, a Espanha viveu seguidas crises econômicas. Com poucas indústrias, o país era incapaz de competir com países europeus desenvolvidos. Tinha perdido ainda suas últimas colônias ultramarinas, entre elas Cuba, Porto Rico e Filipinas. Além disso, os últimos governos monárquicos dos Bourbon tinham alijado a maioria da população das decisões nacionais. Assim, levantes revolucionários e contestatórios surgiram por diversas vezes.

▶ **Alijado:** afastado, apartado, excluído.

Em 1923, a crise e a instabilidade política abriram espaço para o general Primo de Rivera dissolver o Parlamento (*Cortes*) e impor uma ditadura apoiada pelo rei Afonso XIII. Em 1931, porém, grupos de oposição proclamaram a República e puseram fim ao governo do general.

Aprovou-se uma nova Constituição que adotava o sufrágio universal, permitia a liberdade de reunião e associação e reconhecia a autonomia das diversas nacionalidades, como bascos, catalães e galegos.

Neste mapa estão as 17 regiões autônomas da Espanha atual, formada por povos de diversas origens, como bascos, galegos e catalães.

Fonte: elaborado com base em SÁNCHEZ, J. S. et al. *Ciencias Sociales*: Geografía-Historia. Madrid: SM, 1997. p. 95.

A divisão da sociedade espanhola

Os espanhóis acabaram se dividindo em dois polos opostos: os movimentos de direita, organizados em torno dos partidos tradicionais; e uma ampla aliança das esquerdas, interessadas em deter o avanço da direita, garantir o regime democrático e promover transformações mais amplas da sociedade.

A esquerda, organizada na **Frente Popular**, venceu as eleições de 1936, mas sofreu um golpe de Estado, liderado por **Francisco Franco**. A maioria das grandes cidades e regiões industriais, porém, permaneceu fiel ao governo republicano.

Os golpistas passaram a receber ajuda da Itália fascista e da Alemanha nazista, que transformaram a Espanha em um local de testes para seus novos armamentos. Durante a Guerra Civil, foram frequentes os bombardeios aéreos sobre áreas controladas pelo governo republicano, causando inúmeras vítimas civis, em especial crianças.

Em resposta, o governo republicano recebeu ajuda da URSS e de voluntários antifascistas de muitas nacionalidades, que formavam as chamadas **Brigadas Internacionais**.

No cartaz de 1937 lê-se: "Mulheres trabalham pelos companheiros que lutam", uma forma de incentivar a ajuda mútua entre os republicanos durante a Guerra Civil Espanhola.

Contudo, as forças republicanas não resistiram ao poder militar dos fascistas e foram derrotadas. Entre as razões do fracasso estão as disputas internas entre diversas facções políticas, como anarquistas, socialistas e democratas. Além disso, países de governo liberal, como Inglaterra e França, não apoiaram os republicanos.

A Guerra Civil deixou um saldo de mais de 500 mil mortos, diversas cidades destruídas e um governo nos moldes do fascismo, apoiado pela Igreja, por banqueiros e por grandes industriais. A censura, a repressão aos movimentos populares e o autoritarismo seriam as marcas da Espanha franquista, que sobreviveu até a morte de Franco, em 1975.

Por ter envolvido diversos povos e facções ideológicas, a Guerra Civil Espanhola é considerada por muitos historiadores um verdadeiro ensaio para o que viria a ser a Segunda Guerra Mundial.

Minha biblioteca

Lutando na Espanha, de George Orwell, editora Globo, 2006. Esta obra reúne testemunhos e correspondências do autor, que lutou como voluntário na Espanha, e traz importantes reflexões sobre a expansão do totalitarismo no mundo.

Cidade de Guernica destruída após bombardeio alemão, em abril de 1937. O incêndio causado pelas explosões levou um dia inteiro para ser controlado.

TRABALHANDO COM DOCUMENTOS

Observe atentamente a reprodução da tela *Guernica*, de Pablo Picasso, que representa os horrores do ataque nazista à cidade basca. Pintada em tempo recorde, a tela foi apresentada, ainda em 1937, na Exposição Internacional de Paris.

© Succession Pablo Picasso/AUTVIS, Brasil, 2018/Museu Nacional Centro de Arte Rainha Sofia, Madri, Espanha.

Guernica, óleo sobre tela (3,49 m × 7,76 m) de 1937 de Pablo Picasso, atualmente exposto no Centro de Arte Rainha Sofia, em Madri.

Em 26 de abril de 1937, uma unidade da Força Aérea da Alemanha, chamada Legião Condor, bombardeou a cidade de Guernica, na Espanha, para fazer um cálculo da quantidade de explosivos necessária para aniquilar uma cidade. Guernica foi totalmente destruída pelos bombardeios.

Na ocasião, Pablo Picasso estava exilado em Paris e inspirou-se nos relatos sobre o bombardeio de Guernica para pintar uma das obras de arte mais famosas da história.

1. Faça uma descrição da tela:

    a) Quais foram as cores utilizadas?

    b) O que você acha que as figuras representadas na tela significam?

    c) Como as figuras estão dispostas na tela?

    d) Quais impressões essa obra causa em você?

    e) Em sua opinião, por que Picasso pintou o contorno de uma flor brotando no centro da tela? Qual seria o significado dessa flor?

2. Uma anedota muito conhecida diz que, durante a Segunda Guerra Mundial, o general alemão Otto Abetz, que governava a cidade de Paris ocupada pelos nazistas, dirigiu-se a Picasso e, referindo-se à tela *Guernica*, perguntou: "Foi o senhor quem fez este horror?", ao que, com toda a elegância, Picasso teria respondido: "Não, senhor general. Esse horror foi feito pelos senhores!"[1]. Explique a resposta de Picasso dada ao general nazista.

3. Observe a foto da cidade de Guernica depois do bombardeio, na página 85, e compare-a com o quadro de Pablo Picasso. A foto e a pintura enfatizam o mesmo aspecto da cidade bombardeada? Explique.

---

1 Fonte: VILAR, Pierre. História e representação. In: D'ALESSIO, Márcia Mansor (Org.). *Reflexões sobre o saber histórico*. São Paulo: Fundação Ed. da Unesp, 1998. p. 29-30.

Mapeando saberes

ATENÇÃO A ESTES ITENS

- Após a Primeira Guerra Mundial, os EUA viviam um período de superprodução industrial e agrícola. A especulação na Bolsa de Valores, a produção gigante e o subconsumo desembocaram em uma brusca queda no valor das ações, provocando falências, desemprego e inflação. A Crise de 1929 logo se espalhou pelo mundo. Com o colapso da economia mundial, aumentaram as críticas ao liberalismo, com a ascensão de partidos tanto de esquerda quanto de direita, que defendiam a intervenção do Estado na economia.

- Nos EUA, a alternativa ao liberalismo surgiu no interior do próprio capitalismo. O *New Deal*, implantado pelo presidente Franklin Roosevelt (1933-1945), aliou ações do Estado (como a realização de grandes obras públicas, o fornecimento de crédito e a instituição do salário desemprego) à economia de mercado.

- A URSS, que havia se fechado para o mercado mundial, não foi atingida pela crise. Ao contrário dos EUA, o governo soviético de Stalin controlava totalmente a economia. Mas, para isso, aumentava a burocracia do Estado e perseguia opositores políticos. Na Itália, o receio dos movimentos de esquerda fez as elites apoiarem o fascismo.

- Na Alemanha, temendo a ascensão do comunismo, as elites e boa parte das camadas médias apoiaram o Partido Nazista, que chegava ao poder em 1933. Hitler controlou a crise econômica, mas à custa de uma enorme centralização do poder, perseguindo comunistas, minorias étnicas (consideradas culpadas pela crise) e opositores em geral. Também promoveu a militarização e a expansão territorial da Alemanha, elementos que provocariam a Segunda Guerra Mundial.

POR QUÊ?

- Até hoje, o sistema capitalista é atingido por crises, e a intervenção (ou não) do Estado na economia continua gerando grandes debates.

- Muitas vezes, as crises econômicas fazem surgir propostas que ameaçam liberdades dos cidadãos e culpabilizam uma parcela da população.

- Regimes totalitários como o nazifascismo e o stalinismo comprometeram os ideais de uma sociedade mais justa e livre, e devem ser lembrados para não serem repetidos.

ATIVIDADES

Retome

1. Cite as características que marcaram a economia e a política dos países europeus no período entreguerras.

2. Relacione os acontecimentos da Primeira Guerra Mundial à ascensão dos Estados Unidos no cenário internacional.

3. Quais foram as principais causas e consequências da Crise de 1929?

4. Explique, com suas palavras, o que você entendeu sobre o conceito de totalitarismo.

5. Identifique as principais características dos regimes nazifascistas.

6. A Guerra Civil Espanhola costuma ser vista como um ensaio para a Segunda Guerra Mundial. Por quê? Justifique sua resposta.

7. Os governos nazifascistas foram os primeiros a fazer largo uso dos veículos de comunicação de massa, como o rádio e o cinema, para difundir suas ideias e programas políticos. Elabore uma hipótese para explicar a valorização desses veículos pelos regimes totalitários.

Analise uma tabela

8. Leia com atenção a tabela abaixo e depois responda às questões.

Desempregados nos Estados Unidos – 1929-1933 (em milhões de pessoas)

Ano	1929	1930	1931	1932	1933
Total de trabalhadores	47,8	48,4	49,0	49,6	50,1
Desempregados	1,5	4,2	7,9	11,9	12,6
% de desempregados	3,1	8,7	16,1	24,0	25,1

Fonte: elaborado com base em ORTOLEVA, P.; REVELLI, M. *L'Età contemporanea*. Il novecento e Il mondo attuale. Milano: Edizione Scolastiche Bruno Mondadori, 1998. p. 176.

a) Do que a tabela trata?

b) Qual é o período de tempo considerado na tabela?

c) Quais acontecimentos estavam em curso nessa época nos Estados Unidos?

d) A que conclusão a leitura da tabela nos leva?

e) Com base nos seus conhecimentos de história, como você explica os dados contidos na tabela?

f) Quais medidas o governo dos EUA tomou para reverter a situação indicada pela tabela?

g) Podemos afirmar que essas medidas refletiam uma política liberal? Justifique.

Trabalhe com definições

9. Leia o texto a seguir e depois faça o que se pede.

Princípios fundamentais do fascismo

Em geral, se entende por fascismo um sistema autoritário de dominação, que é caracterizado:

- pela monopolização da política por parte de um partido único de massa, hierarquicamente organizado;
- por uma ideologia fundada no culto do chefe, na exaltação da coletividade nacional, no desprezo dos valores do individualismo liberal;
- por objetivos de expansão imperialista;
- pela mobilização das massas e pelo seu enquadramento em organizações funcionais ao regime;
- pelo aniquilamento das oposições, mediante o uso da violência e do terror;
- por um aparelho de propaganda baseado no controle das informações e dos meios de comunicação de massa;
- por um crescente dirigismo estatal da economia, que continua a ser, fundamentalmente, de tipo privado;
- pela tentativa de integrar nas estruturas de controle do partido ou do Estado a totalidade das relações econômicas, sociais, políticas e culturais.

No caso da Alemanha, acrescenta-se ainda um caráter racista, pregando a superioridade da raça ariana sobre as demais, que deveriam ser dominadas ou até exterminadas. Exemplo do racismo alemão foi a perseguição contra judeus, eslavos e negros.

BOBBIO, Norberto (Org.). *Dicionário de política*. Brasília: Ed. da UnB, 1997. p. 467.

Escolha três itens acima e explique como eles foram postos em prática pelos governos de Hitler e Mussolini.

Trabalhe com imagens

- Observe as imagens a seguir e depois responda às questões.

Distribuição de sopa a populares em Chicago (EUA), iniciativa de Al Capone, um famoso gângster da época. A crise econômica trouxe imensas dificuldades sociais por todo o país. Diante do desemprego, da miséria e da fome, medidas como distribuição de alimentos tornaram-se comuns. Foto da década de 1930.

Trabalhadores desempregados fazem sua refeição. Foto de 1934 em Nova York, EUA.

10. Faça uma pesquisa para descobrir quem foi Al Capone e por que é considerado um dos criminosos mais perigosos dos EUA na década de 1930.

11. Na sua opinião, por que Al Capone distribuiu sopa?

12. Nos dias de hoje, no Brasil, você vê alguma semelhança entre as ações de Al Capone registradas na fotografia e as ações dos chefes de tráfico de drogas e armas dos grandes centros urbanos?

Analise o texto

- Entre os historiadores, existe um grande debate sobre a ascensão do nazifascismo no entreguerras. A seguir, reproduzimos o trecho de uma obra no qual o autor analisa essa questão pensando na influência da revolução social na Europa.

> A ascensão da direita radical após a Primeira Guerra Mundial foi sem dúvida uma resposta ao perigo, na verdade à realidade da revolução social e do poder operário em geral, e à Revolução de Outubro e ao leninismo em particular. Sem esses, não teria havido fascismo algum, pois embora os demagógicos ultradireitistas tivessem sido politicamente barulhentos e agressivos em vários países europeus desde o fim do século XIX, quase sempre haviam sido mantidos sob controle antes de 1914. Sobre este aspecto, os apologetas do fascismo provavelmente têm razão quando afirmam que Lenin engendrou Mussolini e Hitler.
>
> HOBSBAWM, Eric. *A Era dos Extremos*. São Paulo: Companhia das Letras, 1995. p. 127.

13. Qual é a ideia principal do texto?

14. Você concorda com ela ou não? Justifique sua resposta.

Autoavaliação

1. Quais atividades você considerou mais fáceis e mais difíceis? Por quê?

2. Em quais atividades você utilizou o texto do capítulo como base para sua resposta?

3. Algum ponto do capítulo não ficou muito claro para você? Qual?

4. Você compreendeu o esquema *Mapeando saberes*? Explique.

5. Você saberia apontar exemplos da atualidade considerando o que aprendeu no item *Por quê?* do *Mapeando saberes*?

6. Como você avalia sua compreensão dos assuntos tratados neste capítulo?

» **Excelente**: não tive nenhuma dificuldade.

» **Boa**: tive algumas dificuldades, mas consegui resolvê-las.

» **Regular**: foi difícil compreender certos conceitos e resolver as atividades.

» **Ruim**: tive muitas dificuldades, tanto no conteúdo quanto na realização das atividades.

CAPÍTULO 5

O Brasil nos anos 1920

Viaduto do Chá, região central da cidade de São Paulo. Foto de 1919.

Ao longo dos anos 1920, a sociedade brasileira passou por profundas transformações. Sua população, que somava 14 milhões em 1890, saltou para 27 milhões em 1920 e 33 milhões em 1930.

Ao mesmo tempo que crescia, o Brasil se urbanizava. Algumas cidades, como São Paulo e Rio de Janeiro, transformaram-se em metrópoles, e as capitais de outros estados se expandiram rapidamente.

Embora a maioria da população continuasse a viver no campo, a vida urbana ganhou destaque e trouxe novos elementos para a cultura nacional. Novidades tecnológicas surgidas na *Belle Époque*, como o telefone, o rádio, o automóvel e o avião, bem como o interesse pelo futebol, invadiram o cotidiano dos brasileiros, alterando hábitos e costumes.

Em 1920, foi criada a Universidade do Rio de Janeiro, reunindo as antigas faculdades de Medicina, Engenharia e Direito. Aos poucos, ela foi incorporando novas unidades, como a Faculdade de Filosofia e a Escola de Belas Artes, ampliando assim a oferta de cursos superiores no Brasil. Sete anos depois, foi fundada a Universidade de Minas Gerais.

Para começar

Observe a fotografia. Ela mostra uma importante via da região central da cidade de São Paulo no início do século XX.

1. Descreva as construções, os meios de transporte e outros elementos retratados na fotografia.

2. A década de 1920 foi marcada, no Brasil, por profundas transformações sociais, culturais e econômicas. Com base na sua análise da fotografia, tente imaginar quais transformações foram essas.

1 A crise da República Oligárquica

A política de valorização do café, adotada por muitos anos para combater a crise dos preços internacionais do produto, desagradou diversos segmentos da sociedade, incluindo grupos oligárquicos não ligados ao café, que se sentiam prejudicados.

A Crise de 1929 reduziu drasticamente os negócios dos Estados Unidos, principal comprador e financiador dos cafeicultores brasileiros, assim como as negociações com outros países. O preço do café caiu 57%, e os empréstimos ao Brasil diminuíram, tornando inviável a política de valorização do café.

LINHA DO TEMPO

Principais mercadorias da exportação brasileira (1881-1950)

	Café	Açúcar	Algodão	Peles e couros	Borracha	TOTAL
1881-1890	61,70%	9,96%	4,24%	3,19%	7,69%	86,78%
1891-1900	63,84%	5,66%	2,48%	2,48%	15,83%	90,29%
1901-1910	51,46%	1,24%	2,12%	4,36%	27,94%	87,12%
1911-1920	52,40%	3,19%	1,98%	6,41%	11,44%	75,42%
1921-1930	69,56%	1,44%	2,41%	4,62%	2,50%	80,53%
1931-1940	50,03%	0,49%	14,28%	4,39%	1,08%	70,27%
1941-1950	46,11%	0,78%	11,35%	3,26%	0,97%	62,47%

Fonte: elaborado com base em IBGE. *Anuário Estatístico do Brasil (1952)*. Disponível em: <https://biblioteca.ibge.gov.br/visualizacao/periodicos/20/aeb_1952.pdf>. Acesso em: 15 jul. 2018.

⚠ Em decorrência da crise, o volume das exportações brasileiras de café entre 1928 e 1932 caiu 16%, e o preço, 25%, o que prejudicou as finanças do país.

Novos personagens entram em cena

Enquanto o café enfrentava dificuldades, a atividade industrial crescia de modo significativo, especialmente a partir da Primeira Guerra Mundial. O número de fábricas no Brasil passou de cerca de 7 mil, em 1914, para mais de 13 mil, em 1920. No mesmo período, o número de operários saltou de 154 mil para mais de 275 mil. Os grupos surgidos com a industrialização e a urbanização logo começaram a manifestar sua insatisfação com o governo oligárquico:

- **Burguesia industrial**: reivindicava o aumento de impostos sobre produtos estrangeiros, de modo a proteger a indústria nacional.
- **Classe média urbana**: ligada às atividades industriais, bancárias e comerciais, reivindicava a instituição do voto secreto e a moralização do processo eleitoral.

1906 — Política de valorização do café

1914-1918 — Primeira Guerra Mundial

1920 — Criação da Universidade do Rio de Janeiro

1922 — Semana de Arte Moderna. Levante dos 18 do Forte de Copacabana

1924 — Levante dos tenentes

1924-1927 — Coluna Prestes

1927 — Criação da Universidade de Minas Gerais

1929 — Crise na Bolsa de Nova York

1930 — Revolução de 1930

República Oligárquica

Linha do tempo esquemática. O espaço entre as datas não é proporcional ao intervalo de tempo.

- **Operariado**: pressionava o governo para obter melhores condições de vida e de trabalho, além de maior participação política.

Desde o início do século XX, associações de trabalhadores multiplicavam-se no Brasil, influenciadas por ideias anarquistas difundidas principalmente por imigrantes italianos e espanhóis. Em 1922, o recém-fundado **Partido Comunista do Brasil (PCB)** conquistou a liderança das organizações e dos movimentos operários. Em 1926, foi fundado em São Paulo, por membros da classe média urbana, em sua maioria, o **Partido Democrático (PD)**. Ele pretendia opor-se à hegemonia dos partidos republicanos mineiro e paulista (PRM e PRP) e defendia a moralização da política por meio do voto secreto obrigatório.

Carregamento de navio com sacas de café, no porto de Santos, em São Paulo, 1920.

O Movimento Tenentista

A década de 1920 também foi marcada por diversos levantes militares liderados por jovens oficiais de baixa patente, em especial tenentes e capitães. Provenientes em sua maioria das camadas médias da população, acreditavam que cabia ao Exército a tarefa de moralizar a política e derrubar a República Oligárquica. Contando com popularidade e atraindo a simpatia dos grupos de oposição ao governo, eles defendiam o voto secreto, reformas políticas e sociais e o fim das fraudes eleitorais.

Um desses levantes ocorreu em 1922, no **Forte de Copacabana**, no Rio de Janeiro. Os revoltosos visavam impedir a posse de Artur Bernardes, candidato oficial das oligarquias mineira e paulista e vencedor das eleições presidenciais, mas foram derrotados. O episódio ficou conhecido como os **18 do Forte**.

Depois disso, o governo recorreu à repressão e decretou estado de sítio várias vezes, ordenando prisões arbitrárias, censura à imprensa e repressão policial. Isso levou a uma nova revolta dos tenentes em 1924, na capital paulista, que reivindicavam o voto secreto, a obrigatoriedade do ensino primário e a deposição de Bernardes.

O levante foi sufocado, mas cerca de 6 mil soldados retiraram-se para a região de Foz do Iguaçu, no sudoeste do Paraná, e formaram a chamada **Coluna Paulista**. Poucos meses depois, cerca de 2 mil soldados gaúchos rebelados e liderados pelo capitão Luís Carlos Prestes juntaram-se a eles.

A partir de 1925, 1 500 homens dos dois grupos percorreram o interior do país sob o comando de Prestes, a fim de estimular a revolta popular contra o governo. A **Coluna Prestes**, como ficou conhecida, percorreu mais de 24 mil quilômetros, mas acabou não conseguindo o apoio popular.

De olho na tela

O país dos tenentes. Direção: João Batista de Andrade. Brasil, 1987. O filme tenta remontar o ambiente vivido pelos "tenentes" no movimento tenentista, no início do século XX, tomando como base a vida de um general (personagem fictício) que teria participado do movimento.

▶ **Estado de sítio**: medida extrema de restrição de liberdades e direitos individuais, decretada pelo chefe de Estado em casos de grave instabilidade institucional interna ou de guerra externa.

No Nordeste, eles enfrentaram cangaceiros contratados e armados por coronéis e membros do governo – as denominadas Forças Patrióticas, em que Lampião tinha a patente de capitão.

Por fim, os frequentes ataques das tropas do governo, de jagunços e coronéis enfraqueceram a Coluna Prestes, que se retirou para a Bolívia em 1927, com aproximadamente 800 homens.

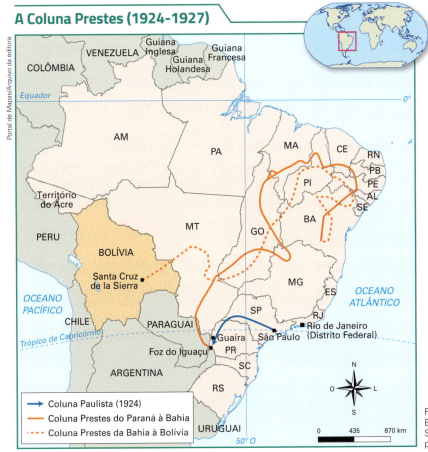

Minha biblioteca

Uma epopeia brasileira: a Coluna Prestes, de Anita L. Prestes, editora Expressão Popular, 2009. O livro narra a crise das oligarquias durante a República Velha, o tenentismo e o desenvolvimento da Coluna Prestes.

Fonte: elaborado com base em BUENO, E. (Ed.). *História do Brasil*. São Paulo: *Folha de S.Paulo*, 1997. p. 212-213.

◁ Foto tirada entre 1925 e 1927, mostrando integrantes da Coluna Prestes. Luís Carlos Prestes é o terceiro sentado, da esquerda para a direita.

TRABALHANDO COM DOCUMENTOS

O depoimento a seguir é da escritora Zélia Gattai (1916-2008). Filha de imigrantes italianos, ela testemunhou o levante de 1924 em São Paulo, que atingiu principalmente o bairro operário do Brás.

Ao chegar à escola, certa manhã, fui avisada de que não haveria aula, pois estourara uma revolução na cidade. Cheguei tarde, todos lá em casa já estavam no maior alvoroço, cientes do acontecimento. [...] Ninguém conhecia detalhes da tal revolução, mas falava-se no nome de Isidoro Dias Lopes, chefe da revolta. [...]

Em nosso bairro não havia movimento militar. Apenas boatos, os mais desencontrados. A última notícia, que corria de boca em boca, era de que no Brás tinham levantado barricadas nas ruas, bombas explodiam, havendo tiroteios com mortos e feridos. [...] Ao ouvir falar em bombas e mortos no Brás, mamãe entrou em crise: 'O que será da minha irmã?' [...]

Depois de muita confabulação, ficou decidido que Remo iria tentar uma ida à casa da titia [...].

Depois de longa e interminável espera, Remo chegou. [...]

Tia Margarida e tio Gino [...] estavam na maior agonia. Havia uma trincheira quase em frente à casa deles. As fábricas fechadas, ninguém recebia o salário, nenhum armazém vendia mais pelo sistema de cadernetas, agora era só na ficha e assim mesmo já estava difícil encontrar-se o que comprar. Se a revolução se prolongasse por mais algum tempo, em breve estariam passando fome. Essa era a situação. Tio Gino fizera um apelo dramático: fossem salvar sua família!

Papai ouviu tudo, rosto sério, e, antes de consultar a mulher, decidiu:

— Amanhã cedo vou buscar o pessoal. A gente se arranja por aqui, coloca alguns colchões no chão, repartimos a comida.

GATTAI, Zélia. *Anarquistas graças a Deus*. São Paulo: Círculo do Livro, 1979. p. 175-177.

> **Confabulação:** neste caso, conversa amigável e despreocupada.

1. Qual era a idade da autora na época dos fatos? Como você imagina que ela vivenciou a situação?

2. Os interesses políticos em conflito estavam claros para todos? Justifique sua resposta com trechos do depoimento.

3. As bombas e os tiroteios atingiram o bairro em que a autora morava? De que modo o conflito interferiu no cotidiano dela?

Panorama do Brás, na cidade de São Paulo, dominado por galpões e chaminés de fábricas, em cerca de 1925.

2 A cultura urbana se transforma

No ano de 1922, em comemoração ao centenário da Independência do Brasil, foi realizada no Rio de Janeiro a **Exposição Internacional**, com a participação de diversos países do mundo. O evento buscou apresentar novidades científicas, tecnológicas e culturais. Nessa ocasião, foi feita a primeira transmissão radiofônica do Brasil. A partir desse momento, o rádio transformou-se em importante veículo de comunicação e de integração do país.

Nesse mesmo ano foi realizada em São Paulo a **Semana de Arte Moderna**, que pretendia divulgar no Brasil as inovações artísticas desenvolvidas na Europa. Ao mesmo tempo, procurava-se valorizar a cultura nacional desenvolvendo uma arte com características próprias, distinta da europeia.

Na foto, Exposição do Centenário da Independência do Brasil, no Rio de Janeiro, inaugurada em setembro de 1922 pelo prefeito Pereira Passos.

A Semana de Arte Moderna

Inspirado pelas mudanças que ocorriam na sociedade brasileira, um grupo de artistas e intelectuais realizou, de 13 a 17 de fevereiro de 1922, no Teatro Municipal, em São Paulo, uma manifestação cultural muito importante para a história do país: a Semana de Arte Moderna.

No evento, foram realizadas conferências, leitura de poesias e apresentações musicais, além de uma exposição de artes plásticas. A mostra pretendia inovar ao dar destaque às vanguardas de produção nacional. Esse movimento privilegiava representações de temas ligados à cultura brasileira. Nas artes plásticas, apareciam com mais força os elementos negros, indígenas e cenários que realçavam a diversidade nacional.

As reações da sociedade ao evento foram as mais diversas. Alguns elogiaram os trabalhos, em sinal de aprovação aos novos valores estéticos. Outros, afinados com os padrões tradicionais, escandalizaram-se e rejeitaram a proposta – chegaram até mesmo a vaiar e a atirar objetos nos artistas.

Fotografia de artistas e poetas viajando do Rio de Janeiro para Paris (da esquerda para a direita): Pagu, Anita Malfatti, Benjamin Peret, Tarsila do Amaral, Oswald de Andrade, Elsie Houston, Álvaro Moreyra, Eugênia Moreyra e um viajante não identificado. Rio de Janeiro, 1929.

Entre os artistas modernistas que participaram do evento, destacaram-se: na poesia, Oswald de Andrade, Mário de Andrade e Cassiano Ricardo; na pintura, Anita Malfatti, Tarsila do Amaral e Di Cavalcanti; e na música, Heitor Villa-Lobos.

São Paulo, óleo sobre tela (67 cm × 90 cm) de Tarsila do Amaral, de 1924. Observe os elementos destacados na obra, bem como as cores e formas.

Artistas plásticos negros no Brasil

Além dos artistas que participaram da Semana de Arte Moderna, um olhar mais atento revela outros personagens que foram importantes para a construção da identidade brasileira nesse período, como os artistas negros.

A contribuição dos negros nas artes plásticas ainda é pouco conhecida e abordada, mas isso não significa que não foi abundante. De fato, ela foi expressiva desde o período colonial.

No século XIX, com a criação da Academia Imperial de Belas Artes, alguns artistas negros destacaram-se, como Arthur Timótheo da Costa, Benedito José Tobias, Emmanoel Zamor, Estevão Silva, Firmino Monteiro, Horácio Hora, João Timótheo da Costa e Rafael Pinto Bandeira. Muitos desses artistas retrataram negros em suas pinturas, em cenas do cotidiano ou em outras situações.

No início do século XX, os irmãos Arthur Timótheo da Costa e João Timótheo da Costa, que já produziam pinturas desde o século anterior, participaram de exposições nacionais e internacionais, ganhando vários prêmios. Em 1911, os dois trabalharam na decoração do pavilhão brasileiro da Exposição Internacional de Turim, na Itália. Como artistas da transição do século XIX para o XX, são tidos como pré-modernistas, sendo que Arthur Timótheo faleceu em 1922, ano da Semana de Arte Moderna, e seu irmão, em 1932.

Minha *playlist*

Com que roupa?, de Noel Rosa, 1929. A canção traz à tona questões da vida cotidiana dos cariocas na década de 1920. Nas palavras do compositor, a canção é uma metáfora de "um Brasil de tanga, pobre e maltrapilho".

Estudo de quatro cabeças, óleo sobre tela de Arthur Timótheo da Costa, c. 1910-1922.

3 A Revolução de 1930

O cenário brasileiro no final da década de 1920 não era promissor para a ordem oligárquica. A situação piorou quando Washington Luís se negou a apoiar o candidato mineiro que deveria sucedê-lo e optou pelo paulista Júlio Prestes. Rompia-se, assim, o acordo de sucessão entre mineiros e paulistas.

A oposição ao governo federal formou a **Aliança Liberal**. A coalizão reunia as oligarquias de Minas Gerais, do Rio Grande do Sul e da Paraíba, e atraiu a simpatia de outros grupos sociais descontentes com o domínio dos cafeicultores. A Aliança lançou como candidato à presidência o gaúcho Getúlio Vargas, com o paraibano João Pessoa como vice. No dia da eleição, por meio de fraudes e da prática do voto de cabresto, Júlio Prestes obteve a vitória.

Em um primeiro momento, a oposição aceitou o resultado das eleições. Mas o assassinato de João Pessoa, provocado por conflitos pessoais e disputas em seu estado, a Paraíba, precipitou o movimento político-militar que pôs fim à República Oligárquica. Era a **Revolução de 1930**, nome dado na época por seus líderes e apoiadores e consagrado pelos pesquisadores do período.

No dia 3 de outubro de 1930, uma revolta armada eclodiu simultaneamente em Minas Gerais e no Rio Grande do Sul, sob liderança de Getúlio Vargas, e no Nordeste, sob o comando de Juarez Távora. Apesar da resistência nos estados de São Paulo, Rio de Janeiro, Bahia e Pará, em menos de um mês a revolta se fez vitoriosa.

O presidente Washington Luís foi deposto, e em seu lugar assumiu uma **Junta Pacificadora**, que entregou o poder a Getúlio Vargas em 3 de novembro de 1930.

Começava o que se chamou na época de **República Nova**, em oposição à República Velha, dos coronéis e dos cafeicultores. Grande parte dos historiadores, porém, convencionou chamar o novo período de **Era Vargas**.

Charge publicada na revista *O Malho*, em 1º de fevereiro de 1930. À esquerda, os retratos do ex-presidente Washington Luís e do candidato governista Júlio Prestes. À direita, Getúlio Vargas (na forca) e João Pessoa, mostrados de forma satirizada.

Saiba mais

O movimento de 1930 foi uma revolução ou uma reação? Para os historiadores mais tradicionais, a derrubada das oligarquias foi uma revolução. No entanto, análises mais recentes afirmam que a subida de Vargas ao poder não significou uma ruptura. Em vez disso, foi uma reação aos movimentos que se organizavam na sociedade. "Façamos a revolução antes que o povo a faça", teria dito o governador mineiro Antonio Carlos. Outros historiadores afirmam, ainda, que foi um golpe de composição civil e militar.

Mapeando saberes

DÉCADA DE 1920, GRANDES MUDANÇAS

- A população brasileira crescia e se urbanizava, sofrendo transformações de várias ordens: na cultura, inovações tecnológicas desde a *Belle Époque* (como o rádio, o automóvel, o telefone) transformaram o cotidiano dos brasileiros; na economia, assistia-se ao crescimento da industrialização, sobretudo com a Primeira Guerra Mundial, e a substituição de importações; novos grupos sociais surgidos com a urbanização, como as camadas médias urbanas, a burguesia industrial e o operariado, reivindicavam maior participação na política.

ATENÇÃO A ESTES ITENS

A ORDEM OLIGÁRQUICA QUESTIONADA

- O domínio das oligarquias era cada vez mais questionado. Novos partidos políticos, como o Partido Democrático (PD) e o Partido Comunista do Brasil (PCB), colocavam em xeque o domínio dos partidos republicanos mineiro e paulista (PRM e PRP). Entre os militares de baixa patente, como tenentes e capitães, surgiu um movimento que propunha a moralização da política e a derrubada do governo. Conhecido como tenentismo, o movimento organizou várias revoltas nos anos 1920, como a do Forte de Copacabana (1922), a Coluna Paulista (1924) e a Coluna Prestes (1925-1927).

A DENOMINADA REVOLUÇÃO DE 1930

- As eleições de 1930 foram polarizadas entre Júlio Prestes, candidato oficial do governo, e Getúlio Vargas, lançado pela Aliança Liberal (que reunia oligarquias de Minas Gerais, Paraíba e Rio Grande do Sul). A vitória de Júlio Prestes, garantida por fraudes e voto de cabresto, foi aceita no início. Em outubro de 1930, porém, um movimento civil-militar derrubou o presidente Washington Luís e transferiu o poder a Vargas, no processo conhecido como Revolução de 1930.

POR QUÊ?

MUDANÇAS E PERMANÊNCIAS NA CULTURA

- Muitas das práticas culturais e de lazer que até hoje marcam a sociedade brasileira, como a música popular e o futebol, tiveram grande impulso nos anos 1920.

MUDANÇAS E PERMANÊNCIAS NA POLÍTICA, NA ECONOMIA E NA SOCIEDADE

- As transformações políticas pelas quais o Brasil passou em 1930 estiveram intimamente ligadas às transformações econômicas e sociais ocorridas nos anos 1920.

ATIVIDADES

Retome

1. Durante a década de 1920, a sociedade brasileira passou por diversas transformações culturais. Cite algumas delas.
2. Identifique os novos grupos sociais surgidos com a industrialização e a urbanização do Brasil, bem como os interesses que defendiam.
3. Explique o que foi o Movimento Tenentista e indique suas reivindicações.
4. Observe com atenção o mapa da página 93 e responda:
   a) Por quais estados a Coluna Prestes não passou?
   b) Levante uma hipótese para explicar por que os rebeldes evitaram certas unidades da federação.

Analise as imagens e pesquise

5. Observe atentamente as reproduções de pintura de dois artistas que participaram da Semana de Arte Moderna. Depois, faça o que se pede.

A caipirinha, óleo sobre tela (60 cm × 81 cm) de Tarsila do Amaral produzida em 1923.

Greve, óleo sobre tela (100 cm × 164 cm) de Lasar Segall produzida em 1956.

a) Pesquise as seguintes informações sobre o artista que produziu cada uma das obras:
   - data e local de nascimento e de falecimento;
   - influências artísticas e principais características de sua obra.

b) Descreva o que você observou em cada uma das imagens. Para isso, considere:
   - as formas;
   - os temas;
   - os personagens representados;
   - as cores predominantes;
   - as suas impressões ao observar as imagens.

c) Quais semelhanças você percebe entre as obras modernistas reproduzidas? Levante hipóteses para explicar tais semelhanças.

Autoavaliação

1. Quais atividades você considerou mais fáceis e mais difíceis? Por quê?
2. Em quais atividades você utilizou o texto do capítulo como base para sua resposta?
3. Algum ponto do capítulo não ficou muito claro para você? Qual?
4. Você compreendeu o esquema *Mapeando saberes*? Explique.
5. Você saberia apontar exemplos da atualidade considerando o que aprendeu no item *Por quê?* do *Mapeando saberes*?
6. Como você avalia sua compreensão dos assuntos tratados neste capítulo?
   - **Excelente**: não tive nenhuma dificuldade.
   - **Boa**: tive algumas dificuldades, mas consegui resolvê-las.
   - **Regular**: foi difícil compreender certos conceitos e resolver as atividades.
   - **Ruim**: tive muitas dificuldades, tanto no conteúdo quanto na realização das atividades.

CAPÍTULO 6

A Era Vargas

Mulher exercendo o direito ao voto nas eleições constituintes de 1933, no Brasil.

Sob a liderança de Getúlio Vargas, com a Revolução de 1930, teve início um governo de coalizão que reunia diferentes setores da sociedade brasileira, rompendo com o domínio das oligarquias cafeeiras paulista e mineira. Getúlio Vargas recebeu o poder em caráter provisório, mas permaneceu nele até 1945, ora por via constitucional, ora como ditador.

Para se manter no cargo, Vargas atraiu para si o apoio de vários grupos sociais, como parte dos integrantes do **Movimento Tenentista**, que foi incorporada ao governo. Porém, aqueles que defendiam reformas mais profundas, como Luís Carlos Prestes, foram presos e silenciados.

A **burguesia industrial** e a **classe média** urbana também apoiaram o regime, assim como as oligarquias ligadas às outras atividades agrícolas que não a cafeicultura. Todos tinham a expectativa de obter maior participação nas decisões governamentais, em especial na área econômica.

▶ **Para começar**

Observe a imagem da década de 1930 e responda às questões.

1. O que ela mostra?
2. Na sua opinião, qual é a importância dessa conquista para as mulheres?

1 Vargas no poder

Quando Vargas chegou ao poder, o país ainda sentia os efeitos da crise mundial de 1929, principalmente na cafeicultura, e estava submetido à política de valorização do café e a seus efeitos econômicos. Assim, embora tenham perdido o poder político, os cafeicultores continuavam a ser atendidos em seus interesses econômicos.

Em seu governo, Vargas também contou com o apoio de parte do **operariado**. Por meio de ampla reforma na legislação, legalizou e controlou os sindicatos, além de estabelecer um conjunto de leis que atendiam parte dos anseios dos trabalhadores, mediando os conflitos entre empregados e patrões. Apesar disso, os trabalhadores continuaram afastados do poder.

Usando práticas **populistas** e **paternalistas**, o presidente criou uma imagem positiva entre a população.

LINHA DO TEMPO

1930 — Revolução de 1930

1932 — Revolução Constitucionalista

Governo provisório (1930-1934)

1934 — Constituição de 1934; voto feminino

Governo Constitucional (1934-1937)

1937 — Constituição de 1937

1941 — Criação da CSN

1942 — Brasil declara guerra ao Eixo

Estado Novo: ditadura (1937-1945)

1945 — Fim da Segunda Guerra Mundial

Linha do tempo esquemática. O espaço entre as datas não é proporcional ao intervalo de tempo.

Getúlio Vargas com populares, em São Paulo. Foto de 1942.

➕ Saiba mais

Dividindo a Era Vargas

Para facilitar os estudos, dividimos a Era Vargas (1930-1945) em três períodos: o **Governo Provisório** (1930-1934), o **Governo Constitucional** (1934-1937) e o período ditatorial, que os propagandistas do governo denominaram **Estado Novo** (1937-1945) para dar a entender que uma nova época se iniciava.

Construindo conceitos

Populismo e paternalismo

É chamado de **populista** o governo que promete satisfazer as necessidades imediatas das camadas menos privilegiadas da população, de maneira a obter seu apoio.

Apesar disso, um governo populista raramente atende de modo pleno às reivindicações populares e quase sempre se justifica como conciliador dos interesses dos diversos grupos sociais.

Vale lembrar que o termo populista, muitas vezes, é usado como insulto para se referir a um governante que engana multidões para se manter no poder. Entretanto, é preciso considerar que, se milhões de pessoas apoiaram um governo classificado como populista, foi por entender que isso seria vantajoso. O populismo se espalhou pela América Latina depois da crise de 1929: Getúlio Vargas, no Brasil; Juan Domingo Perón, na Argentina; e outros.

Entre as práticas mais comuns desses governos estavam: suspensão dos direitos democráticos; incentivo à industrialização e à urbanização, com o consequente aumento das camadas médias; maior interferência do Estado na economia; discurso nacionalista; e criação de leis trabalhistas. O governante populista também se apresentava como "pai" da população, disfarçando o autoritarismo sob a forma de proteção. A esse comportamento damos o nome de **paternalismo**.

▷ Vargas no campo do Vasco da Gama no Rio de Janeiro em festa de 1º de maio de 1945.

2 O Governo Provisório

Ao assumir o poder em 1930, Getúlio Vargas suspendeu a Constituição em vigor; fechou o Congresso Nacional, as assembleias estaduais e as câmaras municipais; e nomeou pessoas de sua confiança para governar os estados – os chamados **interventores**, em geral tenentes. Pretendia, desse modo, estabelecer total controle sobre o aparelho do Estado.

Criou ainda novos ministérios: o Ministério da Educação e Saúde Pública e o Ministério do Trabalho, Indústria e Comércio; regulamentou direitos trabalhistas, como a limitação da jornada diária de trabalho a 8 horas e as férias anuais remuneradas de 15 dias; e também proibiu o emprego de mulheres e crianças no período noturno e em locais insalubres.

A Revolução Constitucionalista

Os cafeicultores do Partido Republicano Paulista (PRP) obtiveram o apoio do Partido Democrático (PD), defendendo uma nova Constituição, além de serem contra a nomeação do interventor escolhido pelo governo federal para o estado de São Paulo. Em 1932, eles se uniram e formaram a **Frente Única Paulista** (**FUP**). Em seguida, multiplicaram-se as manifestações em São Paulo. Em uma delas, quatro estudantes foram mortos: Martins, Miragaia, Dráusio e Camargo. As iniciais de seus nomes, MMDC, transformaram-se em símbolo da luta dos paulistas pela Constituição.

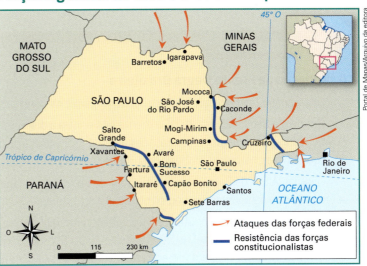

Fonte: elaborado com base em ATLAS Histórico do Brasil – FGV/CPDOC. Disponível em: <https://atlas.fgv.br/marcos/governo-provisorio/mapas/sao-paulo-em-guerra>. Acesso em: 9 nov. 2018.

Em 9 de julho de 1932, começou um levante armado em São Paulo contra o governo federal, tendo à frente membros da FUP, militares e o apoio da Força Pública do Estado de São Paulo.

A imprensa local chamou o povo paulista à luta por meio de uma intensa propaganda em jornais, revistas e no rádio. Pessoas de todas as classes sociais do estado se mobilizaram a favor da Constituição.

Mais de 200 mil homens alistaram-se nas **forças constitucionalistas** de São Paulo, incluindo voluntários de outros estados. As mulheres participaram costurando bandeiras e uniformes para os combatentes e servindo como enfermeiras.

O governo federal, por sua vez, contou com a ajuda de batalhões de estados aliados e impôs uma série de derrotas aos constitucionalistas, até sua rendição em setembro do mesmo ano.

A Constituição de 1934

Encerrado o conflito, Vargas convocou eleições para maio de 1933, a fim de escolher, entre os parlamentares eleitos, aqueles que ficariam encarregados de elaborar uma nova Constituição. Nessas eleições, pela primeira vez na história brasileira, mulheres puderam votar e se candidatar.

Os deputados eleitos formaram uma Assembleia Constituinte, que promulgou a nova Constituição em 1934. A nova Carta tinha como principais características:

- a manutenção do regime federativo e presidencialista e dos três poderes (Executivo, Legislativo e Judiciário) e a extinção do cargo de vice-presidente;
- o voto secreto e as eleições diretas para os poderes Executivo e Legislativo da União, dos estados e dos municípios;
- o voto feminino;
- a presença de várias leis trabalhistas;
- a criação do mandado de segurança para defender o cidadão contra abusos do Estado;
- o ensino primário obrigatório e gratuito.

Promulgada a Constituição, a Assembleia Constituinte transformou-se em Câmara dos Deputados. Entre suas funções, cabia eleger o novo presidente da República. Getúlio Vargas foi o escolhido para um mandato de quatro anos.

Saiba mais

A fundação da Frente Negra Brasileira

Leia a seguir um texto que contextualiza a origem e os principais objetivos da Frente Negra Brasileira.

Criada em São Paulo [em 1931], a Frente luta contra a discriminação racial e de cor em lugares públicos. Seu objetivo é integrar os negros na sociedade nacional, inclusive na política oficial. Uma de suas ações será a denúncia dos hotéis, bares, barbeiros, clubes e departamentos de polícia que vetarem a entrada de negros.

O jornal "A Voz da Raça" era o órgão oficial da Frente, que começou a circular em março de 1933 com notícias sobre as lutas e conquistas dos negros no Brasil e no exterior.

Formada por funcionários públicos, trabalhadores subalternos e até desempregados, a instituição contava com departamentos jurídico-social, artístico, musical, esportivo, de saúde, de propaganda e de instrução. Mulheres participavam ativamente da entidade: a Cruzada Feminina se encarregava dos trabalhos assistencialistas, e as Rosas Negras organizavam bailes e festivais artísticos.

Nos meses seguintes à fundação, abriu filiais no interior de São Paulo, em Minas Gerais, Rio de Janeiro, Bahia, Rio Grande do Sul, Pernambuco, Espírito Santo e Maranhão.

MEMORIAL da Democracia. Disponível em: <www.memorialdademocracia.com.br/card/criada-em-sao-paulo-a-frente-negra-brasileira#card-27>. Acesso em: 2 nov. 2018.

A Frente Negra Brasileira atuou nas áreas de educação, lazer e cultura, sendo importante instrumento de união na luta pela conquista de direitos dos negros na década de 1930. Na foto, comemoração em São Paulo do aniversário da fundação da Frente Negra Brasileira, em 16 de setembro de 1935.

3 Vargas de 1934 a 1937

Mesmo sob um regime constitucional, o governo de Getúlio Vargas não abandonou suas características centralizadoras. Simpatizantes do totalitarismo que crescia na Europa, o presidente e alguns de seus ministros aproximaram-se dos regimes fascistas de Mussolini, na Itália, e de Hitler, na Alemanha.

Na sociedade brasileira, doutrinas de esquerda e de direita conseguiram amplo apoio das populações urbanas. Em outubro de 1932, o ex-deputado do PRP Plínio Salgado fundou a **Ação Integralista Brasileira (AIB)**, organização de inspiração fascista apoiada por grandes proprietários, empresários, membros da classe média, parte do operariado e oficiais das Forças Armadas. Seus integrantes pregavam a criação de um Estado integral (isto é, uma ditadura nacionalista de partido único) e a luta contra o comunismo.

Com o lema **Deus, Pátria e Família**, o discurso integralista atraiu milhares de pessoas. Os integralistas tinham uma organização paramilitar inspirada nos partidos totalitários europeus. Vestiam uniformes com camisa verde, daí o apelido "galinhas-verdes". Possuíam como símbolo o Σ (sigma, décima oitava letra do alfabeto grego) e faziam a saudação "Anauê!" acompanhada pelo mesmo gesto de braço estendido utilizado por extremistas de direita nazifascista na Europa.

▷ Na foto da década de 1930, mulheres integralistas acompanhadas de crianças em Matão, São Paulo.

Dois anos depois, comunistas, socialistas e liberais democratas se uniram na **Aliança Nacional Libertadora (ANL)**, formada por membros da classe média, do operariado e das Forças Armadas, a maioria de baixa patente. A organização pregava a reforma agrária, o estabelecimento de um governo popular-democrático, a nacionalização de empresas estrangeiras e o cancelamento da dívida externa.

A ANL também atraiu milhares de adeptos em todo o país. Porém, suas críticas ao governo federal e a defesa de um governo popular com características comunistas levaram Vargas a declará-la ilegal, com base na Lei de Segurança Nacional.

▶ **Lei de Segurança Nacional:** conjunto de normas que determina atitudes e práticas consideradas crimes contra a segurança nacional e suas respectivas penas. No Brasil, foi posta em prática em 1921 e modificada por Vargas em 1933 e em 1938.

Em novembro de 1935, os comunistas liderados por Luís Carlos Prestes, que também era líder da ANL, tentaram promover uma revolução, denominada posteriormente **Intentona Comunista**.

Foi iniciada uma revolta militar com o objetivo de derrubar Getúlio Vargas e instaurar o comunismo no Brasil. Em Pernambuco, a rebelião foi rapidamente sufocada. No Rio Grande do Norte, os manifestantes chegaram a instalar um governo revolucionário que ficou no poder por três dias. No Rio de Janeiro, os combates foram mais intensos. Mesmo assim, a revolta foi rapidamente derrotada pelo governo federal, que decretou **estado de sítio** no país. Muitos líderes foram perseguidos, presos e torturados.

Conflitos no campo

No meio rural, onde moravam quase 70% da população brasileira, em meio à miséria, à forte religiosidade e submetidos às oligarquias dos coronéis, a Revolução de 1930 não trouxe mudanças profundas.

Nesse contexto surgiu no Crato, cidade do sertão do Ceará, a comunidade **Caldeirão da Santa Cruz do Deserto**. Ali, o beato **Zé Lourenço**, seguidor do Padre Cícero Romão Batista, o Padim Ciço, instalou uma comunidade religiosa, que passou a atrair levas de migrantes no final dos anos 1920.

Durante os anos 1930, o Caldeirão foi alvo de inúmeras acusações: ser uma nova Canudos, formar um arraial de fanáticos e comunistas, acumular armas e munição e ser uma ameaça ao Estado. Por isso, acabou enfrentando a oposição das elites regionais, de clérigos católicos, da imprensa cearense e das autoridades federais.

Em 1936, a comunidade foi atacada por uma expedição das Forças Armadas, que deixou centenas de mortos. José Lourenço escapou e se refugiou com algumas famílias na serra do Araripe. Eles foram perseguidos até 1937 e dispersados por um ataque de metralhadoras, bombas e três aviões. José Lourenço escapou novamente, falecendo na cidade de Exu, Pernambuco, em 1946.

Na mesma época, os últimos bandos de cangaceiros foram encurralados ou abandonaram a luta. Lampião, o mais famoso deles, foi morto pela polícia alagoana em 1938.

> **De olho na tela**
>
> **Olga**. Direção: Jayme Monjardim. Brasil, 2004. Remonta-se a história de Olga Benário, militante comunista e judia, esposa de Luís Carlos Prestes. Ela foi deportada grávida para a Alemanha, onde morreu em um campo de concentração.

Foto de mulheres, crianças e idosos capturados durante o ataque à comunidade do Caldeirão em Crato, no Ceará, 1936. A estimativa do número de mortos varia segundo as fontes das Forças Armadas e as dos remanescentes: de 200 a 1000 pessoas.

4 A Ditadura Vargas: o Estado Novo

Em 1937, o mandato do presidente Vargas chegava ao fim. Para sucedê-lo, três candidatos se apresentaram para disputar as eleições: Armando de Salles Oliveira, ex-governador de São Paulo defendido pelas elites paulistas; o escritor paraibano José Américo de Almeida, aparentemente apoiado pelo presidente; e o líder integralista Plínio Salgado.

Vargas, contudo, não estava disposto a deixar a presidência. Assim, arquitetou um golpe de Estado com o auxílio dos generais Eurico Gaspar Dutra e Góis Monteiro.

Em outubro de 1937, foi divulgado na imprensa um documento segundo o qual os comunistas planejavam tomar o poder, assassinar as principais lideranças políticas do país e incendiar as igrejas. O **Plano Cohen**, como ficou conhecido, era, na verdade, uma farsa criada por alguns militares integralistas e membros do governo.

A suposta ameaça comunista foi usada para justificar a prisão de opositores e a censura à imprensa. Em novembro de 1937, Vargas determinou o fechamento do Congresso Nacional e dos legislativos estaduais e municipais, suspendeu a realização das eleições presidenciais, extinguiu os partidos políticos e revogou a Constituição de 1934.

Inaugurava-se, assim, o período ditatorial de seu governo, chamado de **Estado Novo**.

Getúlio Vargas fazendo um pronunciamento pelo rádio, em novembro de 1937, em que anunciava a promulgação de uma nova Constituição, que substituiria a de 1934.

Logo após o golpe, o ministro da Justiça Francisco Campos apresentou ao país uma nova Constituição, que concentrava o poder político completamente nas mãos do presidente da República. A Carta foi outorgada por Vargas, mas nunca entrou plenamente em vigor, pois precisava ser confirmada por um plebiscito que não ocorreu. Enquanto isso, o presidente governou por meio de decretos-lei.

▶ **Decreto-lei:** lei imposta pelo presidente da República, em vez de votada pelo Poder Legislativo.

A propaganda como instrumento de poder

Desde o Governo Provisório, Getúlio Vargas se preocupava com a propaganda oficial do governo, tendo criado um órgão específico para isso. Em 1939, já no período ditatorial, esse órgão passou a ser denominado **Departamento de Imprensa e Propaganda (DIP)**. Era responsável por divulgar uma imagem positiva do Estado Novo, garantindo o apoio da opinião pública, além de censurar os meios de comunicação (rádio, jornais, livros, cinema) que fizessem oposição ao governo.

Em 1938, o governo lançou o programa *Hora do Brasil*, transmitido pela Rádio Nacional, emissora de propriedade do Estado brasileiro. Durante uma hora, eram divulgadas notícias positivas sobre o governo, intercaladas com música brasileira. O programa existe até hoje em outros moldes, renomeado como *A voz do Brasil*.

As décadas de 1930 a 1950 ficaram conhecidas como a **Era do Rádio** no Brasil. Segundo o Censo de 1950, quase 92% dos domicílios com luz elétrica possuíam rádios. Por meio deles, acompanhavam programas de auditório, musicais e humorísticos, além de radionovelas, noticiários e partidas de futebol.

Nos anos 1950, a Rádio Nacional podia ser ouvida em todo o país. A partir dos anos 1960, as emissoras de rádio passaram a disputar com a televisão a atenção do público, perdendo audiência em alguns momentos do dia. Até hoje, porém, as transmissões radiofônicas continuam sendo um importante meio de comunicação.

Além de fazer propaganda na imprensa e no cinema, o governo organizava diversas manifestações públicas em dias comemorativos, como o Primeiro de Maio – data que homenageia os trabalhadores. Nessas cerimônias, era proibida a utilização de bandeiras, hinos e outros símbolos estaduais. Somente os emblemas nacionais eram permitidos, a fim de reforçar a unidade do país e evitar manifestações federalistas.

Novos símbolos foram criados para reforçar a identidade do povo brasileiro, que passou a ser mostrada como a mistura de raças. O samba carioca passou a ser exaltado como o mais brasileiro dos ritmos, e a capoeira foi instituída como esporte nacional. Foram criadas datas cívicas, como o Dia da Raça (4 de setembro), e foi difundido o culto a Nossa Senhora da Conceição Aparecida, santa mestiça e padroeira do Brasil.

 Minha *playlist*

O bonde de São Januário, de Wilson Batista e Ataulfo Alves, 1941. Integrada ao contexto do Estado Novo e à propaganda de valorização do trabalho do Departamento de Imprensa e Propaganda (DIP) de Getúlio Vargas, a canção servia para propagar o ideal da construção da riqueza da nação, contrapondo-se à valentia e à esperteza, que muitas vezes apareciam nos sambas cariocas.

▶ Páginas da cartilha *A juventude no Estado Novo*, publicada pelo DIP em 1941. O texto da cartilha foi extraído de discursos de Getúlio Vargas.

O controle estatal da economia

Durante o Estado Novo, o governo manteve a política de valorização do café, com a queima dos excedentes e a fixação de taxas de exportação. Em outros setores agrícolas, o incentivo governamental possibilitou o aumento da produção e a diversificação dos cultivos.

A industrialização também foi estimulada. O início da Segunda Guerra Mundial, em 1939, dificultou as importações de produtos industrializados, exigindo sua produção no Brasil. O governo estimulou a implantação de novas fábricas e a ampliação das já existentes. Também criou grandes empresas estatais de **indústria de base**, indispensáveis ao desenvolvimento dos demais setores industriais. Surgiam, assim, a **Companhia Siderúrgica Nacional** (**CSN**), em Volta Redonda (RJ), e a **Companhia Vale do Rio Doce**, em Itabira (MG), para a extração e o processamento de minérios.

Em 1938, o governo criou o **Conselho Nacional do Petróleo**, a fim de controlar a exploração e o fornecimento desse produto e de seus derivados. O primeiro poço petrolífero foi perfurado na Bahia, em 1939.

Na foto, de 1939, vemos o primeiro poço de petróleo do Brasil, perfurado na cidade de Lobato, na Bahia, nesse mesmo ano.

A repressão

Vargas ampliou a repressão contra os opositores do regime, valendo-se da polícia política comandada por Filinto Müller, admirador do nazismo e próximo dos integralistas.

Intelectuais e artistas contrários ao regime foram perseguidos, como o historiador Caio Prado Jr., o pintor Di Cavalcanti e os escritores Graciliano Ramos, Jorge Amado e Érico Veríssimo. Trabalhadores, líderes sindicais e militantes de organizações de esquerda foram presos e torturados.

Em dezembro de 1937, o ditador decretou o fechamento de todos os partidos do país – até mesmo da AIB. Os integralistas romperam com Vargas e tentaram um golpe de Estado em 1938, atacando o Palácio do Catete. Com a chegada de reforços militares, os golpistas acabaram presos. Era a derrota do *putsch* (golpe) integralista.

O escritor Graciliano Ramos (1892-1953), um dos intelectuais perseguidos pela polícia política comandada por Filinto Müller, em fotografia da década de 1940. O período em que esteve preso é tema de seu livro *Memórias do Cárcere*, publicado postumamente em 1953 e considerado um clássico da literatura brasileira.

Direitos trabalhistas

Dentre as leis trabalhistas criadas por Vargas, destacam-se a implementação do salário mínimo e a **Consolidação das Leis do Trabalho** (**CLT**), que unificou toda a legislação trabalhista existente no Brasil. Entre outros direitos, a CLT estabeleceu descanso semanal remunerado, férias, décimo terceiro salário, carteira de trabalho, licença-maternidade e aposentadoria. Com várias alterações, ela regulamenta até hoje as relações entre patrões e empregados no país.

Trabalhadores levam a bandeira nacional e o retrato de Vargas em desfile do Primeiro de Maio de 1942 no Rio de Janeiro (RJ).

Em vez de relembrar as lutas trabalhistas, essa comemoração valorizava elementos cívicos que aproximavam os trabalhadores e o governo. A CLT agradou a grande parte dos trabalhadores, mas desestimulou sua organização para reivindicar melhores salários ou questionar as relações de trabalho. A submissão dos sindicatos ao Ministério do Trabalho também enfraqueceu a luta dos trabalhadores, devido ao rígido controle exercido pelo governo.

As lideranças escolhidas para o comando dos sindicatos eram pessoas fiéis ao regime, apelidadas de **pelegos**, nome dado à pele de carneiro (com sua lã), usada sobre o dorso do cavalo para diminuir o atrito. Assim, os pelegos eram responsáveis por amortecer as pressões dos trabalhadores sobre governo e patrões.

Minha biblioteca

Era Vargas: a modernização conservadora, de Wladimir Pomar, editora Ática, 1999. (Retrospectiva do Século XX). Em paralelo à modernização econômica e à concessão de direitos, como a legislação trabalhista, Vargas desempenhou autoritarismo político no país.

Saiba mais

Vários direitos trabalhistas regulamentados pelo Estado Novo haviam sido reivindicados com muita luta pelos trabalhadores. Vargas, porém, procurou apresentá-los como um "presente" do chefe de Estado aos trabalhadores. Alguns exemplos: as **caixas de socorro**, criadas pelas associações de auxílio mútuo para atender trabalhadores em dificuldades, foram transformadas por Vargas em uma instituição governamental – os institutos de previdência. O mesmo ocorreu com as férias, um direito já reconhecido por muitos patrões que foi transformado em lei pelo governo Vargas.

TRABALHANDO COM DOCUMENTOS

As letras de canção a seguir foram feitas na década de 1930. Leia-as atentamente e depois faça as atividades propostas.

Cidade maravilhosa (1934)

Cidade maravilhosa, cheia de encantos mil
Cidade maravilhosa, coração do meu Brasil.
Berço do samba e das lindas canções,
Que vivem n'alma da gente.
És o altar dos nossos corações
Que cantam alegremente.
Cidade maravilhosa, cheia de encantos mil

Cidade maravilhosa, coração do meu Brasil.
Jardim florido de amor e saudade,
Terra que a todos seduz
Que Deus te cubra de felicidade,
Ninho de sonho e de luz.
Cidade maravilhosa, cheia de encantos mil
Cidade maravilhosa, coração do meu Brasil.

FILHO, Andre. *Cidade maravilhosa*. Disponível em: <http://www.riocidademaravilhosa.com.br/riodejaneiro/rio/>. Acesso em: 9 nov. 2018.

Aquarela do Brasil (1939)

Brasil
Meu Brasil brasileiro
Meu mulato inzoneiro
Vou cantar-te nos meus versos.
Ô Brasil, samba que dá
Bamboleio que faz gingar
Ô Brasil do meu amor
Terra de Nosso Senhor.
Brasil, Brasil
Pra mim, pra mim.

Ah, abre a cortina do passado
Tira a Mãe Preta do serrado
Bota o Rei Congo no congado.
Brasil, Brasil
Pra mim, pra mim.
Deixa cantar de novo o trovador
A merencória luz da lua
Toda canção do meu amor.
Quero ver a Sá Dona caminhando
Pelos salões arrastando
O seu vestido rendado.
Brasil, Brasil
Pra mim, pra mim.

Brasil
Terra boa e gostosa
Da morena sestrosa
De olhar indiscreto.
Ô Brasil, samba que dá
Bamboleio, que faz gingar
Ô Brasil do meu amor
Terra de Nosso Senhor.
Brasil, Brasil
Pra mim, pra mim.
Oh, esse coqueiro que dá coco
Onde eu amarro a minha rede
Nas noites claras de luar.
Brasil, Brasil
Pra mim, pra mim.
Ah, ouve essas fontes murmurantes
Aonde eu mato a minha sede
E onde a lua vem brincar.
Ah, este Brasil lindo e trigueiro
É o meu Brasil brasileiro
Terra de samba e pandeiro.
Brasil, Brasil
Pra mim, pra mim.

▶ **Inzoneiro:** manhoso.
▶ **Merencório:** melancólico.
▶ **Sestroso:** manhoso, astucioso.

BARROSO, Ary. *Aquarela do Brasil*. Disponível em: <http://arybarroso.com.br/sec_musica_letra_obra.php?language=pt_BR&id=43>. Acesso em: 14 nov. 2018.

1▶ Identifique nas canções aspectos de exaltação da pátria.
2▶ Como a questão étnica, em especial a valorização da miscigenação, aparece nas canções?
3▶ Como a religiosidade está presente nas canções?

Mapeando saberes

VARGAS DURANTE O GOVERNO PROVISÓRIO DE 1930 A 1934

- Vargas fechou os parlamentos, suspendeu a Constituição de 1891 e nomeou interventores para governar os estados, enquanto diversos grupos exigiam a elaboração de uma nova Constituição. Em São Paulo, essa exigência originou uma revolta militar em 1932. Embora sufocada pelo governo, sua principal reivindicação foi atendida, com a convocação de uma Assembleia Constituinte. Promulgada em 1934, a nova Carta instituiu, entre outras coisas, o voto secreto, o voto feminino, as leis trabalhistas e o ensino primário obrigatório.

VARGAS DURANTE O GOVERNO CONSTITUCIONAL DE 1934 A 1937

- Vargas continuou a governar de forma centralizadora. Foi a época do levante comunista de 1935, denominado "Intentona", que foi reprimido e vencido. Também destruiu a comunidade rural do Caldeirão e pôs fim aos bandos de cangaceiros. Em 1937, sob o pretexto de uma crescente ameaça comunista e da farsa do Plano Cohen, Vargas instaurou a ditadura do Estado Novo.

VARGAS NA DITADURA DO ESTADO NOVO DE 1937 A 1945

- Com a ditadura, Vargas recorreu à ampliação da propaganda positiva realizada pelo Departamento de Imprensa e Propaganda (DIP). Em 1938, venceu nova tentativa de golpe, o *putsch* integralista. Implementou o controle dos sindicatos e do salário mínimo e a Consolidação das Leis do Trabalho (CLT). Outros feitos foram a indústria de base e a perseguição a opositores, por meio da polícia política chefiada por Filinto Müller.

ATENÇÃO A ESTES ITENS

POR QUÊ?

POPULISMO
- Vargas apropriou-se de bandeiras e conquistas operárias, apresentando-as como "presentes" aos trabalhadores, criando a imagem de "pai dos pobres" e aumentando sua popularidade. Será que a defesa dos trabalhadores implica, necessariamente, na sua manipulação?

POLÍTICA, DIREITOS E LIBERDADES
- Vargas, com seu Estado forte, promoveu direitos sociais, especialmente os trabalhistas, ampliando espaços de ação de novos atores no jogo de interesses da política brasileira. Mas, também, eliminou direitos políticos, com muitos brasileiros tendo sido presos, torturados e mortos.

PROPAGANDA, ESTADO NA ECONOMIA E NOTÍCIA FALSA
- O autoritarismo do governo Vargas evidenciou a importância da força da máquina de propaganda na construção da sua liderança. O papel da propaganda na política e o do Estado na economia continuam presentes nos debates da nossa atualidade.

ATIVIDADES

Retome

1. Identifique as principais diferenças entre a Constituição de 1891 e a de 1934.

2. Sobre a AIB e a ANL, responda:

   a) Quais grupos sociais compunham cada um dos movimentos e quais grupos aparecem em ambos os movimentos?

   b) A quais movimentos políticos internacionais elas estavam associadas?

3. Sobre as mudanças observadas no Brasil a partir da década de 1930 com o governo Vargas, responda:

   a) Elas beneficiaram igualmente toda a população, tanto urbana quanto rural?

   b) Cite as diferenças que havia entre a vida nas cidades e no campo durante esse período.

4. Na instauração do Estado Novo, Getúlio Vargas dizia:

   > [...] A gravidade da situação que acabo de descrever em rápidos traços está na consciência de todos os brasileiros. Era necessário e urgente optar pela continuação desse estado de coisas ou pela continuação do Brasil. Entre a existência nacional e a situação de caos, de irresponsabilidade e desordem em que nos encontrávamos, não podia haver meio-termo ou contemporização.
   >
   > Quando a competição política ameaça degenerar em guerra civil é sinal de que o regime constitucional perdeu o seu valor prático, subsistindo, apenas, como abstração.
   >
   > FENELON, Dea R. (Org.). *50 textos de História do Brasil*. São Paulo: Hucitec, 1974. p. 161.

   a) Identifique a situação que Vargas classificava como sendo muito "grave".

   b) Qual seria a alternativa à instauração da ditadura?

   c) Releia o segundo parágrafo da citação acima. Pelo que Vargas dá a entender, sua decisão de instaurar uma ditadura representaria um golpe na democracia brasileira? Justifique.

5. O que são direitos trabalhistas? Dê exemplos.

Relacione diferentes tempos históricos

6. Seu Amadeo foi operário na década de 1920. Nos anos 1970, já aposentado, ele narrou suas memórias à pesquisadora Ecléa Bosi. Leia a seguir um trecho do depoimento.

   > Me parece que agora o operário está ligando menos para o 1º de Maio, o trabalhador está mais acomodado. Não ligam muito como antigamente; antes esperavam o 1º de Maio como uma vingança. Não havia direito a médico, a remédios na fábrica, em lugar algum. Entrei numa Sociedade Beneficente, as Classes Laboriosas. Com uma pequena mensalidade davam assistência médica e cinquenta por cento nos medicamentos, operações e hospitais. Isso, até a formação do Sindicato, que dá isso e dá muito mais.
   >
   > BOSI, Ecléa. *Memória e sociedade*: lembranças de velhos. São Paulo: Companhia das Letras, 1994. p. 93.

   a) Que mudança ocorreu no movimento operário da década de 1920 para a década de 1970?

   b) Segundo Seu Amadeo, o que levava o trabalhador a se ligar às associações de operários nos anos 1920?

   c) Relacione as transformações percebidas por Seu Amadeo com "a formação do Sindicato", citada na última frase do depoimento.

   d) Busque em *sites* e revistas informações sobre a atuação dos sindicatos hoje em dia. Em sua opinião, ela está mais próxima à situação dos anos 1920 ou à dos anos 1970, relatadas por Seu Amadeo?

Autoavaliação

1. Quais atividades você considerou mais fáceis e mais difíceis? Por quê?

2. Em quais atividades você utilizou o texto do capítulo como base para sua resposta?

3. Algum ponto do capítulo não ficou muito claro para você? Qual?

4. Você compreendeu o esquema *Mapeando saberes*? Explique.

5. Você saberia apontar exemplos da atualidade considerando o que aprendeu no item *Por quê?* do *Mapeando saberes*?

6. Como você avalia sua compreensão dos assuntos tratados neste capítulo?

   » **Excelente**: não tive nenhuma dificuldade.

   » **Boa**: tive algumas dificuldades, mas consegui resolvê-las.

   » **Regular**: foi difícil compreender certos conceitos e resolver as atividades.

   » **Ruim**: tive muitas dificuldades, tanto no conteúdo quanto na realização das atividades.

PROJETO 1º SEMESTRE

Manifesto

Primeira República e representatividade

Execução

Após a pesquisa acerca da realidade política da Primeira República brasileira e as discussões em torno dos problemas que afetavam a democracia existentes nesse período, é hora de redigir o manifesto. Para isso, sigam as instruções abaixo.

1. Selecionem os problemas considerados mais críticos do cenário político apresentado pelo professor e pelas fontes de pesquisa, e discutam soluções plausíveis para tais problemas.

2. Redijam o texto considerando a divisão de trabalho previamente estabelecida pelo grupo, sempre deixando claras suas intenções nas sugestões de aplicação de políticas públicas específicas para os problemas encontrados.

3. Finalmente, discutam entre si aspectos estéticos do texto que podem torná-lo mais atraente e fazer com que a mensagem seja mais persuasiva.

Conforme estudamos no capítulo 3 (seção *Trabalhando com documentos*), um exemplo de manifesto político é o dos operários durante a greve de 1917, conhecido como *Apelo aos soldados*, e, como vimos no capítulo 2, na abertura deste projeto, um exemplo de manifesto artístico-literário é o *Manifesto Antropófago*, de Oswald de Andrade, de 1928.

Outro manifesto que representa os movimentos sociais brasileiros na década de 1920 é *Um manifesto à mulher brasileira*, publicado em um jornal do Rio de Janeiro. Veja a seguir alguns trechos desse texto.

Um manifesto à mulher brasileira

Recebemos e damos a publicação do seguinte boletim ontem distribuído:

O Grupo Feminino de Estudos Sociais, fundado nesta capital em 22 de janeiro de 1920, propõe-se a agremiar todas as mulheres emancipadas do Brasil, a fim de combater sistemática e eficazmente a escravização clerical, a escravização econômica, a escravização moral e a escravização jurídica, que asfixiam, degradam e aviltam o sexo feminino.

O Grupo estudará com carinho e debaterá com ardor os palpitantes problemas da questão social e procurará elevar, por meio de conferências, congressos, escolas e cursos de ciências e artes, o nível intelectual e moral de suas associadas, para que se abra assim, na muralha negra, tenebrosa e compacta da rotina, do egoísmo, da ignorância e da hipocrisia, de todos os preconceitos e de todas as opressões, uma brecha, uma fresta, uma frincha por onde livremente irradie um pouco de vida e do ideal.

[...]

Companheiras:

Urge elevar, engrandecer, dignificar o nosso sexo, libertá-lo mental e socialmente. Precisamos de combater a escravidão em que sempre nos prenderam, e que tem sido em todos os tempos a causa única dos desvios morais da humanidade.

[...]

Ainda é tempo de reagir, para que se não atinja o enlaivecimento total. Que as mulheres dignas e honestas se reúnam, se agrupem, se fortaleçam e por todos os meios combatam as causas que abastardam a mulher, arruinando a sociedade.

Professoras, funcionárias, costureiras, floristas, operárias em fábricas e *ateliers*, trabalhadoras em artes domésticas: Vinde, vinde até nós, que sereis jubilosa e fraternamente acolhidas.

> GRUPO FEMININO DE ESTUDOS SOCIAIS. Um manifesto à mulher brasileira. *Voz do Povo* – Órgão da Federação dos Trabalhadores do Rio de Janeiro e do Proletariado em Geral. Rio de Janeiro, 7 fev. 1920. Disponível em: <http://memoria.bn.br/pdf/720003/per720003_1920_00003.pdf>. Acesso em: 6 nov. 2018. (Grafia do texto atualizada pelos autores).

▶ **enlaivar:** encher de manchas, sujeira; enodoar.

Mulheres reunidas no Primeiro Congresso Internacional Feminista, no Rio de Janeiro, em 1922. No início do século XX, o movimento feminista se fortaleceu no Brasil e houve importantes avanços das mulheres na luta pela igualdade de direitos, incluindo o direito ao voto, em 1932.

Autoavaliação

1. O que você aprendeu com a atividade de pesquisa?
2. Qual é a sua opinião sobre o gênero textual manifesto?
3. Você diria que a Primeira República Brasileira era democrática? Por quê?
4. Como podemos nos representar politicamente nos dias de hoje?

CAPÍTULO 7
A Segunda Guerra Mundial e a queda de Vargas

Exposição permanente sobre o Holocausto no Memorial da Imigração Judaica em São Paulo, com exibição de uniformes e retratos de vítimas de campos de concentração. Foto de 2017.

Durante a década de 1930, desrespeitando abertamente os tratados firmados após a Primeira Guerra Mundial, os governos totalitários da Itália, da Alemanha e do Japão começaram a ampliar seus domínios.

Em 1931, o Japão invadiu a Manchúria, na China. Ao ser contestado pela Liga das Nações, desligou-se da entidade. Em 1935, os italianos invadiram a região da Abissínia, atual Etiópia, sem receber nenhuma punição.

Ainda em 1935, Adolf Hitler determinou o serviço militar obrigatório, contrariando o **Tratado de Versalhes**. No ano seguinte, o exército alemão reocupou a Renânia, zona fronteiriça com a França e desmilitarizada pelo mesmo Tratado. Isso desencadeou um desenfreado armamentismo nos países vizinhos.

Em 1936, foi selada uma aliança entre os governos da Itália e da Alemanha, chamada de **Eixo Roma-Berlim**. Pouco depois, o Japão integrou o grupo. Os três países assinaram o **Pacto AntiKomintern**, comprometendo-se a lutar contra a difusão do comunismo e a apoiar-se mutuamente em suas ações expansionistas.

> **Para começar**
>
> Observe a imagem, leia a legenda e responda às questões.
>
> 1. Em sua opinião, o que representam os retratos e os uniformes de prisioneiros?
> 2. Você já ouviu falar sobre o extermínio de judeus, ciganos, comunistas e homossexuais que ocorreu durante a Segunda Guerra Mundial?

1 O início de uma nova guerra

Com a formação do Eixo e o crescente sucesso na Guerra Civil Espanhola, em 1936, Hitler sentiu-se seguro para anexar novos territórios, a fim de formar a **Grande Alemanha**. Em 1938, sob o pretexto de unir os povos de origem germânica, anexou a Áustria. O passo seguinte seria a incorporação da região tcheca dos Sudetos, onde também predominava população de língua alemã.

Os primeiros-ministros da Inglaterra e da França, países aliados da Tchecoslováquia (atualmente repúblicas Tcheca e Eslovaca) e principais membros da Liga das Nações, reuniram-se com Hitler e Benito Mussolini para mediar o conflito, na **Conferência de Munique**. Aceitaram que os Sudetos passassem para o domínio alemão, desde que o governo nazista pusesse fim à expansão territorial.

Procurava-se, assim, evitar um conflito geral, em uma estratégia conhecida como **política de apaziguamento**. Além de permitir a expansão nazista, esse sistema isolava cada vez mais a União Soviética.

Após anexar os Sudetos, os alemães desrespeitaram o acordo de Munique e tomaram todo o território tcheco. Em seguida, passaram a cobiçar o corredor polonês, faixa de acesso ao mar que havia sido transferida da Alemanha para a Polônia pelo Tratado de Versalhes. Como a região incluía o porto estratégico de Dantzig (hoje Gdansk), Inglaterra e França prometeram apoio à Polônia.

Ao mesmo tempo, a Alemanha estreitava relações com a URSS. Em agosto de 1939, os dois países assinaram o **Pacto Germano-Soviético**, pelo qual Stalin prometia neutralidade em caso de guerra no Ocidente. Em troca, pôde anexar a parte oriental da Polônia e os países bálticos, regiões estratégicas, buscando frear o expansionismo alemão para o Leste.

Com o acordo, o governo nazista ficou livre para se lançar sobre a Polônia, o que aconteceu em 1º de setembro de 1939. Dois dias depois, os governos de Inglaterra e França declaravam guerra à Alemanha. Era o início da **Segunda Guerra Mundial**.

LINHA DO TEMPO

1939
Hitler invade a Polônia: início da Segunda Guerra Mundial

Avanço do Eixo (1939-1942)

1942
Brasil entra na Guerra
Batalha de Stalingrado (URSS)

1943
Aliados desembarcam na Itália

Avanço dos Aliados (1942-1945)

1944
Dia D

1945
Fim da Segunda Guerra Mundial
Brasil: queda de Vargas

Linha do tempo esquemática. O espaço entre as datas não é proporcional ao intervalo de tempo.

Expansionismo alemão na década de 1930

Fonte: elaborado com base em CHALIAND, G.; RAGEAU, J.-P. *Atlas du millénaire*. Paris: Hachette, 1998. p. 146.

2 O avanço do Eixo (1939-1942)

A guerra se iniciou com rápida ofensiva nazista, que subjugou a Polônia ainda em 1939. No ano seguinte, teve início uma série de ataques utilizando a tática da guerra-relâmpago (*Blitzkrieg*): após bombardear o inimigo com sua força aérea (*Luftwaffe*), os alemães ocupavam seus territórios com tanques. Assim foram dominadas Dinamarca, Noruega, Holanda e Bélgica.

Em junho de 1940, grande parte do território francês também foi dominada pelas tropas nazistas. O primeiro-ministro francês, marechal Pétain, assinou a rendição e passou a colaborar com os alemães.

Expansão territorial do Eixo até 1942

Até o início de 1942, os países do Eixo expandiram sua área de dominação, controlando imensos territórios na Europa, na África, na Ásia e na Oceania.

Fonte: elaborado com base em CHALIAND, G.; RAGEAU, J.-P. *Atlas du Millénaire*. Paris: Hachette, 1998. p. 146.

Em seguida, a *Luftwaffe* travou um verdadeiro duelo aéreo com a RAF (*Royal Air Force*), força aérea inglesa. Por meio de radares (tecnologia recém-inventada), os britânicos conseguiam antecipar-se aos bombardeios alemães, contra-atacando os aviões inimigos. Enquanto isso, a Itália avançava contra o norte africano, com o objetivo de conquistar o Canal de Suez e cortar as ligações da Grã-Bretanha com seu império colonial.

Ainda em 1940, alemães e italianos ocuparam toda a área balcânica, região de países como Grécia, Bulgária e Iugoslávia.

Os embates se ampliam

Em junho de 1941, Hitler rompeu o Pacto Germano-Soviético e invadiu a União Soviética em busca de minérios, petróleo e cereais. De início, o avanço nazista foi arrasador, chegando aos subúrbios de Moscou. No final de 1941, entretanto, o Exército soviético reagiu e impôs às tropas alemãs pesadas e decisivas derrotas.

Ainda em 1941, para consolidar sua hegemonia no Pacífico Sul, o Japão bombardeou a base aeronaval estadunidense de **Pearl Harbor**, no Havaí, o que precipitou a entrada dos Estados Unidos na guerra.

A entrada da URSS e dos EUA na guerra deu novo impulso ao grupo que se opunha ao Eixo, os chamados **Aliados**. Isso mudou o rumo da guerra, até aquele momento favorável ao bloco nazifascista.

Refluxo do Eixo

1942
Brasil entra na guerra ao lado dos Aliados
Stalingrado: primeira frente aliada

1943
Aliados na Itália: segunda frente

1944
Dia D – norte da França: terceira frente

Maio de 1945
Rendição alemã

Agosto de 1945
Acordo de Potsdam
Bombas atômicas sobre o Japão

Setembro de 1945
Rendição japonesa

Saiba mais

Política de extermínio

Uma das características do regime nazista era o antissemitismo, que atribuía aos judeus a responsabilidade pelos problemas da Alemanha.

Após Hitler assumir o poder, os judeus foram obrigados a viver em guetos (bairros segregados) e a usar estrelas de Davi amarelas na roupa, que os identificavam como não cidadãos. Muitos eram levados para **campos de concentração**, grandes prisões cercadas de arame farpado e eletrificado para impedir fugas. Lá também eram aprisionados ciganos, comunistas e homossexuais, considerados igualmente ameaçadores ao povo germânico.

Durante a Segunda Guerra, à medida que anexava territórios, Hitler construía neles novos campos de concentração. Na Europa sob domínio nazista, cerca de 11 milhões de pessoas foram aprisionadas nesses lugares, entre adultos e crianças.

Campos de concentração e de extermínio na Europa (1941-1945)

Fonte: elaborado com base em KINDER, H.; HILGEMANN, W. *The Anchor Atlas of World History*. New York: Doubleday, 1966. p. 204.

Das centenas de campos de concentração e de extermínio espalhados por territórios europeus sob domínio nazista, alguns ficaram tristemente famosos, como Buchenwald e Dachau, na Alemanha; Mauthausen, na Áustria; Auschwitz, Treblinka e Sobibor, na Polônia.

Os prisioneiros eram submetidos a humilhações, torturas, experiências médicas, desnutrição e execuções. Trabalhos forçados eram praticados pelos prisioneiros nos próprios campos ou em empresas privadas alemãs, cujos donos se apropriavam dos bens das famílias judias.

A partir de 1941, os sobreviventes eram levados para **campos de extermínio** e assassinados em câmaras de gás, tendo seus corpos incinerados em fornos crematórios. Essa política de **purificação racial**, que visava eliminar grupos humanos considerados inferiores, foi chamada de **solução final**.

Vários campos ficavam próximos das cidades, visíveis para seus moradores – ou seja, nada se fazia para escondê-los. Milhares de pessoas e diversas instituições – algumas com participação direta, outras por simpatia, condescendência e até mesmo omissão – tiveram responsabilidades nesse genocídio.

Minha biblioteca

O diário de Anne Frank, de Anne Frank, editora Record, 2008. Diário de uma adolescente judia que viveu o horror da perseguição nazista. Após ser encontrado, tornou-se símbolo da luta contra a opressão e a injustiça.

Maus: a história de um sobrevivente, de Art Spiegelman, Quadrinhos na Cia, 2005. O quadrinista estadunidense narra a luta dos seus pais, judeus poloneses, para sobreviver ao extermínio nos campos de concentração nazista. Spiegelman constrói uma alegoria, em que os judeus são ratos; os poloneses, porcos; os alemães, gatos; e os estadunidenses, cachorros.

De olho na tela

O pianista. Direção: Roman Polanski. França, 2002. Inspirado nas memórias do pianista polonês Wladyslaw Szpilman, o filme conta o surgimento do Gueto de Varsóvia, com a construção de muros para encerrar judeus em certas áreas, e dos campos de concentração.

▶ **Genocídio:** assassinatos em massa cometidos com o objetivo de exterminar total ou parcialmente uma determinada população, comunidade, um grupo étnico ou religioso.

3 A vitória dos Aliados

Após serem contidos pelos soviéticos em Moscou, em fevereiro de 1942 os alemães se retiraram para o sul da Rússia. Ali os dois exércitos se enfrentaram na **Batalha de Stalingrado**, na qual os soviéticos expulsaram os invasores e avançaram em direção à Europa.

Após vencerem os japoneses no Pacífico, em 1942, os estadunidenses se juntaram aos ingleses e bateram os exércitos alemão e italiano no norte da África. Em julho de 1943, chegaram à Itália, rendendo-a em setembro, com exceção do norte do país.

Em junho de 1944, os Aliados desembarcaram na Normandia, norte da França, acontecimento que ficou conhecido como **Dia D**. Em agosto do mesmo ano, Paris foi libertada.

No final de 1944, os aliados marcharam sobre a Alemanha, alcançando Berlim em abril de 1945. Em 7 de maio, os nazistas assinaram a rendição final.

O Japão já estava praticamente derrotado quando o presidente estadunidense, Harry Truman, ordenou que o país fosse atacado com a bomba atômica, arma de destruição mais potente produzida até aquele momento. Em 6 de agosto de 1945, Hiroxima foi bombardeada; no dia 9, uma segunda bomba foi lançada sobre Nagasáqui.

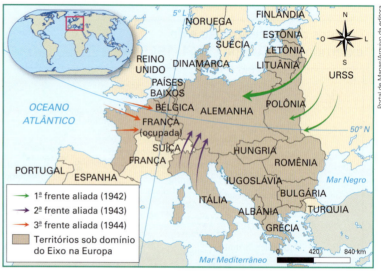

Frentes aliadas contra o Eixo (1942-1945)

Fonte: elaborado com base em DUBY, Georges. *Atlas historique*. Madri: Larousse, 2013. p. 296-297.

A foto mostra soldados estadunidenses desembarcando nas praias da Normandia, na França, após o Dia D, 6 de junho de 1944.

> **De olho na tela**
>
> **Roma, cidade aberta.** Direção: Roberto Rossellini. Itália, 1947. O filme se passa em Roma, cidade que, após a queda de Mussolini, foi ocupada por nazistas. Ele mostra a atmosfera de medo vivida pelos italianos de perderem a pouca comida que tinham e de passarem a nutrir simpatia pelos comunistas.

O pretexto para o lançamento desses artefatos foi forçar o Japão à rendição, o que aconteceu em 2 de setembro do mesmo ano. No entanto, muitos historiadores argumentam que o objetivo real dos Estados Unidos era demonstrar seu poderio bélico perante o mundo, especialmente para os soviéticos.

O saldo final da Segunda Guerra foi terrível: mais de 40 milhões de mortos, milhões de feridos, imensa destruição material, extermínio nos campos de concentração, além da devastação provocada pelas armas atômicas, que causaram terror em toda a população mundial.

A tragédia de Hiroxima

A bomba que destruiu Hiroxima foi lançada pelo avião Enola Gay e detonada a 500 metros de altitude, liberando uma energia equivalente a 20 mil toneladas de dinamite. O calor no centro da explosão foi tão intenso que queimou tudo em um raio de 1 quilômetro, transformando os metais em gases, as construções em pó e os seres humanos em cinzas.

Depois do calor veio o deslocamento de ar, varrendo tudo ao seu redor, com a força de um furacão soprando a mais de 800 quilômetros por hora. Formou-se um círculo de três quilômetros dentro do qual tudo foi reduzido a escombros. Minutos depois da explosão começou a cair uma chuva estranha, com gotas grandes e negras. Em seguida, um vendaval arrancou as árvores e tudo que estivesse no caminho. Boa parte da cidade foi destruída, mais de 100 mil pessoas morreram e milhares foram mutilados pela radiação.

Três dias depois, outra bomba atômica foi lançada pelos estadunidenses, agora sobre Nagasáqui, de efeito igualmente terrível.

Na foto de agosto de 1945, vê-se o prédio da Câmara de Comércio e Indústria em Hiroxima, no Japão, que atualmente é um memorial aos mortos da bomba atômica.

4 Os acordos do final da guerra

Antes mesmo de terminar a guerra, alguns acordos foram feitos entre as principais potências que lutaram contra o Eixo. Na **Conferência de Yalta**, ocorrida em fevereiro de 1945 na União Soviética, o presidente Roosevelt (EUA), o primeiro-ministro Churchill (Inglaterra) e o líder soviético Stalin (URSS) definiram a partilha mundial.

Todos os Estados europeus entre a União Soviética e a Polônia tornaram-se área de influência soviética, o que permitiu a Stalin impor-lhes regimes comunistas. A Europa ocidental ficou sob influência dos outros países Aliados, tendo como líder os EUA.

Alemanha no pós-guerra

Fonte: elaborado com base em DUBY, Georges. *Atlas histórico mundial*. Madri: Debate, 1989. p. 107.

Na **Conferência de Potsdam**, ocorrida em agosto de 1945 na Alemanha, Truman (substituto de Roosevelt, que falecera em 12 de abril), Clement Attlee (sucessor de Churchill) e Stalin determinaram a desmilitarização da Alemanha, o fechamento das grandes empresas que auxiliaram o nazismo e a criação do **Tribunal de Nuremberg**, para julgar os crimes de guerra. Outra importante decisão da conferência foi a divisão da Alemanha e de sua capital, Berlim, em quatro zonas de ocupação: inglesa, francesa, estadunidense e soviética.

Em 1949, as áreas inglesa, francesa e estadunidense transformaram-se na **República Federal da Alemanha**, a Alemanha Ocidental. A parte soviética transformou-se na **República Democrática da Alemanha**, a Alemanha Oriental. Essa divisão durou até 1989, quando o país se reunificou.

As duas principais potências que emergiram do pós-guerra – Estados Unidos e União Soviética – lançaram-se em uma corrida armamentista. A ameaça permanente de uma guerra atômica dava início a crescentes rivalidades, que se estenderiam por mais de quatro décadas: a **Guerra Fria** (1945-1991), que estudaremos no próximo capítulo.

Os principais participantes da Conferência de Yalta, em 1945, sentados: Churchill, à esquerda; Roosevelt, no centro; e Stalin, à direita.

A criação da ONU

Diante do horror deixado pela Segunda Guerra Mundial, o sentimento de que era necessário criar um instrumento para garantir a paz entre os países lançou bases para a fundação da **Organização das Nações Unidas** (**ONU**). Isso ocorreu durante a Conferência de São Francisco, realizada em junho de 1945 nos Estados Unidos, onde representantes de 50 países redigiram a Carta das Nações Unidas, que daria origem, no mesmo ano, à instituição.

Criada em substituição à Liga das Nações, tinha por fundamento a igualdade entre todos os países-membros e tinha como objetivos: manter a paz e a segurança internacionais; desenvolver a cooperação entre os povos, buscando soluções para problemas econômicos, sociais, culturais e humanitários; e promover o respeito aos direitos humanos e às liberdades fundamentais.

Em 10 de dezembro de 1948, uma assembleia da ONU promulgou a **Declaração Universal dos Direitos Humanos**, que estabelecia uma série de princípios com o objetivo de garantir os direitos fundamentais dos indivíduos em todo o mundo. Ela é considerada um marco histórico, por ser o primeiro documento internacional a tratar de forma abrangente esse tema e reconhecer a importância da dignidade humana.

Os direitos humanos são os direitos essenciais a todos os seres humanos, sem que haja discriminação por raça, cor, gênero, idioma, nacionalidade ou por qualquer outro motivo (como religião e opinião política). Eles podem ser civis ou políticos, como o direito à vida, à igualdade perante a lei e à liberdade de expressão. Podem também ser econômicos, sociais e culturais, como o direito ao trabalho e à educação, e coletivos, como o direito ao desenvolvimento.

BRASIL. Disponível em: <www.brasil.gov.br/cidadania-e-justica/2009/11/declaracao-universal-dos-direitos-humanos-garante-igualdade-social>. Acesso em: 16 jul. 2018.

O órgão mais importante da ONU é o **Conselho de Segurança**, atualmente composto de cinco membros permanentes e dez eleitos de dois em dois anos. Os países permanentes são: Estados Unidos, Rússia, Reino Unido, França e China. Cada um desses Estados tem o direito de veto, isto é, de anular qualquer decisão do Conselho, o que lhes garante a supremacia sobre as decisões.

Cartaz da ONU, feito em 1947.

5 A "política da boa vizinhança"

Desde o final do século XIX, os Estados Unidos costumavam intervir militarmente nos países da América Central e do Sul, desagradando os governos locais. No início dos anos 1930, porém, com o aumento das tensões que levariam à Segunda Guerra Mundial, o governo Roosevelt firmou um acordo com os países vizinhos prometendo o fim do intervencionismo estadunidense.

Sua intenção era cultivar a amizade da América Latina e conseguir aliados, além de garantir os interesses estadunidenses na região. Uma série de programas de intercâmbio técnico e cultural foi montada com os países do continente, além de um sistema de auxílio para seu desenvolvimento. Esse conjunto de medidas, conhecido como "política da boa vizinhança", criou importantes vínculos entre os EUA e os governos latino-americanos, que se ampliariam a partir da Segunda Guerra Mundial.

Zé Carioca, personagem dos estúdios Disney, foi criado no contexto da "política da boa vizinhança". Na imagem, vemos o cartaz de lançamento do filme *Alô, Amigos*, de 1942.

6 O Brasil na guerra

Apesar de nutrir clara simpatia pelos regimes fascistas, o governo brasileiro adotou a neutralidade no início da Segunda Guerra Mundial. Isso lhe garantiu vantagens comerciais e a obtenção de empréstimos dos países beligerantes.

Porém, a entrada dos estadunidenses na guerra forçou Vargas a romper relações com os países do Eixo em janeiro de 1942. A declaração de guerra contra a Alemanha veio em agosto do mesmo ano, quando os alemães afundaram vários navios brasileiros, o que resultou na morte de 607 tripulantes.

Em 1944, dezenas de milhares de brasileiros foram enviados para lutar na Europa ao lado dos Aliados. Além de uma esquadrilha da Força Aérea Brasileira (FAB), seguiram soldados que compunham a Força Expedicionária Brasileira (FEB). Os brasileiros tiveram destaque na campanha da Itália, obtendo significativas vitórias em Monte Castelo, Castelnuovo e Montese.

> **Minha biblioteca**
>
> **Os brasileiros e a Segunda Guerra Mundial**, de Francisco César Ferraz, editora Jorge Zahar, 2005. O autor discute as circunstâncias que envolveram a entrada do Brasil na Segunda Guerra e suas consequências para o país.

Soldados da FEB na batalha de Monte Castelo, em 29 de novembro de 1944.

TRABALHANDO COM DOCUMENTOS

Boris Schnaiderman foi professor de Literatura na Universidade de São Paulo (USP). Ele nasceu na Ucrânia, mas chegou ao Brasil com oito anos de idade e, como era naturalizado brasileiro, foi convocado para participar da Segunda Guerra Mundial.

Boris reuniu suas experiências e as de outros soldados brasileiros durante o conflito em um livro, chamado *Guerra em surdina: histórias do Brasil na Segunda Guerra Mundial*.

Leia a seguir um trecho do livro de Boris.

Vem a ordem para descer para os compartimentos e aguardar o desembarque. Aparece o capitão Crispim, muito pálido, os olhos perplexos. Avisa-nos de que devemos ter paciência, pois vamos para um lugar afastado da cidade, onde a água é escassa e é preciso tomar cuidado com a malária. Provavelmente, hoje não se terá comida, mas o capitão espera que todos compreendam a necessidade de resignar-se. A estas palavras, olho os rostos incolores dos meus companheiros e vejo refletida neles a costumeira indiferença ovina.

Sinto de repente um vazio no estômago e uma revolta sem nome, enquanto vejo o capitão tirar [...] um grande chocolate americano e devorá-lo ante os olhares gulosos dos seus comandados (e eu que perdi o pequeno almoço, servido às quatro da manhã!).

Finalmente, os alto-falantes transmitem a ordem de desembarque, e as unidades começam a deixar o navio. O capitão Crispim caminha na frente da Bateria-Comando, vergado sobre a mala de campanha muito grande e disforme, a lona verde quase rebentando. Nós outros avançamos em fila indiana, em silêncio, curvados [...]. Os marinheiros americanos estão entretidos na limpeza do navio. Aceitam o desembarque como uma rotina. Os quatorze dias que passaram com a tropa brasileira não criaram aparentemente qualquer ligação entre eles e os homens que transportaram para a guerra. A nossa tropa, tão estranha e heterogênea para quem a visse de fora, caracterizava-se por uma expressão de atordoamento e uma desconfiança que dificultavam qualquer aproximação.

Os praças estão alvoroçados com o fim da viagem. Descem a prancha, largam os sacos nos caminhões e dirigem-se para a rua.

As unidades ficam formadas, à espera da ordem de marcha. Depois, começa o desfile. A tropa vai beirando o cais em passo ordinário. Há destroços por toda parte. Mulheres magras, de rostos apáticos, aparecem à janela das casas meio destruídas. Um ou outro moleque esfarrapado para e coça o nariz, estranhando aquela tropa tão diferente das outras, com gente grande e pequena e uma mistura incrível de tipos e raças. "Russi?", pergunta um deles, apesar do escudo com a cobra fumando e com o nome Brasil, pregado junto à ombreira de cada um. "Tedeschi, tedeschi!", gritam outros, fugindo alvoroçados, pois o uniforme brasileiro lembra pela cor o alemão. Dobramos para a esquerda e percorremos ruas mais movimentadas.

SCHNAIDERMAN, Boris. *Guerra em surdina*: histórias do Brasil na Segunda Guerra Mundial. São Paulo: Brasiliense, 1995. p. 49-50.

▶ **Pequeno almoço:** café da manhã.
▶ **Vergado:** curvado, dobrado.
▶ **Atordoamento:** sentimento de perturbação.
▶ **Alvoroçado:** agitado, inquieto.

Após a leitura atenta do texto, responda às questões abaixo.

1▶ O que o autor quis dizer com a afirmação: "vejo refletida neles a costumeira indiferença ovina."?

2▶ Como as tropas brasileiras reagiram ao desembarque?

3▶ Qual era a situação da área de desembarque em relação ao cenário e às pessoas?

4▶ Segundo o autor, que tipo de confusão ocorreu quando os meninos do local viram os soldados brasileiros?

7 A deposição de Vargas

A participação do Brasil na guerra criou uma **contradição** que acabou por enfraquecer o governo: o mesmo Estado que lutava contra os nazifascistas mantinha, "em casa", um regime ditatorial. Nesse contexto, a oposição a Vargas ganhou força, com a realização de diversas manifestações.

Em outubro de 1943, políticos e empresários de Minas Gerais publicaram o **Manifesto dos Mineiros**, exigindo eleições gerais e a elaboração de uma nova Constituição. Cedendo às pressões, Vargas estabeleceu uma data para as eleições: 2 de dezembro de 1945.

Além dessa, efetivaram-se no Brasil outras conquistas democráticas, como a libertação de presos políticos e o retorno de exilados. Foram organizados também novos partidos para a disputa eleitoral, entre os quais se destacavam:

- a **UDN (União Democrática Nacional)**: reunia principalmente industriais, banqueiros, grandes proprietários, membros da classe média e da imprensa. Lançou a candidatura à presidência do ex-tenentista brigadeiro Eduardo Gomes;
- o **PSD (Partido Social-Democrático)**: formado basicamente por industriais, banqueiros e grandes proprietários que apoiavam Getúlio Vargas;
- o **PTB (Partido Trabalhista Brasileiro)**: composto de setores do movimento sindical ligados a Getúlio Vargas. A coligação PTB-PSD lançou a candidatura do ex-ministro general Eurico Gaspar Dutra;
- o **PCB (Partido Comunista do Brasil)**: retirado da ilegalidade, agregava os movimentos de esquerda. Tinha como candidato à presidência Yedo Fiúza.

Entre os trabalhadores urbanos, a popularidade do presidente continuava alta, e diversas manifestações de rua pediam sua candidatura à presidência. Com o lema **Queremos Getúlio**, o chamado **movimento Queremista** alastrou-se por todo o país.

Temendo que Vargas tramasse um novo golpe para manter-se no poder, membros do alto escalão das Forças Armadas, liderados pelos generais Góes Monteiro e Eurico Gaspar Dutra, depuseram o presidente em 29 de agosto de 1945. A presidência foi ocupada pelo ministro do Supremo Tribunal Eleitoral, José Linhares.

Realizadas na data prevista, as eleições deram vitória a Dutra. Começava uma nova fase da história brasileira, marcada pela sucessão de governos democráticos.

> **Exilado**: pessoa que deixou o país por vontade própria ou forçada.

Na foto de agosto de 1945, uma manifestação do Queremismo no Rio de Janeiro.

Mapeando saberes

ATENÇÃO A ESTES ITENS

O INÍCIO DA CONFRONTAÇÃO

- Na década de 1930, Itália, Alemanha e Japão começaram a ampliar seus domínios, sem que a Liga das Nações impedisse essa ação. Juntos, os três países formaram a aliança militar conhecida como Eixo. Visando formar a Grande Alemanha, Hitler anexou a Áustria e os Sudetos (Tchecoslováquia). Também firmou com Stalin o Pacto Germano-Soviético, permitindo-lhe ocupar o leste da Polônia e o Báltico, em troca de neutralidade. Quando Hitler invadiu a Polônia, em setembro de 1939, Inglaterra e França declararam guerra à Alemanha.

O BRASIL E A GUERRA

- O Brasil manteve-se neutro até 1942, quando rompeu relações com o Eixo. A luta contra o nazifascismo na Europa reforçou, no Brasil, as críticas à ditadura de Vargas, que convocou eleições presidenciais em 1945. Temendo um novo golpe, os militares o depuseram, garantindo o pleito, que deu vitória a Eurico Gaspar Dutra e inaugurou um período de governos democráticos.

A EVOLUÇÃO DO CONFLITO E SEU FINAL

- Após subjugarem a Polônia, os alemães iniciaram uma guerra-relâmpago (*Blitzkrieg*) e ocuparam diversos países europeus. Em seguida, invadiram a França e iniciaram uma batalha aérea com a Inglaterra. Em 1941, o ataque da base aeronaval de Pearl Harbor pelo Japão e a invasão da URSS pelos nazistas levaram estadunidenses e soviéticos a entrar na guerra, invertendo as forças do conflito. As pressões dos Aliados levaram à rendição da Itália, em 1943, e da Alemanha, em 1945. Quando o Japão já estava praticamente derrotado, o presidente estadunidense ordenou o lançamento de uma bomba atômica em Hiroxima e, três dias depois, outra em Nagasáqui. Em 1945, ocorreu a Conferência de Yalta, que definiu a partilha mundial entre os vencedores, e a de Potsdam, que dividiu a Alemanha em quatro áreas de ocupação. No mesmo ano, foi criada a Organização das Nações Unidas (ONU), em substituição à Liga das Nações.

The Bridgeman Art Library/Glow Images

POR QUÊ?

- Os crimes contra a humanidade cometidos durante a Segunda Guerra Mundial, tanto nos campos de concentração da Europa como nas cidades japoneses atingidas pela bomba atômica, revelam a violência dos conflitos. Preservar a memória desses acontecimentos é uma forma de evitar que eles se repitam.

- A Segunda Guerra Mundial foi o ponto culminante da lógica nacionalista e imperialista iniciada no século XIX. Seu desfecho pôs fim ao expansionismo europeu, inaugurando uma nova fase do capitalismo.

ATIVIDADES

Retome

1. Identifique como a Liga das Nações agiu diante da expansão militar da Alemanha, da Itália e do Japão. Explique de que maneira essa atitude influiu no cenário político internacional da década de 1930.

2. Cite a justificativa usada por Hitler para invadir a Áustria e a Tchecoslováquia.

3. Explique os interesses de Stalin e Hitler na assinatura do Pacto Germano-Soviético.

4. Quais foram os dois importantes eventos ocorridos em 1941 que mudaram os rumos da guerra? Cite-os e comente seus desdobramentos.

5. Por que a participação do Brasil no conflito enfraqueceu o Estado Novo?

6. Quais foram as principais decisões dos acordos firmados no pós-guerra?

Reflita

7. Leia os textos a seguir, observe a imagem e depois faça as atividades propostas.

Prisioneiros do campo de concentração de Mauthausen, na Áustria, em 1945.

Texto 1

Ao chegar a um campo (de concentração), os prisioneiros eram despidos: todo seu cabelo era cortado. Recebiam uma camisa e uma saia ou uma calça (de acordo com o sexo) de tamanho indiscriminado. Em seguida eram agrupados e distribuídos como animais, sem qualquer respeito pela idade ou estado de saúde. [...]

Em vários campos – Auschwitz foi o pior deles – testaram injeções destinadas a produzir esterilidade em mulheres, experiências tão devastadoras, tanto física como mentalmente, que as sobreviventes só podiam ser enviadas para os fornos de Birkenau.

FOOT, M. R. D. As atrocidades nazistas. In: *Século XX*. São Paulo: Abril, 1968. p. 2060.

Texto 2

Artigo I

Todos os seres humanos nascem livres e iguais em dignidade e direitos. São dotados de razão e consciência e devem agir em relação uns aos outros com espírito de fraternidade.

Artigo II

1 - Todo ser humano tem capacidade para gozar os direitos e as liberdades estabelecidos nesta Declaração, sem distinção de qualquer espécie, seja de raça, cor, sexo, idioma, religião, opinião política ou de outra natureza, origem nacional ou social, riqueza, nascimento, ou qualquer outra condição.

2 - Não será também feita nenhuma distinção fundada na condição política, jurídica ou internacional do país ou território a que pertença uma pessoa, quer se trate de um território independente, sob tutela, sem governo próprio, quer sujeito a qualquer outra limitação de soberania.

Artigo III

Todo ser humano tem direito à vida, à liberdade e à segurança pessoal.

DECLARAÇÃO Universal dos Direitos Humanos. Disponível em: <www.onu.org.br/img/2014/09/DUDH.pdf>. Acesso em: 16 jul. 2018.

a) De acordo com o texto 1, como as pessoas eram tratadas nos campos de concentração?

b) Segundo a Declaração Universal dos Direitos Humanos (texto 2), proclamada em 1948 – ou seja, após o fim da guerra –, quais são os direitos que devem ser garantidos a todas as pessoas, sem nenhuma distinção?

c) Na sua opinião, por que a Declaração Universal dos Direitos Humanos foi criada? Qual é a relação que ela tem com o que ocorreu durante a Segunda Guerra Mundial?

d) Você sabe se, no lugar onde você mora, existem organizações que lutam pela manutenção dos direitos humanos, no que diz respeito a igualdade racial, liberdade religiosa, de orientação sexual, etc.? Identifique quais são elas e suas principais reivindicações.

Pesquise

8▸ Faça uma pesquisa sobre campos de refugiados e campos de concentração para responder às perguntas a seguir.

▷ Crianças judias sobreviventes sendo libertadas do campo de Auschwitz, na Polônia, em fotografia de 1945.

a) O que caracteriza esses lugares?

b) Campos de concentração não existiram apenas na Alemanha nazista. O governo estadunidense manteve campos de concentração para japoneses durante a Segunda Guerra Mundial, e os soviéticos mantiveram campos para presos políticos, os *gulags*. Em sua pesquisa, você encontrou referências a campos de concentração ou de refugiados no presente? Em caso positivo, anote as informações obtidas sobre eles.

9▸ Com base nas informações pesquisadas, elabore um texto com o seguinte título: "Estamos livres da barbárie?".

Analise uma charge

10▸ Observe a charge abaixo, leia a legenda que a acompanha e responda às questões.

Metamorfose de Fritz, por Kukryniksy. Charge soviética de 1942.

a) Onde e quando a charge foi feita? O que acontecia no cenário europeu nessa época?

b) Quais símbolos você identifica na charge?

c) O que cada um dos símbolos que aparecem na charge representa?

d) Quais impressões lhe causam o personagem que aponta o dedo para o horizonte?

e) Considerando os elementos observados nas questões anteriores, como você interpreta essa charge?

Autoavaliação

1. Quais atividades você considerou mais fáceis e mais difíceis? Por quê?
2. Em quais atividades você utilizou o texto do capítulo como base para sua resposta?
3. Algum ponto do capítulo não ficou muito claro para você? Qual?
4. Você compreendeu o esquema *Mapeando saberes*? Explique.
5. Você saberia apontar exemplos da atualidade considerando o que aprendeu no item *Por quê?* do *Mapeando saberes*?
6. Como você avalia sua compreensão dos assuntos tratados neste capítulo?
   » **Excelente**: não tive nenhuma dificuldade.
   » **Boa**: tive algumas dificuldades, mas consegui resolvê-las.
   » **Regular**: foi difícil compreender certos conceitos e resolver as atividades.
   » **Ruim**: tive muitas dificuldades, tanto no conteúdo quanto na realização das atividades.

LENDO IMAGEM

A partir dos anos 1930, o governo nazista disseminou a discriminação contra os judeus. Para isso, foi montada uma campanha de propaganda que contou com jornais, cartazes, cartilhas, filmes e exposições veiculando conteúdo antissemita. Naquele contexto, a campanha teve aceitação de parte da população alemã.

Observe a seguir um documento dessa campanha. Trata-se de um cartaz de *O eterno judeu*, propaganda antissemita que foi apresentada nos cinemas alemães como documentário. Os milhares de cartazes impressos foram fixados em várias cidades para divulgar o documentário cinematográfico produzido pelo próprio governo nazista e realizado para disseminar uma ideia do judeu como inimigo da sociedade alemã e nocivo a ela.

No cartaz, cinco homens são identificados como judeus por meio de traços faciais e pela indumentária. Outros símbolos e referências que destacam a identidade judaica também estão presentes. No entanto, esses personagens e símbolos são caracterizados de maneira negativa.

Cartaz do filme *O eterno judeu*, de 1940.

- Quipá
- Barbas compridas
- Barba escanhoada ao estilo europeu
- A estrela de davi é outro símbolo do judaísmo e organiza a composição do cartaz.
- Rosto com olhar ameaçador, dirigido para quem observa o cartaz. Olhos assimétricos e postura dos lábios expressam desprezo. O rosto emoldurado pela estrela de davi é apresentado no filme como o "judeu da Europa ocidental".
- Tranças no cabelo
- O título do filme está em alemão, mas foi escrito com letras que lembram o alfabeto hebraico.

> **Quipá:** chapéu usado pelos judeus. Na religião judaica, o quipá serve para lembrar que Deus está sempre observando a todos.

Antes mesmo do início da Segunda Guerra Mundial, a propaganda antissemita foi associada a uma política de isolamento dos judeus em guetos e campos de concentração. Em 1941, o governo nazista deu início a uma política de extermínio de judeus, ciganos e outras minorias que durou até 1945. O medo e a humilhação provocados pelas primeiras iniciativas logo se transformaram em tortura e morte para, aproximadamente, 6 milhões de pessoas.

O pintor Felix Nussbaum, autor da obra reproduzida a seguir, foi uma dessas vítimas. Nussbaum foi preso com sua esposa na Bélgica. Ambos fugiram e viveram na clandestinidade até 1944, quando foram novamente capturados e levados para o campo de concentração de Auschwitz, onde morreram.

▷ *Autorretrato com passaporte de judeu*, pintura de Felix Nussbaum, de 1943.

Identifique os elementos e a composição da obra

1▸ Como Felix Nussbaum se representa?

2▸ Como é o cenário desse autorretrato?

Analise a obra

3▸ Como você interpreta a pequena área de céu azul, os galhos floridos e as aves voando representados na pintura de Nussbaum?

4▸ Quais aspectos da obra podem ser relacionados à vida clandestina do pintor?

Interprete a imagem em seu contexto

5▸ Compare o cartaz do filme *O eterno judeu* com a pintura de Felix Nussbaum. Como o pintor se representou naquela sociedade?

Monumento aos "Conquistadores do Espaço", inaugurado em 1964, em Moscou. O monumento é uma homenagem às conquistas espaciais soviéticas. Foto de 2011.

UNIDADE 3
O mundo da Guerra Fria e da descolonização

Após a Segunda Guerra Mundial, o mundo foi marcado pela polarização em duas zonas de influência: uma capitalista e outra socialista. União Soviética e Estados Unidos se confrontavam de forma velada e conflitos armados surgem em diversas regiões do mundo, com o apoio de ambas as potências. Foi também a época da implantação das ditaduras militares em muitos países da América Latina e das lutas pela descolonização da África e da Ásia.

Observe a imagem e responda às questões oralmente.

1. Quando se fala em conquista do espaço, quais imagens vêm à sua cabeça?

2. A cadela representada no monumento (abaixo do foguete) se chama Laika e foi o primeiro ser vivo a orbitar a Terra. Você já tinha ouvido falar dela? Sabe algo sobre sua história?

CAPÍTULO 8

Guerra Fria: o mundo dividido

Wally McNamee/Corbis/Getty Images

Ativistas protestam contra a Guerra do Vietnã em Washington, na frente do Capitólio, centro do poder legislativo do governo dos Estados Unidos. Foto de 1970.

Os dois conflitos mundiais ocorridos na primeira metade do século XX não puseram fim às disputas entre as potências mundiais. Ao contrário, criaram novos conflitos. Após 1945, ficaram evidentes as divergências existentes entre os **países socialistas**, que aos poucos se espalhavam pelas regiões libertadas do nazismo pelos soviéticos, e os **países capitalistas**, como França e Inglaterra, sob a liderança dos Estados Unidos.

A polarização instituída pela formação de dois grandes blocos de poder deu origem ao período que ficou conhecido como **Guerra Fria**. Ele se estendeu de 1945, fim da Segunda Guerra Mundial, até 1991, com o fim da União Soviética. Durante esse período, tanto estadunidenses quanto soviéticos buscaram ampliar ao máximo a extensão de sua zona de influência. Além disso, os dois países se lançaram em uma corrida armamentista e espacial.

O domínio da tecnologia bélica de ponta deixava uma atmosfera de tensão no ar. Havia o receio de uma nova guerra com maior poder de destruição devido à existência das bombas atômicas.

▶ **Para começar**

Observe a imagem, leia a legenda e responda às questões.

1. Indique onde e quando foi tirada essa fotografia.
2. Há um símbolo que está presente nessa imagem. Você já viu esse símbolo antes? Sabe o que ele significa?
3. Procure explicar a presença desse símbolo na foto.

1 O mundo dividido em blocos

Logo após o término da Segunda Guerra Mundial, os Estados Unidos colocaram em prática a **Doutrina Truman**, conjunto de medidas com o objetivo de restringir a influência soviética no mundo. Criaram também o **Plano Marshall**, para reconstrução e recuperação econômica da Europa. Eles garantiram a hegemonia dos EUA na Europa ocidental.

Enquanto isso, a União Soviética impunha sua hegemonia aos países do Leste Europeu. Mesmo destruída pelo confronto e com mais de 20 milhões de mortos, incentivou a formação de regimes socialistas na Polônia, Tchecoslováquia, Hungria, Bulgária, Romênia e Alemanha Oriental. Na Iugoslávia e na Albânia, países que não dependeram do apoio militar para expulsar os nazistas, estabeleceu-se um socialismo com pouca influência soviética.

Para a recuperação interna da URSS, foram executados novos planos quinquenais, que aumentaram sua produtividade e seu poder bélico. Em 1949, para fazer frente ao Plano Marshall, foi criado o **Conselho para Assistência Econômica Mútua (Comecon)**, que integrava a economia dos países socialistas.

Em 1949, os Estados Unidos lideraram a criação da **Organização do Tratado do Atlântico Norte (Otan)**, uma aliança político-militar com a Europa ocidental, meses antes da explosão da primeira bomba atômica soviética. Em contrapartida, o lado socialista criou em 1955 o **Pacto de Varsóvia**, congregando militarmente os países do Leste Europeu sob influência soviética.

A Guerra Fria também foi marcada pela disputa aeroespacial – mísseis, satélites e foguetes. Essas conquistas tecnológicas serviam à propaganda do governo soviético (que realizou o primeiro voo espacial tripulado em 1961) e do estadunidense (que enviou os primeiros astronautas à Lua em 1969). Havia também serviços secretos de informação e inteligência com seus respectivos aliados.

Esta charge de 1949, do desenhista Chancel, mostra a Alemanha sendo disputada pelas duas principais potências da época: EUA e URSS.

LINHA DO TEMPO

1949 — Criação da Otan e Revolução Chinesa

1950-1953 — Guerra da Coreia

1955 — Pacto de Varsóvia

1956 — Coexistência pacífica: EUA e URSS

1961 — Construção do Muro de Berlim

1962 — Crise dos Mísseis

1964-1975 — Guerra do Vietnã

1968 — Primavera de Praga

Linha do tempo esquemática. O espaço entre as datas não é proporcional ao intervalo de tempo.

📖 Minha biblioteca

Guerra Fria: o Estado terrorista, de José Arbex Jr., editora Moderna, 2005. Nesta obra, é traçado um panorama histórico abrangente sobre a Guerra Fria, mostrando como a prática do terrorismo, característica do cenário mundial contemporâneo, reflete os impasses e a mentalidade truculenta herdada desse conflito.

Laika, de Nick Abadzis, editora Barricada, 2017. Traz a história da cadela Laika contada em forma de HQ.

Fora da Europa, a tensão entre EUA e URSS foi se agravando por causa de diversos acontecimentos, como a **Revolução Chinesa** (1949), a **Guerra da Coreia** (1950-1953) e a **Guerra do Vietnã** (1964-1975).

A cadela Laika a bordo do Sputnik 2, lançado em novembro de 1957.

Míssil balístico *Pershing*, do Exército dos Estados Unidos, 1962. Cabo Canaveral, Flórida, EUA.

2 A Revolução Chinesa

Durante o século XIX, a China transformou-se em área de influência das potências capitalistas, que obtiveram concessões do governo chinês para se estabelecer no país.

Na virada para o século XX, temendo que as nações europeias e o Japão dividissem a China entre si, os Estados Unidos exigiram uma política de "portas abertas", de modo que todas as potências industriais tivessem igualdade de acesso ao país. Isso reforçou a sujeição política e econômica da China e a manutenção da miséria da maioria da sua população. Tal quadro despertou uma série de revoltas populares e antiocidentais, como a frustrada **Guerra dos Boxers** em 1900.

Em 1911, um movimento republicano nacionalista conseguiu pôr fim à monarquia. O líder da revolta, Sun Yat-sen, foi empossado no governo em janeiro de 1912, liderando as forças políticas que formaram o **Partido Nacional do Povo** (*Kuomintang*). Porém, o desejo de autonomia de algumas províncias, somado às pressões internacionais, mergulhou a China em um período de guerras internas. Em meio a essa instabilidade, foi fundado em 1920 o **Partido Comunista Chinês** (**PCC**). Influenciado pela então recente Revolução Russa, o PCC tornou-se cada vez mais poderoso, por meio da ação de milícias de camponeses e operários.

A unidade republicana só foi restabelecida em 1928, quando Chiang Kai-shek chegou ao poder apoiado por grandes proprietários de terras e conservadores. Seu governo foi marcado por lutas civis, violenta perseguição aos comunistas e intervenções imperialistas de ingleses, estadunidenses e japoneses.

Em 1931, aproveitando-se da fragilidade do governo chinês, os japoneses invadiram a rica região da Manchúria, estabelecendo o **Estado do Manchukuo**. Em 1937, tentando deter o contínuo avanço imperialista japonês, Chiang Kai-shek aliou-se aos comunistas, liderados por Mao Tsé-tung.

Chiang Kai-shek, aliado dos EUA, na capa da revista *Time* em 1927.

A Longa Marcha

No final dos anos 1920 e início dos 1930, as forças políticas chinesas estavam divididas em dois grandes blocos: um comunista e outro nacionalista.

Temendo que o exemplo soviético pudesse se difundir na China, o governo nacionalista de Chiang Kai-shek, apoiado por lideranças locais e potências imperialistas, esmagou os movimentos urbanos dos comunistas.

Diante das derrotas sofridas em várias cidades e do massacre dos operários, os comunistas retiraram-se para o campo, buscando organizar um exército popular com os camponeses, sob a liderança de Mao Tsé-tung. Eles chegaram a constituir um estado independente dentro do estado chinês.

Em 1934, Chiang Kai-shek organizou uma grande campanha militar para eliminar o exército popular. Com o avanço dos nacionalistas, cerca de 100 mil combatentes comunistas fugiram pelo interior da China, percorrendo mais de 10 mil quilômetros a pé. A fuga, conhecida como a **Longa Marcha**, terminou em outubro de 1935, com apenas 9 mil participantes, que sobreviveram à fome, às doenças e aos combates.

Apesar das enormes baixas sofridas pelos comunistas, as tropas nacionalistas não conseguiram vencê-los, pois também tiveram de enfrentar os japoneses, que haviam invadido a Manchúria.

Ao final da Segunda Guerra Mundial, quando o Japão foi finalmente expulso da China, a guerra civil ressurgiu, com um progressivo avanço dos comunistas, apoiados pelos camponeses.

Mao Tsé-tung (1893-1976) e Chu En-lai (1898-1976) durante a Longa Marcha. Foto de 1935.

Soldados em combate na Grande Muralha durante a Guerra Sino-Japonesa. Foto datada entre 1937 e 1945.

A China como alvo japonês e a Longa Marcha (1919-1939)

Fonte: elaborado com base em BARRACLOUGH, G. (Ed.). *The Times Concise Atlas of World History*. London: Times Books, 1986. p. 122-123.

Em primeiro de outubro de 1949, Mao Tsé-tung proclamou a **República Popular da China** e assumiu o poder político. Chiang Kai-shek fugiu para Formosa (Taiwan), onde instalou, com seus seguidores, a **China Nacionalista**, apoiada pelos EUA.

Com a Revolução Chinesa, mais de 700 milhões de pessoas passaram a viver sob o regime socialista. No contexto da Guerra Fria, isso acirrava as disputas entre as duas superpotências.

3 Conflitos no Oriente

A Guerra da Coreia

A região da Coreia foi anexada pelos japoneses em 1910. No final da Segunda Guerra, o território foi dividido em duas zonas de ocupação. Em 1948, estas deram origem a dois países soberanos – a Coreia do Norte, socialista e sob hegemonia soviética, e a Coreia do Sul, capitalista e sob influência estadunidense –, que mantinham constantes conflitos armados na fronteira.

Quando Mao Tsé-tung assumiu o poder na China, os norte-coreanos avançaram militarmente sobre o sul, apoiados pela China e pela União Soviética. Os Estados Unidos e seus aliados saíram em socorro da Coreia do Sul. A ONU autorizou o envio à região de tropas internacionais que ocuparam boa parte da Coreia do Norte, quase até a fronteira da China. A contraofensiva de Mao Tsé-tung obrigou as tropas internacionais a recuar até o limite anterior.

Em 1953, soviéticos e estadunidenses negociaram um cessar-fogo, que culminou no fim da guerra e na manutenção da divisão da Coreia. Mais de 1 milhão de pessoas perderam a vida nesse conflito.

As duas Coreias (1948)

O mapa mostra a divisão entre Coreia do Norte e Coreia do Sul.

Fonte: elaborado com base em FRANCO JUNIOR, Hilário; ANDRADE FILHO, Ruy de Oliveira. *Atlas: História Geral*. São Paulo: Scipione, 2000, p. 74.

Saiba mais

Após décadas de hostilidades, nos últimos anos os líderes da Coreia do Norte e da Coreia do Sul vêm ensaiando uma aproximação pacífica.

A Guerra do Vietnã

Desde 1860, a Indochina era colônia da França e, na Segunda Guerra Mundial, foi ocupada pelo Japão. Foi nesse contexto que o líder guerrilheiro de libertação nacional **Ho Chi-minh** (1890-1969) mobilizou os camponeses na luta contra os colonizadores japoneses e franceses. Depois da derrota japonesa na Segunda Guerra Mundial, em 1945, o movimento ampliou sua atuação e conseguiu expulsar os franceses em 1954, na batalha de **Dien Bien Phu**. Nesse ano, na **Conferência de Genebra**, a França reconheceu a independência da região, que foi dividida em três países: Vietnã, Laos e Camboja.

O Vietnã, por sua vez, ficaria dividido em duas partes até as eleições de 1956: o Vietnã do Norte, sob controle de Ho Chi-minh, comunista, e o Vietnã do Sul, com um governo capitalista.

No entanto, temendo que os comunistas saíssem vitoriosos, o governo do Vietnã do Sul, com apoio financeiro dos Estados Unidos, passou a enfrentar os guerrilheiros sul-vietnamitas favoráveis a Ho Chi-minh, apelidados de *vietcongs*.

A partir de 1964, os EUA entraram na guerra e bombardearam o Vietnã do Norte. Nos anos seguintes, cerca de 500 mil soldados estadunidenses foram enviados ao Vietnã do Sul para lutar contra os *vietcongs* e o Vietnã do Norte.

O Sudeste Asiático

Fonte: elaborado com base em IBGE. *Atlas geográfico escolar*. Rio de Janeiro, 2009. p. 51.

Laos, Camboja, Vietnã do Norte e Vietnã do Sul – países do Sudeste Asiático – foram palco de vários episódios sangrentos durante a Guerra Fria, envolvendo lutas nacionais de libertação e confrontação militar estrangeira.

Guerrilheiros sul-vietnamitas (*vietcongs*) viajam em pequenos barcos através de um pântano, para fazer um ataque-surpresa contra as forças dos Estados Unidos durante a Guerra do Vietnã. Vietnã do Sul, 1966.

Na Guerra do Vietnã, os EUA tiveram a oportunidade de testar modernos equipamentos bélicos. No pequeno país asiático foram lançadas mais bombas do que nas duas guerras mundiais.

Nos anos 1970, usando táticas de guerrilha como sabotagens e ataques-surpresa, os comunistas do Norte e os *vietcongs* avançaram progressivamente sobre as forças do Sul, vencendo as tropas apoiadas pelos estadunidenses. Nesse confronto, a ajuda dos camponeses foi decisiva: muitos agricultores vietnamitas tornavam-se guerrilheiros à noite. Essa estratégia contribuiu para que acontecessem inúmeros abusos e crimes de guerra cometidos contra a população civil por parte dos soldados estadunidenses.

Em 30 de abril de 1975, a capital do Vietnã do Sul, Saigon, foi tomada pelas forças comunistas. Após a expulsão dos estadunidenses, o território vietnamita foi reunificado e Saigon foi renomeada como Ho Chi-minh.

> **De olho na tela**
>
> **Nascido para matar.** Direção: Stanley Kubrick. EUA, 1987. Uma representação irônica de Joker, um jovem soldado estadunidense que se torna obcecado pela guerra. A trama aborda o fanatismo militar e a desumanização durante a Guerra do Vietnã.

A foto, de 1972, mostra crianças vietnamitas vítimas de bombardeio de napalm durante a Guerra do Vietnã. O napalm é um combustível resultante da mistura de gasolina com uma resina espessante da palmeira. Essa substância gelatinosa, usada como bomba incendiária, adere ao alvo, queimando-o lentamente. Seu uso é condenado por organismos internacionais. Entre as crianças está Kim Pol Phuc, que corre nua, pois suas roupas foram queimadas. Essa fotografia ganhou o Pulitzer de Jornalismo de 1973, prêmio máximo da categoria nos EUA.

A destruição no Vietnã foi imensa, com mais de 1 milhão de mortes entre os soldados e um número ainda maior entre os civis. Entre os estadunidenses, morreram 57 mil soldados e mais de 100 mil ficaram feridos.

O retorno dos feridos aos Estados Unidos e a transmissão de cenas dos combates pela televisão provocaram uma forte oposição à guerra na população estadunidense, com protestos de soldados veteranos, estudantes e intelectuais.

Selada a paz, o Vietnã alinhou-se com os soviéticos. Isso resultou em sérios confrontos com a China, então rival da União Soviética, inclusive em conflitos armados.

O Laos e o Camboja também foram palco de instabilidade e violência. Intervenções dos Estados Unidos e da China foram acompanhadas de ditaduras sangrentas, como a do grupo radical **Khmer Vermelho**, liderado por Pol Pot, no Camboja. Em decorrência dos conflitos, no final dos anos 1970 a população desse país estava reduzida à metade.

Mulheres cambojanas lideram marcha de refugiados em direção à Tailândia, fugindo do Khmer Vermelho. Foto de 1979.

4 A política de coexistência pacífica

Stalin governou a União Soviética até sua morte, em 1953. Dois anos depois, o poder passou a ser controlado por Nikita Kruschev, que permaneceu nele até 1964. Durante seu governo, Kruschev criticou a atuação de seu antecessor, pondo em prática um programa que ficou conhecido como **desestalinização**. Seus principais objetivos eram:

- descentralizar o regime soviético;
- desenvolver as indústrias de bens de consumo – elas haviam sido atrofiadas durante o governo de Stalin, que priorizou as indústrias de base e a corrida armamentista;
- eliminar os obstáculos que impediam a URSS de alcançar o mesmo desenvolvimento tecnológico dos países capitalistas;
- remodelar as relações com os EUA, por meio de acordos que limitassem a corrida armamentista.

▶ **Atrofiado:** definhado, impedido de se desenvolver normalmente.

Essa política inaugurou um período internacional denominado **coexistência pacífica**. Ainda assim, houve vários momentos de tensão entre os dois blocos, que continuaram a disputar áreas de influência.

As reformas de Kruschev também causaram impacto no mundo socialista, abrindo espaço para agitações na Polônia e na Hungria em 1956, violentamente reprimidas.

Tanto a China como a Albânia eram contrárias à desestalinização e ao afrouxamento das tensões com os EUA. Após sucessivos atritos, as relações diplomáticas da URSS com ambos os países foram rompidas.

Construindo conceitos

O macarthismo

No final da década de 1940, em meio ao agravamento das relações internacionais, foram adotadas medidas de combate ao comunismo em território estadunidense, sob comando do senador republicano Joseph McCarthy, que defendia o patrulhamento (vigilância) de comunistas e simpatizantes. Foram investigados 6 milhões de estadunidenses e muitos foram acusados de práticas comunistas, sabotagens e traição à pátria, sofrendo por isso perseguições, prisões e censuras.

O clima de delações e pânico foi tão intenso que obrigou McCarthy a deixar o Senado em 1956, por pressão da sociedade estadunidense, cansada das violações aos direitos individuais e da manipulação das informações pelos investigadores.

▷ O macarthismo tem suas raízes no pós-Primeira Guerra Mundial e ganhou peso nos anos 1930, com o Comitê de Atividades Antiamericanas e suas "listas negras", que acusavam escritores, intelectuais e artistas de ter vínculos comunistas. Nos anos 1940 e 1950, transformou-se em um tipo de "caça às bruxas", atuando contra inúmeras pessoas. Uma das vítimas, entre tantas outras, acusada de "esquerdista" foi o ator e diretor Charles Chaplin. Na imagem, McCarthy lendo jornal em 1952.

5 Os anos 1960: crises e rebeldias

Quase todos os países do mundo estiveram direta ou indiretamente envolvidos na Guerra Fria. No bloco capitalista, aprofundava-se a perseguição ideológica contra movimentos que pudessem representar ameaça à ordem estabelecida. No lado socialista, o Estado se esforçava para controlar a economia e a população e atingir objetivos de produtividade e modernização.

Porém, isso não significava a inexistência de divergências no interior de cada bloco, nem a submissão absoluta dos países aos interesses estadunidenses ou soviéticos. No lado capitalista, por exemplo, a concorrência com os Estados Unidos levou vários países da Europa a formar o **Mercado Comum Europeu**, precursor da atual União Europeia.

No início dos anos 1960, ampliaram-se as tensões entre socialistas e capitalistas, colocando o mundo na iminência de um confronto nuclear. Exemplos desse processo foram a construção do **Muro de Berlim**, em 1961, e a **Crise dos Mísseis** em Cuba, em 1962, que estudaremos no capítulo 10.

O Muro de Berlim foi erguido sob a justificativa de evitar a entrada de sabotadores e dos considerados subversivos na Alemanha Oriental, mas a intenção também era evitar a migração da população para o lado capitalista. Entre 1949 e 1961, o país já havia perdido cerca de 10% da população por causa dessa migração. Assim, os socialistas fizeram um muro que dividiu a cidade em duas partes: oriental (socialista) e ocidental (capitalista). Separando milhares de famílias, ele se transformou no principal símbolo da Guerra Fria.

Outro acontecimento marcante foi a repressão ao movimento conhecido como **Primavera de Praga**, ocorrido em 1968 na então Tchecoslováquia. A população tcheca saiu às ruas pedindo a liberalização do regime socialista, o que provocou a invasão do país por forças do Pacto de Varsóvia.

Operários e máquinas trabalhando na reconstrução de um trecho do Muro de Berlim, destruído por um caminhão que pretendia passar para o outro lado. À direita do muro, policiais e representantes políticos de Berlim Ocidental acompanhavam o trabalho. Foto de 1963.

Revolução nos hábitos

A década de 1960 foi marcada por vários movimentos sociais, protestos e mobilizações em todo o mundo, tanto em países capitalistas como socialistas. Por isso, o período é chamado de **Anos Rebeldes**. Por toda parte, diferentes grupos expressavam seu inconformismo com o momento histórico e apresentavam diferentes projetos de sociedade.

Nos Estados Unidos, ganhou força a luta contra a guerra no Vietnã. No início, acreditava-se que o conflito teria curta duração, mas ele arrastou-se por muitos anos e envolveu praticamente toda a sociedade estadunidense. Também consumiu boa parte do orçamento do governo e mobilizou centenas de milhares de jovens para o alistamento.

Marcha de Selma a Montgomery, do movimento pelos direitos civis dos negros dos EUA, no estado do Alabama, em março de 1965. Ao centro da imagem, Martin Luther King Jr. e sua esposa, a escritora ativista Coretta King.

Também ganharam força no país as lutas dos movimentos negros por direitos civis e contra o racismo, prática oficializada em muitos estados. Nesse contexto, destacaram-se líderes como **Martin Luther King Jr.** e **Malcolm X**, além de organizações ativistas como os **Panteras Negras** e o **Black Power** (Poder Negro).

Tais movimentos enfrentaram a resistência de setores conservadores e de organizações racistas como a **Ku Klux Klan**, que perseguia e assassinava negros.

Paris, capital da França, transformou-se no principal centro da rebeldia dos estudantes e dos trabalhadores europeus contra o governo e a organização social vigente. Em **maio de 1968**, explodiu na cidade um forte movimento liderado por socialistas e anarquistas, que criticavam tanto o socialismo soviético como o capitalismo e defendiam uma sociedade radicalmente livre.

Ao mesmo tempo, nos países socialistas, condenava-se a repressão a movimentos democráticos como a Primavera de Praga.

Manifestação de parisienses na França em maio de 1968. Cerca de 800 mil pessoas aderiram à manifestação. Na faixa, podemos ler: "Estudantes, professores, trabalhadores, solidariedade".

Outros movimentos espalhados pelo mundo, incluindo a América Latina, criticavam os comportamentos e valores morais vigentes, como o poder autoritário dos pais sobre os filhos, a desigualdade de direitos entre homens e mulheres e a discriminação racial dos negros. As mobilizações iam desde atuações políticas violentas até o pacifismo do movimento *hippie*.

Entre os jovens espalhou-se o uso de minissaias pelas mulheres, de cabelos compridos pelos homens e de roupas coloridas por todos. Com isso, eles procuravam expressar a diferença que existia em relação aos valores mais antigos e exaltar a liberdade individual.

Vista de parte do público que assistiu ao Festival de Woodstock, em 1969, no estado de Nova York, EUA, que reuniu muitos músicos populares do *rock*, *pop* e *folk*, durante três dias de *shows* e que se tornou um momento simbólico do movimento *hippie*.

A música tornou-se importante veículo de protesto. Os meios de comunicação, a indústria fonográfica e os grandes *shows* e festivais garantiam acesso a cantores e bandas do mundo todo. Grupos de *rock* como The Beatles, The Rolling Stones, The Doors e músicos como Jimi Hendrix, Janis Joplin, Joan Baez e Bob Dylan traduziam os anseios dos jovens.

O *American way of life*

Nos anos 1950, os Estados Unidos passaram por um *boom* (explosão) de desenvolvimento econômico, possibilitando aos estadunidenses um elevado padrão de vida, com o consumo maciço de produtos como automóveis e eletrodomésticos.

Os valores do modo de vida estadunidense, ou **American way of life**, foram difundidos em todo o mundo capitalista por meio de intensa propaganda. Colaboraram para isso o cinema e, mais tarde, a televisão.

Entretanto, tamanha riqueza não resultou na melhoria da qualidade de vida de todos os estadunidenses. A população afrodescendente, por exemplo, precisou realizar inúmeras mobilizações ao longo da segunda metade do século XX para ter acesso aos direitos civis e tornar o racismo um crime federal.

Propaganda estadunidense divulgando um rádio que pode ser usado com baterias ou ligado na rede elétrica. Os detalhes da imagem mostram o uso dentro e fora de casa. Foto de 1951.

TRABALHANDO COM DOCUMENTOS

A foto à esquerda ilustrou, na década de 1970, um anúncio publicitário de uma famosa marca de calças *jeans*. Assim como a escultura à direita, esta foto também é um documento.

Na foto, parte de propaganda de famosa marca de calças *jeans*, produzida por uma agência de publicidade de Nova York na década de 1970.

Davi (1501-1504), estátua em mármore, de Michelangelo.

1▸ Descreva, em seu caderno, a imagem do anúncio publicitário. Em seu registro, identifique a diferença entre ela e a famosa obra de arte.

2▸ Quais sensações o anúncio desperta em você?

3▸ Qual é o público-alvo do anúncio? Na década de 1970, quais valores eram associados a esse público?

4▸ A imagem do anúncio nega ou reforça esses valores? Justifique sua resposta.

Mapeando saberes

ATENÇÃO A ESTES ITENS

LESTE × OESTE NA GUERRA FRIA

- Após a Segunda Guerra, aumentou a rivalidade entre os países capitalistas e socialistas. Os EUA procuravam conter o avanço do comunismo por meio da Doutrina Truman e do Plano Marshall. Já a URSS firmou sua hegemonia no Leste Europeu, apoiando a criação de regimes socialistas. Iniciou-se uma corrida armamentista e alianças militares entre os blocos: a Otan, que reunia os países capitalistas, e o Pacto de Varsóvia, que agregava os socialistas.

REVOLUÇÃO CHINESA, GUERRAS DA COREIA E DO VIETNÃ, MACARTHISMO E O *AMERICAN WAY OF LIFE*

- Em 1949, comunistas liderados por Mao Tsé-tung derrubaram o governo capitalista de Chiang Kai-shek na Revolução Chinesa. No ano seguinte, a Coreia do Norte (socialista) invadiu a Coreia do Sul (capitalista). China e URSS apoiaram os norte-coreanos, enquanto os EUA apoiaram a Coreia do Sul. A Guerra da Coreia (1950-1953) quase se tornou um conflito nuclear e deixou milhões de mortos. Em 1956, guerrilheiros comunistas do Vietnã do Sul (os *vietcongs*) iniciaram uma luta para derrubar o governo capitalista de seu país, a fim de se unir ao Vietnã do Norte, comunista. Os EUA enviaram armas e dinheiro para combatê-los, mas só se envolveram plenamente no conflito em 1964. A Guerra do Vietnã se estendeu até 1975, provocando milhões de mortes e a derrota dos capitalistas. Nos anos 1950, o consumo de bens industrializados aumentou abruptamente nos EUA, criando um estilo de vida consumista (o *American way of life*) que se impôs em todo o mundo capitalista. Nessa mesma época, teve início o macarthismo (ou caça e repressão aos comunistas e possíveis simpatizantes).

A COEXISTÊNCIA PACÍFICA, O MURO DE BERLIM, A CRISE DOS MÍSSEIS E OS ANOS 1960

- Em 1953, com a morte de Stalin, Nikita Kruschev assumiu o poder da URSS e iniciou o processo de desestalinização do país. Também remodelou as relações com os EUA, inaugurando um período de coexistência pacífica. No entanto, perduraram conflitos e tensões entre os dois blocos, simbolizados pela construção do Muro de Berlim (1961). A China, contrária à flexibilização do regime, rompeu com a URSS. Nos anos 1960, movimentos de contestação eclodiram em todo o mundo. Nos EUA, *hippies* propuseram a criação de sociedades alternativas, o movimento negro lutou pelos direitos civis e diferentes grupos protestaram contra a guerra no Vietnã. Na França, estudantes e trabalhadores questionaram a ordem vigente nos protestos de maio de 1968. Na Tchecoslováquia, o movimento conhecido como Primavera de Praga contestou o regime socialista, sendo violentamente reprimido pelo Pacto de Varsóvia.

POR QUÊ?

- Durante a Guerra Fria, a iminência de conflitos nucleares levou ao amadurecimento de organismos multilaterais (como a ONU) e de políticas de alianças internacionais que influenciam até hoje a ordem mundial.

- Embora o confronto da Guerra Fria entre comunistas e socialistas tenha terminado, o mundo continua marcado por outras polarizações. A juventude dos anos 1960 inspira até hoje movimentos sociais, políticos e culturais.

UNIDADE 3 • O mundo da Guerra Fria e da descolonização

ATIVIDADES

Retome

1. Desenvolva um texto sobre a Guerra Fria, relacionando os termos Doutrina Truman, corrida armamentista, Otan e Pacto de Varsóvia.

2. Compare o processo revolucionário da China com a Revolução Russa de 1917 e responda: Qual grupo social foi o principal protagonista do processo revolucionário em cada um dos países?

3. Identifique as semelhanças entre as guerras da Coreia e do Vietnã.

4. Explique com suas palavras o que foi a coexistência pacífica. Ela significou a pacificação das relações entre os blocos socialista e capitalista? Justifique sua resposta.

5. Comente a importância das lutas sociais das décadas de 1960 e 1970 para a construção da democracia e para a experiência da cidadania no mundo contemporâneo.

Pesquise

6. Faça um levantamento de notícias em jornais, revistas e na internet sobre a Coreia do Sul e a Coreia do Norte. Procure informações a respeito da atual organização política desses países, dos conflitos que aconteceram na região e das medidas de aproximação e pacificação. Em seguida, compare as informações encontradas e elabore um texto indicando as fontes pesquisadas.

Reflita

7. As imagens reproduzidas a seguir são de cédulas emitidas pouco mais de uma década depois da revolução comunista na China.

Face de cédula de 10 yuans, emitida em 1965.

Frente e verso de cédula de 1 yuan, emitida em 1960.

a) Que tipo de imagem costuma ilustrar as cédulas do Brasil ou de outros países?

b) Quais imagens você identifica nas cédulas acima? Levante hipóteses para explicar por que o governo da República Popular da China escolheu justamente essas imagens para ilustrar a moeda do novo país.

Autoavaliação

1. Quais atividades você considerou mais fáceis e mais difíceis? Por quê?
2. Em quais atividades você utilizou o texto do capítulo como base para sua resposta?
3. Algum ponto do capítulo não ficou muito claro para você? Qual?
4. Você compreendeu o esquema *Mapeando saberes*? Explique.
5. Você saberia apontar exemplos da atualidade considerando o que aprendeu no item *Por quê?* do *Mapeando saberes*?
6. Como você avalia sua compreensão dos assuntos tratados neste capítulo?
   - **Excelente**: não tive nenhuma dificuldade.
   - **Boa**: tive algumas dificuldades, mas consegui resolvê-las.
   - **Regular**: foi difícil compreender certos conceitos e resolver as atividades.
   - **Ruim**: tive muitas dificuldades, tanto no conteúdo quanto na realização das atividades.

PROJETO 2º SEMESTRE — Abertura

Simulação

Assembleia Geral da Organização das Nações Unidas (ONU): as Coreias e a ordem geopolítica da Guerra Fria

A proposta deste projeto é que o professor e os alunos se organizem para realizar um debate público sobre um tema internacional: a Guerra da Coreia, ocorrida entre 1950 e 1953. Ou seja, os alunos farão uma simulação de uma reunião da Assembleia Geral da Organização das Nações Unidas (ONU).

Importante esclarecer que essa reunião contará com espectadores. Por isso a organização do evento deverá ocorrer de modo a permitir a participação da comunidade escolar e/ou a do bairro onde se localiza a escola.

A simulação é uma ferramenta educativa utilizada para promover o debate, a argumentação e a capacidade de resolução de problemas. Durante uma simulação, os alunos devem representar um país e/ou uma proposta política e utilizar o diálogo e a argumentação para resolver um problema em comum.

Para isso, é importante entender detalhadamente o problema tratado: seu contexto histórico-geográfico, suas características, o posicionamento político dos países envolvidos, as motivações que causaram a situação, etc. Ao representar o país para o qual foi selecionada, cada delegação deverá ser capaz de articular ideias e argumentos de forma clara e consistente.

Nessa simulação, o contexto estudado será o da Guerra Fria. Cada dupla de alunos deverá representar um país em um debate internacional do Conselho de Segurança das Nações Unidas deste período, defendendo a agenda estabelecida pela nação.

O assunto a ser discutido é a crise política instalada após a invasão da Coreia do Sul pela Coreia do Norte com o apoio e o suporte da China e da União Soviética. A invasão iniciou o conflito conhecido como Guerra da Coreia.

Conhecendo o tema

A Guerra Fria é considerada um período de forte divergência ideológica entre as duas superpotências vencedoras da Segunda Guerra Mundial, Estados Unidos e União Soviética, que se utilizavam de meios econômicos, políticos, militares, culturais e ideológicos para conquistar maior influência no cenário global. A corrida armamentista – que contava com armas nucleares – e a ideia de "destruição mútua assegurada" (em inglês MAD - *Mutually Assured Destruction*) foram marcos importantes desse contexto.

Embora sem conflito militar direto entre os Estados Unidos e a União Soviética, as duas potências se enfrentaram em diversas disputas territoriais durante o período, utilizando a força bélica para aumentar sua esfera de influência. Uma dessas disputas foi a chamada Guerra da Coreia.

A Guerra da Coreia

Desde o final da Segunda Guerra Mundial, as discussões sobre a ocupação da península coreana foram intensas. O território, ao longo do período imperialista, tinha sido dominado por forças estrangeiras, sobretudo pelo Japão. Após a derrota das forças nipônicas na Segunda

Guerra Mundial, chegou-se ao consenso de que a metade acima do paralelo 38° seria ocupada por forças soviéticas, enquanto a metade inferior seria administrada pelos estadunidenses. Reveja o mapa da página 138, que mostra a divisão entre Coreia do Norte e Coreia do Sul.

A Coreia havia se tornado um ponto decisivo na disputa de influência entre os estadunidenses e os soviéticos no Leste Asiático. Com a China sob influência comunista e o Japão sob o desenvolvimentismo estadunidense, a península era um importante ponto de disputa ideológica, e o resultado do conflito parecia ditar o rumo da Guerra Fria.

As resoluções 82 e 83 do Conselho de Segurança das Nações Unidas denunciaram a invasão da Coreia do Sul pela Coreia do Norte. Embora tecnicamente nenhuma declaração de paz tenha sido redigida, houve um armistício em 1953.

Momento da histórica votação do Conselho de Segurança da ONU, em 27 de junho de 1950, que autorizou a intervenção militar na Coreia do Norte. Até os dias de hoje essa decisão é motivo de controvérsia entre os estudiosos do período, devido à suposta desobediência de procedimentos jurídicos da ONU que seriam obrigatórios na época.

Planejamento

Oriente os alunos e os debatedores a indicar soluções para o cenário exposto.

A organização da simulação deve seguir alguns passos específicos.

1. O professor deverá dividir a sala em delegações nacionais compostas de duas pessoas. Cada dupla representará um país durante os debates. Devem ser selecionadas delegações para a Coreia do Sul, a Coreia do Norte, a China, os EUA e a URSS. É recomendável que haja representantes para nações importantes do mundo, como o Reino Unido, a França e o Japão.

2. Estabeleçam uma delegação para o Brasil a fim de que o país também se posicione nesse contexto histórico.

3. Após escolherem as representações nacionais específicas, é preciso que cada delegação redija seu *Documento de Posição Oficial* (DPO) explicitando aos outros debatedores a posição oficial do país que representa nas discussões sobre o conflito. Para isso, as delegações devem pesquisar o posicionamento que o país adotava durante a Guerra Fria.

4. Selecionem com o professor e a coordenação da escola o dia e o local em que o debate será realizado. É necessário que haja assentos dispostos em círculo para que os interlocutores das delegações possam interagir de forma mais fácil e direta, tornando o debate mais fluido.

5. Estabeleçam quem será o público espectador do debate e quais as formas mais eficientes de convidá-lo com antecedência e sensibilizá-lo para a discussão do tema.

6. Por fim, decidam as questões logísticas do dia do debate: a forma de acomodação dos espectadores, o tempo de fala de cada delegação, a utilização de indicadores (como placas) com as bandeiras dos países, entre outros.

Dicas de pesquisa

Para facilitar sua pesquisa, indicamos alguns *sites* que abordam os temas Guerra Fria e Guerra da Coreia.

DA COSTA, Celiane Ferreira. *O posicionamento do Brasil na Guerra da Coreia (1950-1953)*. Disponível em: <www.snh2017.anpuh.org/resources/anais/54/1502808038_ARQUIVO_OBrasilnaGuerradaCoreia-CelianeFerreiradaCosta.pdf>. Acesso em: 5 nov. 2018.

GUERRA da Coreia. Disponível em: <https://acervo.estadao.com.br/noticias/topicos,guerra-da-coreia,878,0.htm>. Acesso em: 5 nov. 2018.

MANNARINO, Giovanni; DOURADO, Lauter. A China e a Guerra da Coreia (1950-1953). Disponível em: <http://www.historia.uff.br/nec/sites/default/files/A_China_e_a_Guerra_da_Coreia_1950-1953.pdf>. Acesso em: 5 nov. 2018.

MARTINS, Marco Antônio. *As duas Coreias*: zona crítica de tensão internacional. Disponível em: <http://janusonline.pt/arquivo/popups2011_2012/2011_2012_2_13.pdf>. Acesso em: 5 nov. 2018.

MELLO E SILVA, Alexandra de. *A política externa no cenário da Guerra Fria*. Disponível em: <https://cpdoc.fgv.br/producao/dossies/JK/artigos/PoliticaExterna/CenarioGuerraFria>. Acesso em: 5 nov. 2018.

VIZENTINI, Paulo G. Fagundes. A Coreia e as grandes potências: Estados Unidos, China, Rússia e Japão. p. 175-198. In: GUIMARÃES, Samuel Pinheiro. *Coreia*: visões brasileiras. Disponível em: <http://funag.gov.br/loja/download/184-Coreia_Visoes_Brasileiras.pdf>. Acesso em: 5 nov. 2018.

CAPÍTULO 9

Brasil: da democracia à ditadura

Edição do *Jornal da Tarde*, de São Paulo, que teve colunas de receitas publicadas no lugar de matérias censuradas em 1973.

Em 1945, como vimos, Getúlio Vargas foi afastado do poder e o processo democrático foi restaurado no Brasil.

Nesse contexto, surgiram diferentes propostas políticas para o país. Uma, de cunho **nacionalista**, defendia um Estado forte e independente, com restrições ao capital estrangeiro. Outra, de cunho **liberal**, defendia o vínculo com o capitalismo internacional, a abertura aos produtos e capitais estrangeiros e maior aproximação com os EUA.

Uma corrente minoritária, de tendência **comunista**, propunha maior participação do Estado na vida nacional, conforme queriam os nacionalistas. Entretanto, rejeitava a manutenção das antigas estruturas sociais e políticas e defendia uma aproximação com o bloco liderado pela URSS.

Entre 1946 e 1964, as propostas nacionalistas e liberais se alternaram nos governos democráticos. A partir de 1964, sob o pretexto de livrar o país da "ameaça comunista", a democracia foi revogada, e o Brasil conheceu mais uma ditadura.

> **Para começar**
>
> A imagem apresenta uma página de jornal que noticia a renúncia de um ministro. Receitas de doces integram o texto.
>
> 1. Você estranharia encontrar uma receita no meio de uma notícia política?
> 2. Levante hipóteses que expliquem o motivo de essas receitas terem sido publicadas em um jornal brasileiro em 1973.

UNIDADE 3 • O mundo da Guerra Fria e da descolonização

1 Governos democráticos entre 1946 e 1964

A partir da década de 1950, o Brasil viveu um intenso crescimento urbano e industrial, e os meios de comunicação e de transporte se modernizaram. As transmissões de televisão começaram em 1950, com a TV Tupi, de São Paulo, e, desde então, a importância desse veículo se tornou cada vez maior.

No contexto da Guerra Fria, o Brasil aproximou-se dos Estados Unidos, o que tornou predominante a divulgação propagandística do *American way of life* (modo de vida americano) no país.

LINHA DO TEMPO

◁ Walter Foster e Vida Alves em cena da primeira novela da TV brasileira, *Sua vida me pertence*, da TV Tupi. São Paulo, 1951.

1946-1951
Governo Gaspar Dutra

1951-1954
Governo Getúlio Vargas

1956-1961
Governo Juscelino Kubitschek

1961
Governo Jânio Quadros

1961-1964
Governo João Goulart

1964
Golpe militar com apoio civil

1968
Ato Institucional nº 5 (AI-5)

1978
Revogação do AI-5

1981
Atentado do Riocentro

1985
Redemocratização; Nova República

1988
Constituição

Democracia 1946-1964
Ditadura civil-militar 1964-1985
Redemocratização

Eurico Gaspar Dutra (1946-1951)

Logo no início do governo Dutra, a **Assembleia Nacional Constituinte** elaborou uma nova Constituição, promulgada ainda em 1946.

Dutra assumiu uma orientação **liberal**, restringindo a ação do Estado a áreas fundamentais, definidas no **Plano Salte** (abreviatura de Saúde, Alimentação, Transporte e Energia). Também facilitou a entrada de capital estrangeiro, especialmente o estadunidense. Em 1947, rompeu relações com a União Soviética e decretou a ilegalidade do Partido Comunista Brasileiro (PCB), cassando o mandato de parlamentares eleitos por essa legenda.

Getúlio Vargas (1951-1954)

Em seu governo democrático, Vargas assumiu uma postura nacionalista e intervencionista.

Para incentivar a indústria nacional, restringiu importações e investimentos estrangeiros e fundou o **Banco Nacional de Desenvolvimento Econômico (BNDE)** em 1952. No ano seguinte, criou a **Petrobras**, estatal que detinha o monopólio da exploração e do refino do petróleo no Brasil. Vargas também dobrou o valor do salário mínimo, conquistando ainda mais o apoio dos trabalhadores.

Linha do tempo esquemática. O espaço entre as datas não é proporcional ao intervalo de tempo.

Essas medidas aumentaram a oposição dos liberais da União Democrática Nacional (UDN), de oficiais das Forças Armadas e de empresários ligados ao capital estrangeiro.

Em 5 de agosto de 1954, o jornalista Carlos Lacerda, principal oponente de Vargas, sofreu um atentado. Pessoas próximas ao presidente foram acusadas de envolvimento no caso, o que provocou uma grande campanha por sua renúncia. Pressionado, Vargas suicidou-se em 24 de agosto de 1954, causando comoção popular em todo o país.

Após a morte de Vargas, seu vice, Café Filho, ficou na presidência, mas afastou-se do poder por motivos de saúde e foi sucedido por Carlos Luz, presidente da Câmara, e depois por Nereu Ramos, presidente do Senado.

Café Filho (1954-1955)

Carlos Luz (1955)

Nereu Ramos (1955-1956)

> **Minha biblioteca**
>
> **De Getúlio a Getúlio: o Brasil de Dutra e Vargas, 1945 a 1954**, de Francisco Fernando Monteoliva Doratioto e José Dantas Filho, editora Atual, 1991. Por meio de letras de música, da literatura de cordel e dos relatos do jornalista Samuel Wainer, o livro trata dos governos Dutra e Vargas.

Juscelino Kubitschek (1956-1961)

Juscelino (coligação PSD-PTB) venceu as eleições de 1955. Seu vice, João Goulart, foi ex-ministro do Trabalho de Vargas.

O governo de JK (como era conhecido Juscelino Kubitschek) foi marcado pelo desenvolvimentismo. Sob o lema de seu programa de governo "**50 anos de progresso em 5 anos de realizações**", ele estabeleceu um **Plano de Metas** que priorizava os setores de energia, indústria, educação, transporte e alimentos. Para alcançar essas metas, favoreceu a entrada de capitais e de empresas transnacionais no país.

Essa política resultou na instalação de fábricas (de caminhões, tratores, automóveis, produtos farmacêuticos e cigarros), na construção de usinas hidrelétricas (Furnas e Três Marias) e na pavimentação de milhares de quilômetros de estradas. Mas a maior obra do governo JK foi a **construção de Brasília**.

Contudo, os empréstimos tomados de instituições estrangeiras deixaram o país em uma séria crise financeira, com a inflação chegando a 25% em 1960.

Jânio Quadros (1961)

Nas eleições de 1960, o candidato apoiado pela UDN, Jânio Quadros, foi eleito presidente, e João Goulart (PSD-PTB) foi eleito vice. Naquela época, presidente e vice eram votados separadamente e por isso poderiam vencer candidatos de chapas diferentes. Usando uma vassoura como símbolo de campanha, Jânio prometeu "**limpar**" a vida política nacional e combater a corrupção.

Tomou uma série de medidas impopulares, cortando gastos do governo e congelando os salários dos trabalhadores. A fim de ampliar mercados, reatou relações com países socialistas, desagradando seu próprio partido.

Após sete meses de governo, renunciou ao cargo, em uma manobra política fracassada. Jânio contava com a rejeição a seu vice, que era visto como associado às causas trabalhistas e ao comunismo. Por isso esperava que a população e o Congresso Nacional rejeitassem sua renúncia. Então, exigiria plenos poderes para continuar na Presidência. A renúncia, porém, foi aceita imediatamente e nenhum grupo propôs sua permanência no poder.

João Goulart (1961-1964)

Alguns militares e políticos da UDN tentaram impedir a posse de João Goulart (ou Jango, como era conhecido). Jango só assumiu após uma alteração da Constituição que implantou o parlamentarismo no país. Com isso, os poderes do presidente foram transferidos para o primeiro-ministro, a ser escolhido pelo Congresso Nacional.

No ano de 1963, os brasileiros decidiram, em plebiscito, pela restauração do regime presidencialista.

2 O golpe de 1964

Durante o governo de João Goulart, a situação econômica do país se agravou. Em 1963 a inflação chegou aos 80%, o que afetou gravemente o poder aquisitivo dos trabalhadores. Para contê-la, o governo lançou o **Plano Trienal**, que teve efeitos mínimos.

As pressões populares cresceram, levando Jango a defender amplas reformas nos setores agrário, administrativo, fiscal e bancário. Conhecidas como **reformas de base**, essas medidas foram vistas pelos seus opositores como ameaçadoras da ordem liberal vigente.

Do conjunto de propostas, três ajudam a entender os interesses que estavam ameaçados:
- a criação da Superintendência Nacional do Abastecimento (Sunab), órgão do governo encarregado de controlar os preços dos produtos, interferindo nos lucros dos produtores e comerciantes;
- a proposta de reforma agrária nos latifúndios improdutivos, em troca de uma indenização aos proprietários; estes, porém, não concordavam com os valores propostos pelo governo, considerados muito baixos;
- a restrição da remessa de lucros das empresas estrangeiras para o exterior, gerando a oposição dos Estados Unidos e de grupos ligados ao capital internacional.

Diante de tantos embates, Jango aproximou-se de organizações de esquerda. Entre elas, tiveram destaque a **União Nacional dos Estudantes (UNE)** e as **Ligas Camponesas**. Ao estimular manifestações de apoio, Jango provocou crescente temor em seus adversários.

Em 13 de março de 1964, no chamado Comício da Central, realizado em frente à estação ferroviária Central do Brasil, no Rio de Janeiro, o presidente prometeu às entidades de trabalhadores e estudantes ali presentes que aprofundaria as reformas. Em resposta, os conservadores organizaram uma grande passeata em São Paulo, chamada **Marcha da Família com Deus pela Liberdade**. Dela participaram setores da Igreja e do empresariado, que se opunham às propostas de Jango por acreditarem que elas transformariam o Brasil em um país comunista.

A sociedade brasileira se dividia entre apoiadores e opositores de Jango quando, em 31 de março, oficiais do alto escalão do Exército rebelaram-se contra seu governo. Apoiados por vários governadores, como Magalhães Pinto (MG), Carlos Lacerda (RJ) e Adhemar de Barros (SP), os militares depuseram o presidente. Era o início da ditadura comandada pelos militares.

> **Parlamentarismo:** sistema político em que o chefe de governo é o primeiro-ministro, eleito pelo Parlamento, e não o presidente.

> **Plebiscito:** consulta popular sobre questão de grande interesse político ou social, em que os cidadãos se manifestam votando sim ou não.

Os governos civis-militares

1964-1967
Ditadura de Castelo Branco

1967-1969
Ditadura de Costa e Silva

1969-1974
Ditadura de Médici
Construção da Transamazônica

1974-1979
Ditadura de Geisel
Revogação do AI-5

1979-1985
Ditadura de Figueiredo

1985
Retorno da democracia

Mais de 250 mil pessoas foram ao Comício da Central pelas reformas de base, em 13 de março de 1964. Esse evento foi considerado o estopim para as Forças Armadas, que, junto com grupos conservadores, articularam a deposição do presidente João Goulart.

3 Os Anos de Chumbo

O golpe de 1964 deu início a uma série de governos militares autoritários, que perduraram até 1985. Durante esse período, houve uma progressiva anulação das liberdades democráticas. Com poderes concentrados no Executivo, limitou-se a atuação do Legislativo e do Judiciário, transformados em poderes submissos. Os governos estaduais e municipais também perderam autonomia, passando a simples executores das decisões federais.

Na área econômica, os governos militares promoveram a abertura do mercado ao capital e às empresas estrangeiras, ampliando a internacionalização da economia. O processo foi acompanhado de estabilização financeira e crescimento econômico, sobretudo entre 1970 e 1973. Graças às altas taxas de crescimento, esses anos ficaram conhecidos como **milagre econômico**. Para legitimar seu poder, os militares criaram um eficiente serviço de propaganda, buscando despertar o patriotismo da população com *slogans* como "Este é um país que vai pra frente", "Ninguém segura este país", "Brasil, potência do ano 2000" e "Brasil, ame-o ou deixe-o".

Ao mesmo tempo, instauraram um violento sistema de **repressão**. Os protestos e quaisquer outras manifestações contrárias ao governo eram vistos como ameaça à segurança nacional, sendo duramente reprimidos. Muitos opositores foram presos, exilados ou mortos por autoridades policiais e militares.

Após a deposição do presidente João Goulart, uma junta militar decretou o **Ato Institucional nº 1 (AI-1)**, que garantia ao Executivo amplos poderes, como cassar mandatos, suspender direitos políticos, aposentar funcionários civis e militares e decretar estado de sítio sem autorização do Congresso. Em seguida, o marechal Humberto de Alencar Castelo Branco foi indicado à Presidência.

Tanque nas ruas do Rio de Janeiro em abril de 1964.

O governo Castelo Branco (1964-1967)

Castelo Branco autorizou inúmeras prisões, interviu em sindicatos e organizações populares e cassou direitos políticos de opositores. Também fechou o Congresso Nacional e criou o **Serviço Nacional de Informações** (**SNI**), órgão que passou a vigiar a vida pública e privada dos que eram vistos como inimigos do governo.

Decretou o **Ato Institucional nº 2** (**AI-2**), que estabeleceu eleições indiretas para a Presidência da República e extinguiu os partidos políticos existentes, reunindo-os em duas novas legendas: a **Aliança Renovadora Nacional** (**Arena**), aliada da ditadura, e o **Movimento Democrático Brasileiro** (**MDB**), de oposição.

O **AI-3** determinou a eleição indireta dos governadores dos Estados, e o **AI-4** orientou a elaboração da nova Constituição, outorgada em janeiro de 1967. A Carta incorporava os atos institucionais e atribuía hegemonia política ao Executivo.

Em 1967, a Lei da Imprensa instaurou a censura aos veículos de comunicação no país.

Castelo Branco (à frente) durante comemorações de 1º de maio na cidade de São Paulo. Foto de 1964.

O governo Costa e Silva (1967-1969)

O marechal Artur da Costa e Silva, escolhido pelos militares para suceder Castelo Branco, enfrentou vários protestos de rua contra a ditadura. Em resposta, ele fechou o Congresso Nacional e decretou o **Ato Institucional nº 5** (**AI-5**), a mais rigorosa de todas as leis da ditadura.

Foram suspensas todas e quaisquer garantias constitucionais, o que impulsionou parcelas da oposição à **luta armada**, com assaltos a bancos, sequestros e atentados, nos quais se exigia a libertação de presos políticos e se arrecadavam fundos para o movimento. Muitos membros da luta armada foram rapidamente presos, mortos ou exilados, e quase todos submetidos a tortura.

Em 1969, o presidente Costa e Silva sofreu um derrame, sendo substituído pelo general Emílio Garrastazu Médici.

> **De olho na tela**
>
> **Batismo de sangue.** Direção: Elvécio Ratton. Brasil, 2007. Filme baseado nos relatos de Frei Betto, conta a história dos frades dominicanos que abrigaram, em seu convento, o grupo da Aliança Libertadora Nacional (ALN), liderado por Marighella.
>
> **Tempo de resistência.** Direção: Andre Ristum. Brasil, 2004. O documentário traz relatos sobre a guerrilha contra a ditadura civil-militar nos anos 1960 e início dos anos 1970, do ponto de vista de seus integrantes.

Protesto contra repressão e censura realizado na cidade de São Paulo em 1968.

O governo Médici (1969-1974)

No governo de Médici, o Brasil viveu o chamado **milagre econômico**. Porém, os excelentes índices de crescimento foram alcançados à custa do endividamento do país e do empobrecimento crescente da população. Com o lema "É preciso fazer crescer o bolo para depois dividi-lo", o governo justificava as políticas que promoviam o crescimento, mas concentravam a renda. Mesmo assim, o desenvolvimento econômico e a propaganda governamental trouxeram o apoio da classe média ao governo.

A conquista do tricampeonato na Copa do Mundo de Futebol de 1970 foi amplamente utilizada pela ditadura, que procurou associá-la também aos militares.

O presidente eleito indiretamente para substituir Médici foi o general Ernesto Geisel.

Na foto, de junho de 1970, Pelé levanta a taça de campeão mundial de futebol ao lado do presidente Médici, em evento ocorrido em Brasília (DF).

O governo Geisel (1974-1979)

O governo Geisel foi marcado por forte crise econômica, provocada pelo aumento da dívida externa. Isso fortaleceu o crescimento da oposição, dando início a um processo de abertura política, lenta e gradual, que levaria à redemocratização do país.

Para tanto, o presidente afastou os militares que se opunham à medida, chamados de **linha dura**. Antes do término de seu mandato, Geisel revogou o AI-5 e determinou a extinção da censura no Brasil. Para substituí-lo, foi escolhido o general João Batista Figueiredo.

Comício do Movimento Democrático Brasileiro (MDB), em que se vê faixa com trecho de música censurada de Chico Buarque de Holanda ("Apesar de você"). Santa Maria (RS), 1974.

O governo Figueiredo (1979-1985)

Dando sequência ao processo de abertura política, Figueiredo aprovou, em 1979, a **Lei da Anistia**. A partir daquele ano, muitos presos políticos foram libertados e vários brasileiros exilados começaram a retornar ao país.

Uma reforma partidária extinguiu a Arena e o MDB e autorizou a formação de novos partidos políticos. A Arena transformou-se no Partido Democrático Social (PDS), o MDB deu lugar ao Partido do Movimento Democrático Brasileiro (PMDB) e inúmeras legendas surgiram, como o Partido dos Trabalhadores (PT), o Partido Democrático Trabalhista (PDT), o Partido Trabalhista Brasileiro (PTB), entre outros.

Em 1982, foram realizadas eleições diretas para governadores, as primeiras desde 1967. O PDS venceu em 12 estados, e a oposição, em dez. No Legislativo, o governo deixou de ter a maioria na Câmara dos Deputados.

Figueiredo reúne o Conselho de Segurança Nacional em Brasília para apresentar o projeto da Lei da Anistia. Foto de 1979.

Aspectos econômicos

Nos governos militares, o Brasil alinhou-se completamente aos Estados Unidos e criou facilidades para a entrada do capital estrangeiro. À custa de empréstimos externos, foram realizadas grandes obras públicas, como a construção da rodovia Transamazônica, as usinas hidrelétricas de Tucuruí e de Itaipu e as usinas nucleares de Angra 1 e 2, entre outras.

O empréstimo de capital estrangeiro levou ao aumento da dívida externa, com o pagamento de juros altíssimos. Enquanto o país conquistava a posição de décima economia mundial, a qualidade de vida de boa parte de sua população continuava em níveis baixíssimos.

Parte desse quadro foi agravada pela alta dos preços do petróleo em 1973, desencadeando uma crise internacional e trazendo sérios problemas para o Brasil, que importava, aproximadamente, 80% do petróleo e derivados que consumia. Para contornar a situação, o governo Geisel estimulou o desenvolvimento do **Programa Nacional do Álcool (Pró-Álcool)**, cujo objetivo era promover a utilização de uma fonte de energia alternativa ao petróleo.

No governo Figueiredo, a inflação ultrapassava a casa dos 250% ao ano. Greves e agitações políticas ocorriam por toda parte.

Minha biblioteca

Brasil: nunca mais, de Dom Paulo Evaristo Arns, editora Vozes, 2011. Fruto de sigilosa investigação, o livro traz revelações da repressão política que se abateu sobre milhares de brasileiros.

4 Cultura e política nos tempos da ditadura

Durante a ditadura civil-militar, cresceu a influência da televisão, que se tornou o mais importante meio de comunicação do país. Em 1969, foram realizadas as primeiras transmissões internacionais via satélite e, em 1972, as primeiras transmissões em cores – antes, elas eram somente em preto e branco. No início dos anos 1980, havia mais de 120 emissoras no Brasil, dominadas por poucos grupos concentrados no eixo Rio-São Paulo.

Enquanto isso, a imprensa foi submetida a forte censura. Nas redações de jornais e revistas, era constante a presença de funcionários do governo – os censores – para controlar o que seria publicado. Periódicos paulistanos, como o *Jornal da Tarde* e *O Estado de S. Paulo,* chegaram a estampar receitas de bolo e poemas em suas primeiras páginas para substituir as notícias proibidas. Era uma forma de protesto.

A resistência à ditadura irradiou-se para diversos setores da sociedade brasileira, manifestando-se nos mais variados movimentos culturais, como no teatro, na literatura, no cinema e na música. Essas produções eram sempre alvos da censura e seus idealizadores foram ameaçados e, em alguns casos, presos. Os protestos e a não aceitação da ordem ditatorial transformaram-se em temas de várias canções, peças teatrais, filmes e produções literárias dos anos 1960 aos anos 1980, a despeito do governo militar.

O censor Nilo Ferreira (ao fundo) faz o trabalho de vigilância em São Paulo, em 1973, na sede do jornal *O Estado de S. Paulo*. Manifestações artísticas e veículos de comunicação ficaram sob o domínio governamental da censura. Só podiam publicar ou realizar o que a ditadura aceitava e determinava, segundo censura prévia.

A resistência indígena e negra frente à ditadura

Durante os anos de ditadura no Brasil, diversos grupos sofreram as consequências das políticas autoritárias e da repressão exercidas pelo governo, incluindo sindicatos, movimentos estudantis, artísticos e intelectuais, além de indígenas e negros.

Indígenas

Muitas das grandes obras públicas do governo ditatorial, como estradas e usinas hidrelétricas, esbarraram em interesses específicos dos povos indígenas, vistos como um obstáculo ao progresso idealizado pelos militares. A construção de rodovias na região amazônica e no Nordeste brasileiro afetou dezenas de grupos indígenas devido a remoções forçadas e outras violências. Não foi diferente com relação à construção de hidrelétricas, como a de Itaipu, no rio Paraná, e a de Tucuruí, no rio Tocantins, que provocou a expulsão de centenas de comunidades dessas regiões e milhares de mortes nas aldeias.

Documentos e relatos colhidos durante as investigações recentes da **Comissão Nacional da Verdade** apontam mortos em conflitos e em remoções forçadas, crises de abastecimento, epidemias inoculadas propositalmente. Esse foi o caso no sul da Bahia [...] em que o próprio diretor do SPI estava envolvido no massacre dos Pataxós para a tomada de suas terras, produzido pela inoculação de varíola em seus membros, ou também trazidas pelos trabalhadores [...].

INDÍGENAS. *Memórias da ditadura*. Disponível em: <http://memoriasdaditadura.org.br/indigenas/index.html>. Acesso em: 28 jul. 2018.

▸ **Inoculado:** transmitido, infectado por um vírus.

Os documentos [...] mostram que, apesar de até hoje não haver uma ação ampla de reparação aos índios, militares e servidores da **Fundação Nacional do Índio** (**Funai**) admitiram em relatórios reservados que o Estado fez parte da matança de centenas de indígenas durante os anos da repressão. [...]

Mais de 40 anos depois, documentos produzidos por missionários do SIL (Summers Institute of Linguistics), uma ONG evangélica norte-americana, confirmam pelo menos 65 óbitos presenciados por um casal de missionários, Willem e Carolyn Bontkes. Os relatórios falam em "centenas" de suruí mortos em um período em que o casal não estava na região.

Trecho de construção da Rodovia Transamazônica, próximo a Altamira, no Pará. Foto de 1972.

FILGUEIRA, Ary. Massacre de índios pela ditadura militar. *Isto é*. Disponível em: <https://istoe.com.br/massacre-de-indios-pela-ditadura-militar/>. Acesso em: 28 jul. 2018.

Resistência

[...] Em abril de 1974, realizou-se em Diamantino, Mato Grosso, a primeira de dezenas de assembleias que resultaram, em 1980, na formação da **União das Nações Indígenas** (**UNI**). Foi a primeira organização indígena de caráter nacional e teve papel fundamental no processo constituinte de 1988, quando os direitos à terra e à reprodução física e cultural, segundo seus usos, costumes e tradições, foram garantidos. [...]

Nos anos 1970, o cacique xavante Mário Juruna se destacou como liderança indígena na luta por demarcação de terras. Em 1982, foi eleito deputado federal pelo Partido Democrático Trabalhista (PDT). No Congresso, pediu a volta dos militares aos quartéis e a entrega da direção da Funai aos índios. Ajudou a criar a comissão permanente de assuntos indígenas no Congresso.

INDÍGENAS. *Memórias da ditadura*. Disponível em: <http://memoriasdaditadura.org.br/indigenas/index.html>. Acesso em: 20 jul. 2018.

Negros

Os movimentos negros durante o período da ditadura tiveram inspiração nas lutas contra o racismo e a segregação, em especial, nos EUA e na África do Sul.

Da mesma forma que os povos indígenas, as comunidades remanescentes de quilombos também sofreram com a apropriação de suas terras. Algumas regiões em que viviam povos quilombolas foram inundadas para a construção de usinas hidrelétricas e barragens.

Na foto, o deputado federal Mário Juruna durante entrevista em Brasília, em 1983. O cacique xavante foi o primeiro indígena eleito deputado federal no Brasil.

Valorização cultural

No campo cultural, a valorização do negro dentro da cultura brasileira começou a desenvolver um espaço próprio. As velhas teorias da mestiçagem e a ideologia da "democracia racial" começaram a ser duramente criticadas por intelectuais, artistas e agitadores culturais. No mundo acadêmico, sociólogos como Florestan Fernandes desenvolveram críticas sofisticadas e aprofundadas à ideia de "democracia racial", demonstrando como os negros foram integrados à sociedade industrial e urbana, com a manutenção de uma situação de dupla exclusão, social e racial. [...]

No samba, por exemplo, incrementou-se um processo de valorização das raízes negras e africanas, ainda que o gênero fosse símbolo de brasilidade. No final dos anos 1960 e início dos anos 1970, na explosão da "*black music*", artistas como Tim Maia e Toni Tornado colocaram em pauta explicitamente a questão da luta contra a discriminação.

No ano de 1974, na cidade de Salvador, o bloco Ilê Aiyê surgiu com a proposta de celebrar o carnaval sem esquecer o protesto contra o racismo, cantando "É o mundo negro que viemos mostrar a você".

MOVIMENTOS Negros. *Memórias da ditadura*. Disponível em: <http://memoriasdaditadura.org.br/movimentosnegros/index.html>. Acesso em: 20 jul. 2018.

Bloco Ilê Aiyê no carnaval de 2010, em Salvador, Bahia.

CONEXÕES COM A ARTE

A canção de protesto no Brasil

Como vimos, uma parcela da população brasileira não aceitou passivamente a censura e o autoritarismo do regime militar. A resistência à ditadura ocorreu tanto por meio de ações diretas (como a luta armada) quanto por meio de mensagens políticas, difundidas em produções culturais e artísticas de diversos tipos.

A música foi, sem dúvida, a manifestação artística que teve maior alcance junto à sociedade brasileira, principalmente entre os jovens. As chamadas canções de protesto criticavam não só a ditadura, mas também a exploração capitalista, o imperialismo estadunidense e os problemas sociais brasileiros, estimulando a população a lutar por uma sociedade mais justa.

Nos anos 1960, a televisão começou a substituir o rádio como principal difusor musical e se tornou o veículo mais importante para a transmissão dessas mensagens. Entre 1965 e 1972, foram realizados mais de uma dezena de festivais de música popular por diferentes emissoras televisivas. Compositores e intérpretes que marcariam o cenário musical nas décadas seguintes, como Chico Buarque, Caetano Veloso, Elis Regina, Milton Nascimento, Nara Leão e Gilberto Gil, apareceram nesses festivais.

A defesa da música brasileira, como forma de resistência ao imperialismo cultural, também marcou esses eventos, nos quais defensores da Música Popular Brasileira (MPB) se opunham aos da Jovem Guarda ou iê-iê-iê, como era chamado o rock nacional de Roberto Carlos, Erasmo Carlos e Wanderleia, entre outros.

Elis Regina se apresentando no 3º Festival de Música Popular Brasileira da TV Record. Foto de 1967.

Embora também veiculassem músicas românticas ou dançantes, esses festivais ficaram marcados pelas canções engajadas. Veja dois pequenos trechos a seguir.

Ponteio

[...]

Correndo no meio do mundo,
não deixo a viola de lado.
Vou ver o tempo mudado,
e um novo lugar pra cantar.

[...]

LOBO, Edu. Ponteio. *Sérgio Mendes presents Lobo*.
A&M Records/Polydor Japan, 1970.

Pra não dizer que não falei de flores

[...]

Vem, vamos embora
que esperar não é saber.
Quem sabe faz a hora
não espera acontecer.

[...]

VANDRÉ, Geraldo. Pra não dizer que não falei de flores.
Pra não dizer que não falei de flores. Som Livre, 1979.

A canção de Edu Lobo venceu o Festival da Record de 1967. A composição de Geraldo Vandré foi premiada com o segundo lugar no Festival Internacional da Canção de 1968 (o primeiro lugar ficou com "Sabiá", de Tom Jobim e Chico Buarque). Com o decreto do AI-5, porém, os letristas tiveram de ser menos explícitos em suas letras para burlar a censura.

O público participava intensamente dos festivais da canção, torcendo pelas músicas favoritas e vaiando aquelas consideradas inapropriadas ou "alienadas". Na foto, vista geral dos artistas no palco, ao final da edição do 4º Festival da Música Popular Brasileira no teatro da TV Record, em São Paulo. Foto de 1968.

Embora o caráter contestador das canções de protesto se concentrasse em suas letras, elementos musicais como a melodia, o arranjo ou a interpretação reforçavam suas mensagens. Vamos analisar um exemplo.

1▸ Procure na internet a canção "Cálice", de Chico Buarque e Gilberto Gil, na gravação feita em 1978 por Chico Buarque e Milton Nascimento. Escute-a com atenção.

2▸ Pesquise quando a canção foi composta. Por que há divergência entre a data de composição e a de gravação?

3▸ Identifique o duplo sentido presente no refrão da letra ("Pai, afasta de mim esse cálice"). Ele seria facilmente identificável se, em vez de estar em uma letra de canção, estivesse em um poema? Justifique sua resposta.

4▸ Na gravação de Chico Buarque e Milton Nascimento, quais outros elementos musicais reforçam a mensagem veiculada pela letra?

5 A participação popular no fim da ditadura

O processo de abertura iniciado por Geisel e completado por Figueiredo ganhou grande impulso após as mortes do jornalista Vladimir Herzog, em outubro de 1975, e do operário Manuel Fiel Filho, em janeiro de 1976, ambos torturados nas dependências do II Exército, em São Paulo. A reação da sociedade diante desses casos obrigou o governo a rever as práticas de seus aparelhos repressores.

A abertura lenta e gradual, porém, não ocorreu sem reação contrária de alguns setores da sociedade civil e de militares. Bancas de jornais que vendiam publicações de oposição e entidades civis que defendiam o fim da ditadura, como a Ordem dos Advogados do Brasil, foram alvos de atentados.

Em 1978, eclodiu na região do ABC, em São Paulo, uma grande greve de metalúrgicos, liderada por Luiz Inácio da Silva, o Lula, tendo como reivindicações melhores salários e a abertura política. Apesar da repressão ao movimento, outras categorias profissionais se encorajaram a também se mobilizar pelos mesmos motivos, demonstrando um claro sinal de desgaste do poder autoritário do governo.

No final de 1983, os partidos de oposição iniciaram a campanha pela eleição direta para presidente da República. O movimento, conhecido como **Diretas Já**, mobilizou o país de norte a sul em manifestações que envolviam centenas de milhares de pessoas.

O objetivo era pressionar o Congresso a aprovar uma emenda constitucional que reinstituía as eleições diretas para presidente. A emenda, porém, foi derrotada por apenas 22 votos, em uma sessão a que vários parlamentares deixaram de comparecer.

O novo presidente foi, mais uma vez, eleito indiretamente. Dois civis concorreram à sucessão presidencial: Tancredo Neves, da Frente Liberal, que reunia tanto opositores como colaboradores da ditadura, e Paulo Maluf, do Partido Democrático Social (PDS, antigo Arena).

> **ABC:** região da Grande São Paulo formada pelos municípios de Santo André, São Bernardo e São Caetano (hoje acrescida do município de Diadema, sendo chamada, por vezes, de ABCD). Ali se instalaram, desde o final dos anos 1950, as montadoras de automóveis e indústrias do setor de autopeças pertencentes ao setor metalúrgico.

Os comícios a favor das Diretas Já encheram as praças e avenidas das grandes cidades. Ao lado, vista aérea da praça da Sé, na cidade de São Paulo (SP), em janeiro de 1984.

A vitória coube a Tancredo Neves, que acabou não assumindo. Às vésperas da posse, o presidente eleito foi hospitalizado e faleceu em 21 de abril de 1985. A presidência, então, foi ocupada por seu vice, José Sarney, um dos aliados do regime militar.

O final do governo Figueiredo e a posse de José Sarney marcaram o fim do regime militar e o início de uma nova fase na vida política brasileira, denominada **Nova República**.

Saiba mais

A Comissão Nacional da Verdade

A Comissão Nacional da Verdade (CNV) foi criada em 2011 pela então presidente Dilma Rousseff após anos de intensa pressão da sociedade e de sobreviventes, parentes e amigos de pessoas torturadas, mortas e desaparecidas durante a ditadura civil-militar. Seu objetivo era o de investigar e esclarecer os crimes cometidos entre 1946 e 1988 (período que inclui a ditadura), para que eles não caíssem no esquecimento.

A comissão trouxe à tona a memória sobre as violações dos direitos humanos expressas nas prisões arbitrárias, torturas físicas, psicológicas e assassinatos que ocorreram principalmente a partir de 1964.

Antes mesmo da CNV, muitas organizações de direitos humanos e movimentos sociais se engajaram para investigar os excessos praticados entre 1964 e 1985. A pioneira nesse sentido foi a iniciativa *Brasil: Nunca Mais*, coordenada por Dom Paulo Evaristo Arns, pelo rabino Henry Sobel e pelo pastor Jaime Wright. Iniciada em 1979, deu origem a um livro, publicado em 1985, que trouxe a análise de processos contra presos políticos, além da descrição de como as torturas eram realizadas pelos agentes da repressão.

Em maio de 2012, a Comissão Nacional da Verdade foi instalada e ouviu milhares de depoimentos de vítimas, familiares e dos acusados de praticar crimes contra os opositores do regime. Desse trabalho surgiu um relatório, entregue em sua versão final em dezembro de 2014, quando a CNV encerrou suas atividades.

Ativistas de direitos humanos e membros da Comissão Municipal da Verdade Vladimir Herzog realizam ato pelas vítimas do regime militar, em frente à antiga sede do DOI-CODI em São Paulo (SP). Foto de 2017.

Mundo virtual

Comissão Nacional da Verdade. Disponível em: <http://cnv.memoriasreveladas.gov.br/index.php>. Acesso em: 20 jul. 2018. *Site* da Comissão Nacional da Verdade, que contém documentos, fotos e um amplo acervo sobre a ação repressora durante a ditadura civil-militar no Brasil.

Memórias reveladas. Centro de Referência das lutas políticas no Brasil. Disponível em: <www.memoriasreveladas.gov.br>. Acesso em: 20 jul. 2018. Nesse portal, é possível encontrar muitos documentos relacionados à luta e à resistência contra a ditadura civil-militar no país.

TRABALHANDO COM DOCUMENTOS

Veja a seguir dois documentos históricos relacionados à ditadura civil-militar no Brasil.

O depoimento abaixo foi dado por Maria do Socorro Diógenes, ex-militante do Partido Comunista Brasileiro Revolucionário (PCBR). Ela era professora quando foi presa e torturada no Recife (PE), em 4 de abril de 1972.

A primeira coisa que fizeram foi arrancar toda a minha roupa e me jogar no chão molhado. Aí, começaram os choques em tudo quanto é lado [...] e os chutes. Uma coisa de louco.

Passei por afogamento várias vezes. Os caras me enfiavam de capuz num tanque de água suja, fedida, nojenta. Quando retiravam a minha cabeça, eu não conseguia respirar, porque aquele pano grudava no nariz. Um dos torturadores ficou tantas horas em pé em cima das minhas pernas que elas ficaram afundadas. Demorou um tempão para se recuperarem.

Meu corpo ficou todo preto de tanto chute, de tanto ser pisada. Fui para o pau de arara várias vezes. De tanta porrada, uma vez meu corpo ficou todo tremendo, eu estrebuchava no chão. [...]

Fiquei quase um mês sendo torturada diariamente. Em uma outra vez, eles simularam a minha morte. Me acordaram de madrugada, saíram me arrastando, dizendo que iam me matar. Me puseram dentro de um camburão, onde tinha corda, pá, um monte de ferramentas. Deram muitas voltas e depois pararam num lugar esquisito. Aí, soube que não iam me matar, pois me disseram que eu ia ser colocada numa solitária e que iam espalhar o boato que eu tinha morrido.

MERLINO, Tatiana; OJEDA, Igor (Org.). *Direito à memória e à verdade*: luta, substantivo feminino. São Paulo: Editora Caros Amigos, 2010. Disponível em: <www.memoriasreveladas.gov.br/administrator/components/com_simplefilemanager/uploads/5851a57ad9db10.32446106/livro_mulheres.pdf>. Acesso em: 20 jul. 2018.

A seguir, a imagem mostra o atentado no Riocentro em 30 de abril de 1981. Planejado por setores militares, a explosão deveria ocorrer no prédio do *show* político-musical. Contudo, por imperícia, a explosão ocorreu antes do previsto. Caso fosse efetivado, o atentado atingiria milhares de jovens que assistiam ao *show*.

▷ A imagem mostra os destroços do carro no estacionamento do pavilhão do Riocentro no Rio de Janeiro (RJ). Foto de 1981.

Após a leitura do texto e análise da fotografia, responda às questões.

1▸ Por que Maria do Socorro foi presa?

2▸ De acordo com o texto, quais eram as torturas utilizadas pelos militares contra os prisioneiros?

3▸ Na sua opinião, qual era a intenção dos torturadores ao humilhar e agredir os presos políticos?

4▸ Qual é a importância da revelação desses depoimentos? De que maneira eles podem ajudar na luta pela defesa dos direitos humanos no Brasil?

5▸ Como você interpreta o atentado, planejado por setores da própria ditadura: buscavam impulsionar a abertura política do presidente João Batista Figueiredo ou o contrário? Explique.

Mapeando saberes

BRASIL DE 1945 A 1964

- Duas correntes ideológicas se alternaram no governo brasileiro: uma liberal, adepta da abertura do Brasil ao mercado internacional e de sua aproximação com os EUA, dominante nos governos de Dutra (1946-1951) e JK (1956-1961); outra nacionalista, defensora de um Estado forte e de restrições ao capital estrangeiro, dominante nos governos de Vargas (1951-1954) e Jango (1961-1964). Uma terceira corrente, comunista, era favorável a um Estado forte, porém nos moldes socialistas. Representada pelo Partido Comunista Brasileiro, foi posta na ilegalidade em 1947.

ATENÇÃO A ESTES ITENS

GOLPE CIVIL-MILITAR E A DITADURA

- No contexto da Guerra Fria, a pretensa ameaça comunista representada pelas reformas de base de Jango foi o argumento utilizado para o golpe, com o apoio de parcelas do Exército e da sociedade civil. Entre 1964 e 1985, o Brasil viveu uma ditadura militar, caracterizada pela suspensão dos direitos políticos, eleição indireta de governadores e presidente, bipartidarismo, perseguição a opositores do regime e censura à imprensa. Em 1968, o AI-5 suspendeu todas as garantias constitucionais, estimulando a luta armada. Os militares abriram a economia brasileira ao capital estrangeiro e realizaram a construção de grandes obras. O resultado dessas medidas foram o endividamento externo do país e uma elevada concentração de renda.

A TRANSIÇÃO NEGOCIADA

- As crescentes críticas à violência repressiva do Estado levaram a uma abertura lenta e gradual na segunda metade da década de 1970. Em 1979, foi decretada a Lei da Anistia, e no ano seguinte foram criados novos partidos políticos. Em 1984, a campanha das Diretas Já reivindicava o voto direto nas eleições presidenciais daquele ano, mas a proposta não foi aceita pelo Congresso. Tancredo Neves, o primeiro presidente civil após 20 anos de ditadura, foi eleito indiretamente, mas morreu antes de assumir, sendo substituído por José Sarney, que deu início à chamada Nova República.

POR QUÊ?

- Os efeitos da política desenvolvimentista de JK incentivaram a abertura de estradas e a instalação da indústria automobilística no Brasil, o que ampliou o caminho para outras iniciativas no desenvolvimento industrial do país.

- A política econômica da ditadura, que provocou o aumento da dívida externa e da concentração de renda, interferiu de forma negativa na vida social e econômica brasileira durante o próprio regime militar. A crise perdurou após o fim da ditadura.

- A violenta repressão do Estado durante a ditadura, por meio de prisões arbitrárias, torturas e execuções de opositores, deixou marcas profundas na sociedade brasileira e deve ser rememorada para jamais ser repetida.

ATIVIDADES

Retome

1. Complete a tabela abaixo com as posições defendidas na década de 1940 pelos segmentos políticos indicados:

	Papel do Estado na economia	Participação do capital estrangeiro	Estrutura social e política vigente
Nacionalistas			
Liberais			
Comunistas			

2. A política adotada por Dutra aproximava-o ou distanciava-o da Doutrina Truman? Justifique a sua resposta.

3. Na época da eleição de Getúlio Vargas, uma canção popular afirmava:

> Bota o retrato do velho / bota no mesmo lugar / o sorriso do velhinho / faz a gente trabalhar.
>
> Composição de Haroldo Lobo e Marino Pinto interpretada por Francisco Alves em 1951.

Foto da campanha de Getúlio Vargas no Rio de Janeiro (RJ) para a eleição presidencial de 1950. Observe na imagem a multidão que segura o retrato de Vargas.

Examinando esses versos, explique de que maneira eles refletem a estratégia usada por Vargas para retornar ao poder.

4. Retome o governo JK e responda às questões a seguir.

   a) Como você definiria o Plano de Metas?

   b) Faça uma pesquisa em jornais e revistas sobre as medidas que os governos do seu estado ou município têm tomado em relação ao transporte. Essas medidas favorecem o uso de outros meios de transporte ou priorizam o automóvel particular? Justifique.

5. Escreva um pequeno texto analisando a importância da Comissão Nacional da Verdade para a questão dos direitos humanos e para a memória do país.

Avalie um depoimento

- Durante a reunião em que o governo militar se decidiu pela criação do AI-5, o então vice-presidente da República, Pedro Aleixo, manifestou-se com os seguintes dizeres:

> Da leitura que fiz do Ato Institucional cheguei à sincera conclusão de que o que menos se faz nele é resguardar a Constituição que no artigo primeiro se declara preservar [...]. Porque da Constituição, que antes de tudo é o instrumento de garantir os direitos da pessoa humana, de garantir os direitos políticos, não sobra nos artigos posteriores absolutamente nada que possa ser apreciável como sendo uma caracterização do regime democrático. [...] Com o ato institucional estamos [...] instituindo um processo equivalente a uma ditadura.
>
> Transcrição da gravação da reunião em que se decidiu o AI-5. Citado em: *O Estado de S. Paulo*, 7 dez. 2008, Especial, p. H3.

6. Pelos dizeres de Pedro Aleixo, você deduz que ele votou contra ou a favor do AI-5? Justifique.

7. Faça uma pesquisa sobre a Constituição de 1967 e o AI-5 em livros de História, revistas, jornais ou *sites*. Com base nessa pesquisa, responda: Em sua opinião, a avaliação de Pedro Aleixo era correta? Por quê?

Analise uma propaganda

8. Faça um pequeno texto comentando esta propaganda e sua relação com a corrente nacionalista e a política de alinhamento vigente na época no Brasil.

Propaganda de sabonete de 1951, utilizando a imagem da atriz hollywoodiana Elizabeth Taylor, disseminando novos hábitos de consumo entre as brasileiras.

Analise uma charge

9. A charge a seguir foi feita por Ziraldo na época da ditadura civil-militar. Observe-a atentamente e, depois, responda às questões.

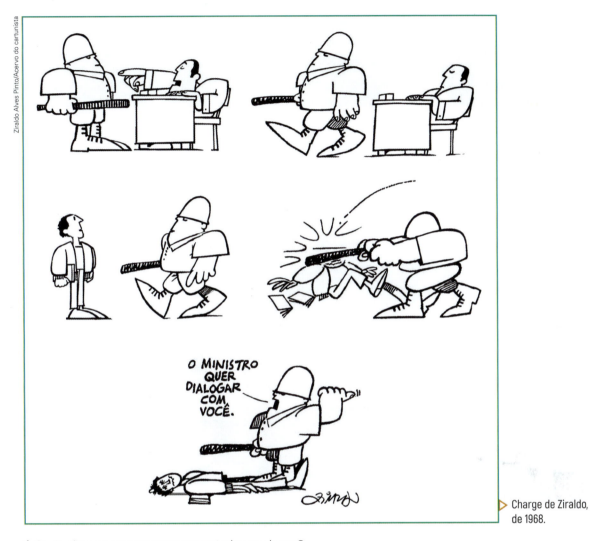

Charge de Ziraldo, de 1968.

a) Quais são os personagens representados na charge?

b) Em sua opinião, o que o autor critica nessa charge?

Autoavaliação

1. Quais atividades você considerou mais fáceis e mais difíceis? Por quê?
2. Em quais atividades você utilizou o texto do capítulo como base para sua resposta?
3. Algum ponto do capítulo não ficou muito claro para você? Qual?
4. Você compreendeu o esquema *Mapeando saberes*? Explique.
5. Você saberia apontar exemplos da atualidade considerando o que aprendeu no item *Por quê?* do *Mapeando saberes*?
6. Como você avalia sua compreensão dos assuntos tratados neste capítulo?
   - » **Excelente**: não tive nenhuma dificuldade.
   - » **Boa**: tive algumas dificuldades, mas consegui resolvê-las.
   - » **Regular**: foi difícil compreender certos conceitos e resolver as atividades.
   - » **Ruim**: tive muitas dificuldades, tanto no conteúdo quanto na realização das atividades.

CAPÍTULO 10

América Latina: em busca da soberania

Na foto, lavagem da escultura *Mão*, de Oscar Niemeyer, com desenho do mapa da América Latina, em São Paulo (SP). Foto de 2018 da celebração do aniversário da cidade de São Paulo.

Chamamos de América Latina o conjunto de países do continente americano colonizado predominantemente pelos europeus de língua latina, sobretudo espanhóis e portugueses.

Todos, exceto o Brasil, adotaram o regime republicano após a independência (no caso do México, houve um breve período monárquico). Sem exceção, todos ficaram sob o controle político de elites agrárias e comerciais e eram mercados consumidores de produtos das grandes potências industriais, especialmente da Inglaterra e dos Estados Unidos.

> **Para começar**
>
> Observe a imagem e responda às questões.
>
> 1. Quais elementos chamam sua atenção?
>
> 2. Esta escultura feita por Niemeyer está em São Paulo no Memorial da América Latina. Na sua opinião, que mensagem o artista tentou passar com sua obra?

1 Industrialização e Guerra Fria

Durante a Primeira Guerra Mundial, devido às restrições no comércio com as nações envolvidas no conflito, os países latino-americanos (incluindo o Brasil) tiveram de produzir internamente as mercadorias industrializadas antes compradas dos Estados Unidos e da Europa. Esse processo, conhecido como **substituição de importações**, impulsionou o surgimento de indústrias de bens de consumo, como alimentos e tecidos.

Tais mudanças, que ganharam mais impulso com a crise de 1929, possibilitaram a formação de um operariado urbano e o fortalecimento da sociedade de consumo. Os novos grupos surgidos com a industrialização logo questionariam o domínio político das elites agrárias, sem, contudo, conseguir derrubá-las.

No início da Guerra Fria, a América Latina continuava marcada por governos autoritários e pela luta de vários setores contra o controle dessas elites. No plano externo, a maior parte dos governos latino-americanos se aliou aos interesses dos EUA e foi por eles influenciada.

LINHA DO TEMPO

1911
Revolução Mexicana (Zapata e Pancho Villa)

1914-2000
EUA: controle do canal do Panamá

1934-1958
Ditadura de Fulgêncio Batista em Cuba

1959
Revolução Cubana

1961
Invasão da Baía dos Porcos (EUA sobre Cuba) e início do bloqueio a Cuba

1970
Vitória de Salvador Allende no Chile

1973
Golpe de Pinochet contra Allende no Chile

1976-1983
Ditadura militar na Argentina

2014
Reatamento de relações diplomáticas entre EUA e Cuba

2017
Presidente dos EUA, Donald Trump, reverte a política de aproximação com Cuba

Linha do tempo esquemática. O espaço entre as datas não é proporcional ao intervalo de tempo.

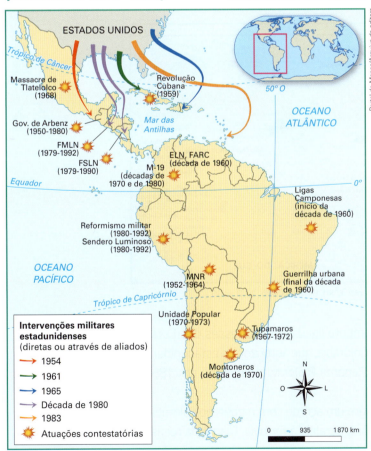

A América Latina na Guerra Fria (décadas de 1950-1990)

Fonte: elaborado com base em CHASTEEN, John Charles. *América Latina:* uma história de sangue e fogo. Rio de Janeiro: Campus, 2001. p. 240.

2 A influência estadunidense

No final do século XIX e início do XX, os Estados Unidos adotaram a política do *Big Stick* ("Grande Porrete") na América Latina, intervindo militarmente nos países da região, sobretudo na América Central. Após intervenções em Cuba e Porto Rico em 1898, houve intervenções no Panamá (1903), na República Dominicana (1905) e na Nicarágua (1909), o que estimulou a resistência contra a influência dos EUA na região.

A partir do período entreguerras, como vimos, o governo estadunidense adotou a chamada "**política da boa vizinhança**". Entretanto, quando seus interesses eram ameaçados, voltava a fazer uso da força, sobretudo durante a Guerra Fria.

Nessa época, o presidente John Kennedy lançou novas orientações para a América Latina, em um programa conhecido como **Aliança para o Progresso**. Para barrar o avanço do socialismo, ampliou o apoio econômico à região e auxiliou no treinamento de forças repressivas aos movimentos de esquerda. Também criou os **Corpos de Paz**, grupos de voluntários estadunidenses que atuavam na área de saúde e educação.

> **Minha biblioteca**
>
> **As veias abertas da América Latina**, de Eduardo Galeano, L&PM Editores, 2010. Escrito no momento em que os países latinos eram assolados por ditaduras militares, o livro expressa em linguagem acessível uma visão sobre o imperialismo nas Américas.

3 Intervenções e confrontos na América Central

A América Central (2018)

Fonte: elaborado com base em IBGE. *Atlas geográfico escolar*. 6. ed. Rio de Janeiro, 2012. p. 39.

A criação do **Panamá** esteve intensamente ligada aos interesses dos Estados Unidos. No século XIX, a região pertencia à Colômbia, que autorizou os estadunidenses a construir ali uma estrada de ferro – a Panamá Railway, inaugurada em 1855 – ligando a costa atlântica à pacífica.

No final do século XIX, os EUA buscaram um acordo com o governo colombiano para construir e explorar um canal hidroviário paralelo à ferrovia. Diante da recusa, o governo estadunidense encorajou uma parte da elite panamenha a lutar pela independência, conquistada em 1903. Formada a República do Panamá, os EUA construíram o canal, controlando-o comercialmente desde sua inauguração, em 1914, até 2000, quando foi devolvido aos panamenhos.

Nesse mesmo contexto, a região da América Central vivenciou vários governos ditatoriais apoiados pelos Estados Unidos. Quando ameaçados por movimentos de esquerda, o apoio estadunidense se impunha, às vezes contando com aliados regionais. Em 1965, por exemplo, os Estados Unidos e outros membros da Organização dos Estados Americanos (OEA), como o Brasil, intervieram militarmente na República Dominicana, para evitar a ascensão de um governo de esquerda.

Vista da construção do canal do Panamá em 1913.

A Revolução Cubana

Após lutarem vários anos contra a Espanha, inspirados por José Martí, os cubanos só conquistaram sua independência em 1898, depois da entrada dos Estados Unidos no conflito. A Constituição cubana firmou as relações de subordinação aos estadunidenses por meio da **Emenda Platt**, de 1901, que autorizava os Estados Unidos a intervir em Cuba quando seus interesses estivessem ameaçados.

Nos anos 1950, Cuba foi administrada pelo ditador Fulgêncio Batista, apoiado pelos Estados Unidos. Porém, a crescente oposição a seu governo deu origem a um movimento guerrilheiro liderado por Fidel Castro e Che Guevara. Em janeiro de 1959, após intensas lutas e com o apoio de camponeses, os revolucionários conseguiram assumir o poder.

O novo governo realizou a reforma agrária e nacionalizou várias fábricas e indústrias. Em represália, os EUA deixaram de comprar o açúcar cubano, principal produto da ilha. Sem alternativas, Cuba estabeleceu acordos com os soviéticos.

Em janeiro de 1961, as relações diplomáticas entre Estados Unidos e Cuba foram rompidas. No mesmo ano, houve uma tentativa de invasão a Cuba, no episódio conhecido como **Invasão da Baía dos Porcos**. Com apoio soviético, o governo cubano derrotou os invasores e confirmou sua adesão ao bloco socialista. A resposta dos EUA foi um bloqueio total do comércio com a ilha, ao mesmo tempo que mantinha a base militar de Guantánamo na ilha.

Comando do exército guerrilheiro cubano, em foto de 1957. Ao centro, Fidel Castro e, ajoelhado em primeiro plano, Raúl Castro, sucessor de Fidel na presidência de Cuba.

Em 1962, os EUA descobriram que a URSS estava enviando mísseis nucleares para serem instalados em Cuba e ameaçaram invadir a ilha, na chamada **crise dos mísseis**, que pôs o mundo à beira de uma guerra nuclear. Mas os soviéticos retiraram os mísseis de Cuba e os estadunidenses garantiram não intervir mais na ilha.

Apesar do bloqueio econômico, Cuba foi um dos países latino-americanos com maiores avanços sociais entre os anos 1960 e 1980. O analfabetismo, o desemprego e a miséria foram erradicados da ilha, que também alcançou melhorias no serviço de saúde pública. Contudo, o governo foi acusado de violar os direitos humanos ao perseguir opositores e desrespeitar a liberdade de expressão dos cidadãos.

Desde os anos 1990, com o fim da URSS, o bloqueio estadunidense tem afetado fortemente a população cubana, que sofre com a carestia de alimentos e de outros produtos básicos. Em dezembro de 2014, os dois países se reaproximaram e os presidentes Barack Obama (EUA) e Raúl Castro (Cuba) anunciaram que iriam restabelecer as relações diplomáticas, o que de fato ocorreu em 2015.

Nesse processo de reaproximação, medidas que facilitaram as comunicações, o turismo e as transações financeiras foram tomadas. No entanto, o então presidente dos EUA, Donald Trump, anunciou a reversão do processo de aproximação entre EUA e Cuba em 2017. Em 2018, Raúl Castro transferiu a presidência a Miguel Díaz-Canel, escolhido para o cargo pelo Parlamento cubano.

Minha biblioteca

Che: os últimos dias de um herói, de Héctor Oesterheld e Alberto Breccia, editora Conrad, 2009. Biografia em quadrinhos de Ernesto "Che" Guevara. Publicada apenas três meses após sua morte, chegou a ser censurada pela ditadura argentina.

De olho na tela

Diários de motocicleta. Direção: Walter Salles. Argentina/Brasil/Chile/Reino Unido/Peru/EUA/Alemanha/França, 2004. Baseado no diário de viagem do jovem Ernesto "Che" Guevara, então estudante de Medicina, que sai, acompanhado de seu amigo, em uma motocicleta para viajar pela América Latina.

A crise dos mísseis (1962)

Fonte: elaborado com base em *Histoire-Géographie*. Paris: Hafier, 1991. p. 115.

4 América do Sul: populismo e ditadura

Argentina: de Perón a Menem

Em 1943, um golpe militar pôs fim a mais de 10 anos de ditadura conservadora na Argentina. Em seu lugar, os golpistas instauraram um governo autoritário de caráter populista e nacionalista.

Nessa época, o jovem coronel Juan Domingo Perón (1895-1974) era responsável por reformas trabalhistas e sindicais semelhantes às realizadas por Vargas no Brasil. Em 1945, um novo golpe o afastou do poder. Porém, sua popularidade garantiria sua vitória nas eleições presidenciais de 1946.

Perón exerceu um governo autoritário, mobilizando a população por meio de intensa propaganda. Cartazes com a foto do presidente e de sua esposa, Eva Perón (1919-1952), eram distribuídos por todo o país, com dizeres como: "alma e defensor do povo argentino".

Eva Perón, popularmente chamada de Evita, com o marido Juan Perón, então presidente argentino. Foto da década de 1950.

Ele nacionalizou empresas ferroviárias e investiu na indústria de base, construindo siderúrgicas e hidrelétricas. Nos anos 1950, porém, a situação econômica do país agravou-se, fortalecendo a oposição. Em 1955, Perón foi derrubado por um golpe militar, mas, em 1973, voltou do exílio e venceu as eleições presidenciais, governando a Argentina até sua morte no ano seguinte. Foi sucedido por sua segunda esposa e vice-presidente, María Estela (Isabelita), deposta em 1976 por um novo golpe militar.

Em 1982, o governo do general Leopoldo Galtieri iniciou uma ofensiva militar pela disputa das ilhas Malvinas. Localizadas no Atlântico Sul, elas eram controladas pelos ingleses desde o século XIX. O conflito servia para desviar a atenção pública dos problemas internos do país. No entanto, a desigualdade entre as forças dos dois países levou a Argentina à derrota, intensificando a pressão popular pela redemocratização do país. Esta foi obtida em 1983, com a eleição do civil Raúl Alfonsín para a presidência. No ano seguinte, iniciou-se o julgamento dos crimes cometidos pelos militares.

Em 1989, o líder peronista Carlos Saúl Menem foi eleito presidente e iniciou uma política que gerou uma grave crise econômica no país no início do século XXI.

Saiba mais

A ditadura militar na Argentina, entre os anos 1976 e 1983, foi uma das mais repressivas e violentas da história latino-americana, com milhares de torturados e mais de 15 mil mortos, especialmente estudantes e políticos socialistas.

Manifestação das "Mães da Plaza de Mayo", em Buenos Aires, Argentina, 2017.

Chile: fim de um sonho

Durante grande parte do século XIX, a exploração de salitre e cobre garantiu o desenvolvimento econômico do Chile, cujo governo passou a ser controlado pela burguesia mineradora aliada aos grandes latifundiários.

Ao contrário de seus vizinhos, o país conheceu uma relativa estabilidade política. Esta só foi rompida na década de 1920, marcada por golpes e ditaduras e pelo crescimento da oposição de esquerda.

Nos anos 1930, a quebra da Bolsa de Nova York colaborou para arruinar a economia chilena, que só retomou seu crescimento com medidas como a nacionalização de empresas estrangeiras e o incentivo à industrialização por meio da substituição das importações.

De 1938 a 1946, os governos da **Frente Popular** (coligação que reunia liberais, socialistas e comunistas) buscaram ampliar a independência econômica do país e intensificar a exploração dos recursos naturais. Em 1947, em plena Guerra Fria, porém, o presidente recém-eleito, González Videla, rompeu as relações diplomáticas com a União Soviética e perseguiu os comunistas. Isso despertou forte oposição das classes trabalhadoras.

Somente em 1970 a esquerda chilena retornou ao governo. Nas eleições presidenciais desse ano, a **Frente de Ação Popular** (coligação que reunia comunistas, socialistas e grupos democratas) elegeu o socialista Salvador Allende.

No entanto, suas iniciativas esbarraram nos interesses das elites nacionais, que acabaram por derrubar o governo com apoio dos EUA. Em 11 de setembro de 1973, Allende foi deposto por um violento golpe militar, liderado pelo general Augusto Pinochet.

O governo ditatorial de Pinochet (1973-1990) dissolveu os partidos políticos e implantou uma forte repressão, com tortura e assassinato de milhares de opositores. Também promoveu a abertura do país ao capital estrangeiro, o que resultou em elevadas taxas de crescimento econômico.

 Minha biblioteca

A memória de todos nós, de Eric Nepomuceno, editora Record, 2015. O autor narra histórias passadas em alguns países da América Latina entre 1954 e 1990, durante suas ditaduras.

 De olho na tela

Machuca. Direção: Andrés Wood. Chile/Espanha, 2004. O Chile de Allende e as mudanças ocorridas após o golpe militar de 1973 são os principais pontos abordados pelo filme, que, para isso, se vale do olhar do pequeno Pedro Machuca.

 Saiba mais

Operação Condor

Em 1975, os governos militares de Brasil, Argentina, Uruguai, Paraguai, Bolívia e Chile estabeleceram um acordo de cooperação internacional que levou o nome de Operação Condor, alinhando-se aos interesses dos EUA. A meta era juntar esforços para combater os grupos opositores do regime militar. Com operações clandestinas, foram feitas diversas violações aos direitos humanos, que incluíam prisões, torturas e assassinatos. O plano durou até meados dos anos 1980.

Charge de Latuff, de 2008, sobre a Operação Condor.

TRABALHANDO COM DOCUMENTOS

O texto 1, abaixo, é um trecho do último discurso do presidente Salvador Allende, realizado durante bombardeio dos golpistas ao palácio governamental La Moneda, em setembro de 1973. Allende morreu durante o ataque, no próprio palácio. O texto 2 é parte do editorial escrito por Emilio Filippi para uma reportagem sobre a deposição de Allende, publicada pela imprensa chilena favorável ao golpe, em novembro do mesmo ano.

Texto 1

Compatriotas: Esta será seguramente a última oportunidade em que poderei me dirigir a vocês. [...] Colocado em uma transição histórica, pagarei com a minha vida a lealdade do povo, e digo-lhes que tenho a certeza de que a semente que entregamos à consciência de milhares e milhares de chilenos não poderá ser cegada definitivamente. Eles (os golpistas) têm a força, poderão nos derrubar, mas os processos sociais não se detêm com o crime e com a força. A história é nossa, e os povos a fazem. [...] Viva o Chile! Viva o povo! Vivam os trabalhadores! [...] Estas são minhas últimas palavras. [...] Tenho a certeza de que meu sacrifício não será em vão, tenho a certeza de que pelo menos será uma lição moral que castigará a felonia, a covardia e a traição. [...]

> **Felonia:** deslealdade, maldade, crueldade.

Comunicação e Política. Rio de Janeiro, v. 2, p. 9-10, mar.-jun. 1984.

Texto 2

Se Allende conseguiu em algum momento popularidade – que surpreendeu até aos mais ousados profetas – não é menos verdade que foi a popularidade da esperança. O povo chileno foi muito generoso com Allende. [...]

Contudo, a realidade histórica é que, apesar de ter tido oportunidade de sobra, não cumpriu suas promessas. Pelo contrário, deixou-se levar pela sua ideia e de seus assessores de que, com maquiavelismos, poderia alcançar o poder total, ainda que isso se fizesse à custa do sofrimento, fome e miséria da população, e que permitisse aos desonestos, em nome do povo, desviar recursos públicos para seus próprios bolsos.

Allende acreditava que para construir o socialismo era indispensável destruir o existente [...].

MILLAS, Hernán. *Anatomía de un fracaso*: la experiencia socialista chilena. Santiago: Zig-Zag, 1973. p. 6. (Tradução dos autores.)

▷ Palácio de La Moneda, sede do governo socialista de Salvador Allende, bombardeado durante o golpe de estado liderado por Augusto Pinochet em 11 de setembro de 1973.

1▸ Na segunda frase do texto 1, o que o autor quer dizer com "transição histórica"?

2▸ De que modo Allende vê o golpe que o depôs e o levou à morte?

3▸ Em quais aspectos o texto 2 difere do discurso de Salvador Allende?

4▸ Em sua opinião, como um historiador que pretendesse escrever uma história da deposição de Allende deveria agir, tendo como fontes esses dois textos?

Peru: instabilidade política

Desde a independência, em 1824, o Peru era controlado por uma elite de latifundiários e mineradores que visavam principalmente manter suas propriedades e a submissão dos povos indígenas. Nesse cenário, a questão agrária tornou-se por décadas o eixo das lutas sociais no país, mas sem solução.

Em 1924, surgiu a **Aliança Popular Revolucionária Americana (Apra)**, partido de inspiração socialista e forte sentimento nacionalista. O partido recebeu crescente apoio popular e sofreu muita perseguição, sendo considerado ilegal nas décadas seguintes.

Em 1963, o presidente Fernando Belaúnde Terry, pertencente à esquerda democrática, iniciou uma tímida reforma agrária. Porém, como em muitos outros países da América Latina, seu governo foi derrubado por um golpe militar, liderado pelo general Juan Velasco Alvarado em 1968.

O novo governo desapropriou empresas petrolíferas estadunidenses e tentou implementar, sem sucesso, uma reforma agrária. Sem reverter as desigualdades sociais nem conseguir um grande avanço produtivo, o governo ditatorial de Alvarado foi derrubado por outro golpe, em 1975.

Cinco anos depois, o poder retornou aos civis, com a reeleição de Belaúnde Terry (1980-1985). Nessa época, os grupos guerrilheiros socialistas **Sendero Luminoso** e **Túpac Amaru** iniciaram suas atividades. Em tempos de Guerra Fria, isso ampliou a polarização política no Peru.

O governo de Alan García (1985-1990), da Apra, adotou medidas nacionalistas, limitando o pagamento da dívida externa e promovendo a estatização, sem sucesso, do sistema bancário peruano. Em 1990, a hiperinflação de mais de 7 000% ao ano contribuiu para a eleição do opositor Alberto Fujimori, que dois anos mais tarde dissolveu o Congresso com o apoio do Exército. Em seu governo (1990-2000), enfrentou ações armadas das organizações guerrilheiras e reprimiu violentamente as manifestações de opositores. Em 2009, foi condenado a 25 anos de prisão por violação dos direitos humanos e a mais sete anos por corrupção.

Na imagem, vemos pessoas segurando uma faixa que diz: "*Lembrem-se de 20 anos de assassinatos*". O protesto é contra a decisão da corte peruana de reduzir as sentenças de membros do "Grupo Colina". Os integrantes desse grupo são acusados de pertencerem a um "esquadrão da morte", que exterminava os opositores do governo de Fujimori. A manifestação ocorreu em frente ao Palácio da Justiça em Lima, no Peru, em 2012.

México: revolução e o domínio do PRI

A partir do último quarto do século XIX, o México foi governado por uma ditadura. Porfirio Díaz tomou o poder em 1876 em decorrência de sucessivas intervenções estrangeiras e de uma profunda crise econômica.

Porfirio favoreceu a atuação das companhias estrangeiras e a concentração de terras, com a formação de grandes propriedades rurais, controladas por poucos mexicanos. Enquanto isso, a miséria e as dificuldades da maioria da população se agravavam. No início do século XX, o México mergulhou em uma crise profunda. Eclodiram diversas revoltas sociais, em que se destacaram os líderes populares Emiliano Zapata e Pancho Villa.

Em 1911, os revoltosos conseguiram derrubar Porfirio Díaz. As lutas camponesas pela reforma agrária, entretanto, continuaram a esbarrar nos interesses das elites, culminando com o assassinato de Zapata, em 1919, e de Villa, em 1923.

Somente no governo de Lázaro Cárdenas (1934-1940) foram adotadas medidas para a reforma agrária e a nacionalização de empresas estrangeiras. A partir dessa época, o **Partido Revolucionário Institucional (PRI)** passou a controlar a política mexicana e conquistou estabilidade política nos anos 1950 e 1960.

Nos anos 1970, para fazer frente às novas pressões populares, o governo mexicano ampliou os gastos públicos e a emissão monetária, o que provocou aumento da inflação e instabilidade econômica na década seguinte. Apenas nos anos 1990 e 2000 o PRI perderia o controle político no México.

Pancho Villa (ao centro) sentado ao lado de Emiliano Zapata (à direita), 1915.

Mapeando saberes

INDEPENDÊNCIA, CUBA E A CRISE DOS MÍSSEIS

- Assim como no Brasil, o processo de independência das ex-colônias espanholas se deu no século XIX, liderado por elites agrárias, que instauraram governos autoritários. As recém-criadas nações latino-americanas continuaram a exportar matérias-primas e importar produtos industrializados, perpetuando a dependência em relação às grandes potências, sobretudo os EUA, que intervinham na região por meio da política do *Big Stick*.
- Durante a Guerra Fria, o alinhamento dos países latino-americanos com os EUA foi incentivado pela "política da boa vizinhança". A Revolução Cubana, ocorrida em 1959, pôs fim à hegemonia estadunidense no país. Alinhado à URSS, o regime socialista de Cuba foi visto como constante ameaça pelos EUA, sobretudo porque poderia servir de exemplo aos demais países latino-americanos. O auge da crise entre os dois países se deu em 1962, com a crise dos mísseis, que pôs o mundo à beira de uma guerra nuclear.

Cris Faga/NurPhoto/Getty Images

ATENÇÃO A ESTES ITENS

ARGENTINA E CHILE

- Na Argentina, o principal líder político surgido na Guerra Fria foi Juan Domingo Perón, presidente do país entre 1946 e 1955. Responsável por reformas na legislação trabalhista argentina, sua popularidade pode ser comparada à de Vargas no Brasil. Após um breve retorno de Perón ao poder (1973-1974), sucedido por sua esposa (1974-1976), um golpe militar deu origem a uma violenta ditadura na Argentina (1976-1983). No final dos anos 1980, o líder peronista Carlos Menem venceu as eleições presidenciais e deu início a uma política neoliberal no país.
- No Chile, o governo de esquerda de Salvador Allende (1970-1973) foi visto como uma ameaça pelos EUA, que apoiaram um violento golpe militar no país, liderado pelo general Augusto Pinochet. A Operação Condor foi uma junção de esforços das ditaduras contra opositores na América do Sul, com perseguições, prisões, torturas e assassinatos.

PERU E MÉXICO

- No Peru, o período pós-independência foi marcado por conflitos relativos à posse da terra. Nas últimas décadas, prevaleceu a alternância entre governos democráticos nacionalistas e outros ditatoriais, bem como a atuação de grupos guerrilheiros, com destaque para o Túpac Amaru e o Sendero Luminoso.
- No México, a ditadura de Porfirio Díaz foi derrubada pela revolução popular de 1911, liderada por Emiliano Zapata e Pancho Villa. Com Lázaro Cárdenas, fizeram a reforma agrária e as nacionalizações, iniciando o predomínio do PRI por décadas.

POR QUÊ?

- Interesses e projetos distintos continuam mobilizando movimentos políticos e sociais na América Latina. Eles incorporam políticas populistas, limitação ou ampliação da atuação do Estado na economia, ênfase na priorização da economia de mercado e/ou nas questões sociais, na ampliação ou limitação das atuações democráticas de cidadania, etc.
- Conhecer a história desse período nos ajuda a refletir sobre nós mesmos. Políticas populistas, ditaduras e instabilidade prevaleceram na região em meio à Guerra Fria. Grupos políticos locais e regionais mostraram tendências a favor e contra as ligações políticas com os EUA.
- Temos muitas características sociais, econômicas e políticas em comum com os países vizinhos da América Latina.

ATIVIDADES

Retome

1. A independência dos países da América Latina foi acompanhada da formação de governos e sociedades democráticos? Explique sua resposta.

2. Identifique os efeitos da Primeira Guerra Mundial sobre a economia e a sociedade latino-americanas.

3. O que foi a crise dos mísseis e quando ela ocorreu?

4. Aponte algumas características comuns entre os regimes que se instalaram na América Latina durante o período da Guerra Fria. Depois, estabeleça uma comparação com os governos do Brasil no mesmo período.

5. De que forma Salvador Allende chegou à Presidência de seu país? Como ele terminou seu governo?

Leia e analise um artigo de uma Constituição

6. Leia o que diz o 7º Artigo da Emenda Platt, apêndice da Constituição cubana aprovado em 1901, e depois responda às questões que o acompanham.

Constituição cubana de 1901

VII. Que, a fim de auxiliar os Estados Unidos a sustentar a independência cubana, e para proteger a população dali, tão bem como para a sua própria defesa, o governo de Cuba deverá vender ou alugar terras aos Estados Unidos necessárias para extração de carvão para linhas férreas ou bases navais em certos locais especificados de acordo com o presidente dos Estados Unidos.

MORRIS, Richard B. *Documentos básicos da história dos Estados Unidos*. Portugal: Fundo de Cultura, 1956. p. 182-183.

a) Levante uma hipótese para explicar as razões que teriam levado o governo dos Estados Unidos a interferir na política interna cubana.

b) O artigo em questão garantia, de fato, a independência cubana? Por quê?

Pesquise

7. Reúnam-se em duplas. Cada dupla deverá escolher uma revista ou um jornal semanal e se encarregar de acompanhar as matérias publicadas sobre a América Latina em um período de dois meses. A cada matéria encontrada, registrem suas observações sobre os seguintes tópicos:

- Com que frequência a América Latina apareceu nas revistas ou nos jornais?
- Qual é a extensão das matérias dedicadas à América Latina?
- Quais países latino-americanos receberam mais atenção da mídia?
- Quais foram os temas das matérias publicadas?
- O conteúdo da matéria assumia alguma posição em relação ao tema?
- Quais aspectos do tema eram valorizados pelas fotos?
- Quais características tinham as fotos publicadas (coloridas, em preto e branco, grandes, pequenas, etc.)?

8. Com a pesquisa feita, reúnam-se com o restante da turma e comparem os resultados encontrados. Os tópicos a seguir ajudam a guiar essa comparação.

- Qual meio de comunicação deu mais relevância à América Latina?
- Qual publicação deu menos relevância?
- Todos abordaram os mesmos temas nas matérias publicadas sobre a América Latina? Explique.
- As matérias tiveram os mesmos enfoques? Explique.
- Que importância e significado as fotos tiveram em cada publicação?

Autoavaliação

1. Quais atividades você considerou mais fáceis e mais difíceis? Por quê?
2. Em quais atividades você utilizou o texto do capítulo como base para sua resposta?
3. Algum ponto do capítulo não ficou muito claro para você? Qual?
4. Você compreendeu o esquema *Mapeando saberes*? Explique.
5. Você saberia apontar exemplos da atualidade considerando o que aprendeu no item *Por quê?* do *Mapeando saberes*?
6. Como você avalia sua compreensão dos assuntos tratados neste capítulo?

   » **Excelente**: não tive nenhuma dificuldade.
   » **Boa**: tive algumas dificuldades, mas consegui resolvê-las.
   » **Regular**: foi difícil compreender certos conceitos e resolver as atividades.
   » **Ruim**: tive muitas dificuldades, tanto no conteúdo quanto na realização das atividades.

CAPÍTULO 11
A descolonização da Ásia e da África

William F. Campbell/The LIFE Images Collection/Getty Images

Banheiros exclusivos para pessoas brancas e para pessoas não brancas. África do Sul, 1983. Ônibus, estações, praias, etc. apresentavam avisos proibindo o uso pela população negra e asiática. Eram leis da segregação racial do regime de *apartheid*, que só foram abolidas oficialmente em 1993. No ano seguinte, nas primeiras eleições multirraciais da África do Sul, o ativista *antiapartheid* Nelson Mandela tornou-se o primeiro presidente negro do país.

Ao final da Segunda Guerra Mundial, as potências europeias se voltaram para a reconstrução e recuperação econômica do continente e para as disputas da Guerra Fria. Enquanto isso, os habitantes de suas colônias na Ásia e na África intensificavam as lutas por sua independência. No entanto, à medida que se emancipavam, os países recém-criados deparavam com sérios problemas econômicos e sociais, resultado de décadas de exploração imperialista.

Alguns desses países protagonizaram conflitos internacionais, acirrando ainda mais o clima tenso que o mundo vivia na Guerra Fria.

Em 1955, 29 desses países (23 asiáticos e 6 africanos) se reuniram na **Conferência de Bandung**, na Indonésia, com o objetivo de se ajudar mutuamente e formar um bloco não alinhado aos EUA nem à URSS. Assim nascia o chamado bloco do Terceiro Mundo.

▶ **Terceiro Mundo:** a expressão foi criada em 1952 pelo sociólogo francês Alfred Sauvay. Para ele, o Primeiro Mundo correspondia aos países capitalistas; o Segundo Mundo, aos países socialistas; e o Terceiro Mundo, aos países empobrecidos pela opressão colonialista.

▶ **Para começar**

Observe a imagem e responda às questões.

1. A foto é dos anos 1980, na África do Sul. Como você a descreveria?
2. Na década de 1990, a situação mostrada na fotografia foi oficialmente abolida na África do Sul. Na prática, porém, muito do segregacionismo continuou existindo. Levante hipóteses para explicar por quê.
3. Você conhece ou já presenciou outras situações que se assemelham a essa? Comente-as.

UNIDADE 3 • O mundo da Guerra Fria e da descolonização

1 Gandhi e a independência da Índia

Mahatma Gandhi foi o principal líder da independência da Índia. Para se libertar do domínio inglês, ele defendia a política da **resistência pacífica**, incentivando atos de desobediência civil e ações não violentas contra os colonizadores. Gandhi também questionava o milenar sistema de castas e denunciava as péssimas condições em que viviam as camadas menos privilegiadas da população. Pregava ainda a tolerância religiosa.

Boa parte dos 400 milhões de indianos participou de protestos não violentos, como greves, passeatas e boicotes aos produtos ingleses, obrigando os colonizadores a abandonar gradualmente a Índia.

> **Desobediência civil:** forma de protesto pacífico que consiste em desobedecer às leis existentes, consideradas injustas.

> **Sistema de castas:** rígido sistema de divisão social da Índia, no qual a posição social do indivíduo é transmitida de pai para filho e não pode ser mudada.

Contudo, cresciam as rivalidades entre grupos muçulmanos e hinduístas nesse período. Assim, quando os indianos conquistaram a independência, em 1947, tiveram seu território dividido em três países: a Índia, majoritariamente hinduísta; o **Paquistão**, muçulmano, subdividido em Paquistão Ocidental e Paquistão Oriental; e o **Sri Lanka**, antiga Ilha do Ceilão, com predomínio budista. Confrontos religiosos se seguiram com centenas de milhares de mortos e fuga em massa de muçulmanos para o Paquistão e de hinduístas para a Índia.

Em 1948, o líder hindu Gandhi foi assassinado por um brâmane fanático, que discordava de sua tolerância em relação aos muçulmanos.

Em 1971, o Paquistão Oriental proclamou-se independente do Paquistão Ocidental, constituindo a **República Popular de Bangladesh**, uma das nações mais pobres do mundo, com mais de 160 milhões de habitantes.

LINHA DO TEMPO

Descolonização (1947-1993)

- **1947** — Independência da Índia
- **1948** — Criação do Estado de Israel
- **1955** — Conferência de Bandung
- **1974** — Revolução dos Cravos (Portugal)
- **1979** — Aiatolá Khomeini toma o poder no Irã
- **1993** — Fim do *apartheid* na África do Sul
- **2014-2018** — Ataques do Estado Islâmico
- **2015** — Vaticano reconhece o Estado Palestino

Linha do tempo esquemática. O espaço entre as datas não é proporcional ao intervalo de tempo.

> **Brâmane:** membro hereditário da casta superior da sociedade hinduísta, constituída por sacerdotes.

Mahatma Gandhi (ao centro com um cajado) durante a Marcha do Sal em 1930.

A Índia possui atualmente mais de 1,3 bilhão de habitantes, que vivem em uma enorme desigualdade socioeconômica, com grandes bolsões de miséria e ações extremistas de diversos grupos políticos. Em contrapartida, desde os anos 1990 o país vem apresentando continuado crescimento econômico-comercial e modernização tecnológica, da qual a área industrial e da informática são exemplos. No início da segunda década do século XXI, a Índia aparecia entre as oito maiores economias do mundo.

> **De olho na tela**
>
> **Hotel Ruanda**. Direção: Terry George. Reino Unido/África do Sul/Itália, 2004. O filme conta a história do genocídio ocorrido em Ruanda em 1994, fruto da divisão étnica imposta pelos colonizadores, entre os tutsis e os hutus.

2 África: guerras de independência

O processo de descolonização na África transformou o continente em palco de violentas guerras. A maioria das nações que surgiram não conseguiu superar a miséria produzida por décadas de colonização, apesar de contarem com grandes fontes de riquezas naturais e produtos agrícolas.

Descolonização africana (século XX)

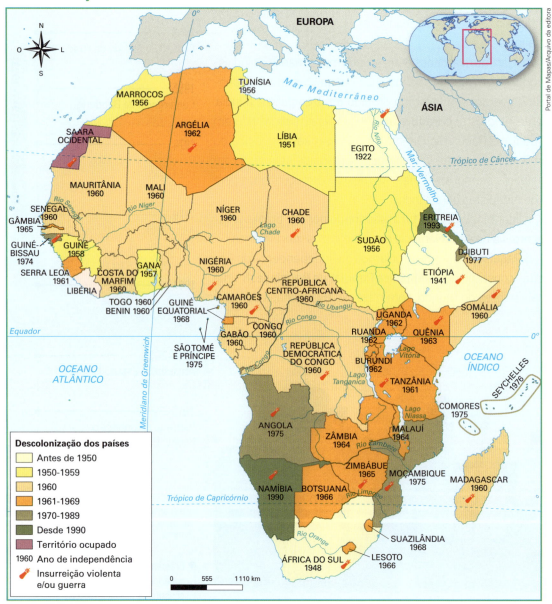

Fonte: elaborado com base em KINDER, H.; HILGEMAN, W. *Atlas histórico mundial (II)*. Madrid: Akal Ediciones, 2006. p. 198.

República Democrática do Congo

Nas lutas de libertação contra o domínio belga, sobressaiu-se o Movimento Nacional Congolês, liderado por Patrice Lumumba. Em 1960, diante da pressão popular, a independência foi reconhecida e Lumumba acabou eleito como primeiro-ministro. No entanto, em 1961, ele foi assassinado por forças opositoras ao novo governo.

A disputa pelo poder político dos vários grupos e interesses das potências pelas riquezas minerais mergulharam o país em longas guerras civis, que ainda hoje assolam a região. Em resposta, a ONU vem realizando intervenções para tentar restabelecer a ordem e garantir ajuda humanitária aos habitantes e refugiados que buscam deixar a região.

Discurso do primeiro-ministro do Congo Patrice Lumumba durante a cerimônia da independência do país, em 1960.

A África de língua portuguesa

As populações das colônias portuguesas de Angola, Moçambique, Guiné-Bissau, Cabo Verde e São Tomé e Príncipe tiveram êxito em suas independências nos anos 1970, após décadas de lutas. Elas se aproveitaram da **Revolução dos Cravos**, ocorrida em Portugal no ano de 1974, que colocou fim ao regime ditatorial e violento instalado por Antônio de Oliveira Salazar durante o período entreguerras.

A Guiné-Bissau foi a primeira colônia a se libertar, seguida de Moçambique e Angola.

Em Moçambique, a **Frente de Libertação de Moçambique (Frelimo)**, de inspiração socialista, assumiu o governo. Mas precisou enfrentar a oposição guerrilheira da **Resistência Nacional Moçambicana (Renamo)**, apoiada por países capitalistas.

Em Angola, o **Movimento Popular pela Libertação de Angola (MPLA)** subiu ao poder com apoio de soviéticos e cubanos, sofrendo oposição da **União Nacional pela Independência Total de Angola (Unita)** e da **Frente Nacional de Libertação de Angola (FNLA)**. Com a ajuda de países capitalistas, esses grupos oposicionistas promoveram violenta guerrilha contra o novo governo, com confrontos armados que se estenderam pelas décadas seguintes.

Somente no início do século XXI é que Angola e Moçambique conseguiram acordos de pacificação e uma relativa estabilidade política com recuperação econômica.

Na foto, manifestantes em apoio ao MPLA, em Luanda, em março de 1976.

África do Sul

Após se emancipar da Inglaterra, em 1948, a África do Sul passou a ser governada por uma minoria branca, que consolidou no país uma política segregacionista denominada *apartheid* (que quer dizer "separação" em africâner, língua local).

Essa política impedia os negros de se casarem com brancos, serem proprietários de terras ou participarem das eleições, obrigando-os a viver em zonas residenciais isoladas. Os brancos, que representavam 18% da população sul-africana, garantiam assim privilégios diante da maioria negra, correspondente a 68% da população. Os outros sul-africanos eram mestiços (10%) e asiáticos (4%).

Durante décadas, a oposição política ao *apartheid* foi liderada pelo **Congresso Nacional Africano (CNA)**, organização negra criada em 1912. Em 1950, o CNA lançou uma campanha de desobediência civil. Nos anos 1980, manifestações contra o regime estabelecido foram violentamente reprimidas pelo governo, o que provocou a imposição de várias sanções internacionais ao país.

Diante das pressões internacionais e da resistência popular, o governo sul-africano adotou medidas efetivas de integração do negro à sociedade. Em 1990, o CNA foi legalizado e seu principal líder, **Nelson Mandela**, foi libertado depois de 26 anos preso.

No ano seguinte, foram reformuladas a **Lei da Terra**, que reservava 87% das propriedades à minoria branca; a **Lei Residencial**, que criava os bairros segregados; e a **Lei do Registro da População**, que exigia o registro racial de todo cidadão.

> **Segregacionista:** discriminativo, isolacionista, separatista.
>
> **Sanção:** medida punitiva, penalidade.

> Distrito de Khayelitsha, área criada originalmente para abrigar assentamento de grupos segregados, na Cidade do Cabo, África do Sul. O local teve grande crescimento a partir do fim do regime de *apartheid*. Foto de 2015.

O fim da política do *apartheid*

Em 1993, mudanças na Constituição sul-africana garantiram aos negros o direito de voto e de representação no governo. Chegava ao fim, ao menos no papel, o regime do *apartheid*.

Em 1994, Mandela tornou-se o primeiro presidente negro da África do Sul. Iniciando o predomínio do CNA desde então, foi sucedido democraticamente, em 1999, pelo seu vice-presidente, Thabo Mbeki, reeleito para um segundo mandato em 2004. Em 2009, Jacob Zuma foi eleito presidente e reeleito em 2014, tendo renunciado no início de 2018 sob acusações de corrupção, sendo sucedido por Cyril Ramaphosa.

Nelson Mandela (1918-2013) foi condenado, em 1964, à prisão perpétua por suas atuações contrárias ao regime do *apartheid*, e libertado em 1990. A partir de então liderou o Congresso Nacional Africano em negociações com o presidente da África do Sul F. W. de Klerk, pondo fim ao regime segregacionista e afirmando a cidadania plena para todos os sul-africanos. Ele e de Klerk receberam o prêmio Nobel da Paz em 1993. No ano seguinte, Mandela foi eleito presidente.

3 As colônias se libertam

Foram muitas as lutas por independência na Ásia e na África, iniciadas após a Segunda Guerra Mundial. Mas, de maneira geral, é possível identificar alguns traços comuns a muitos deles. Observe no esquema abaixo como se deu o processo de descolonização dos países da Ásia e da África no contexto da Guerra Fria.

O processo de descolonização

Organizado pelo autor.

 Minha biblioteca

O livro negro do colonialismo, organizado por Marc Ferro, editora Ediouro, 2004. O livro trata dos crimes cometidos e dos efeitos perversos que resultaram do processo de colonização.

CONEXÕES COM GEOGRAFIA

CONFLITOS ARMADOS NA ÁFRICA

O processo de descolonização deixou marcas profundas na maioria dos países africanos. Atualmente, cerca de 24 dos 54 países da África estão em guerra civil ou em conflitos armados. De modo geral, são conflitos internos que têm como principais causas a falência do Estado, batalhas pelo controle do governo e a luta de grupos étnicos por autonomia. Esses conflitos mataram muitos milhares de civis e contaram com motivos de origem religiosa, econômica ou política. O mapa abaixo apresenta os principais conflitos armados em curso em 2016.

Conflitos armados em curso em 2016

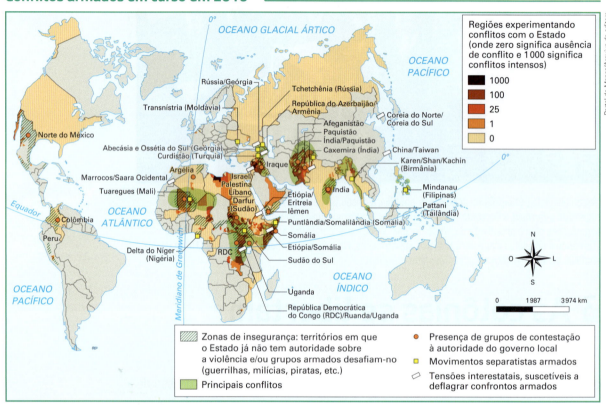

Fonte: elaborado com base em *Department of Peace and Conflict Research*. Disponível em: <www.pcr.uu.se/digitalAssets/667/c_667494-l_1-k_map16.png>. Acesso em: 21 jul. 2018.

Observando o mapa, é possível notar que os países africanos em guerra se localizam, principalmente, na chamada África subsaariana, localizada ao sul do deserto do Saara. Trata-se de uma região caracterizada por pobreza, instabilidade política, economia precária, epidemias, baixos indicativos sociais e constantes embates entre governos e rebeldes – problemas ligados aos resquícios do processo de colonização do continente.

Uma das características mais trágicas dos conflitos armados na África é o recrutamento de crianças para combate. Segundo a Coalizão Internacional para Acabar com a Utilização de Crianças-Soldados, menores de 18 anos de idade de ambos os sexos fazem parte de exércitos e guerrilhas no continente. Leia o texto a seguir sobre o assunto.

Não importa a origem do conflito armado, seja religiosa, econômica ou política, em quase todos – segundo a ONU – se comete o mesmo crime: o recrutamento de crianças como soldados. O recrudescimento das guerras na República Centro-Africana e no Sudão do Sul revelou que tanto os grupos rebeldes como as milícias pró-governo usam meninos como combatentes e meninas como escravas sexuais.

▶ **Recrudescimento:** intensificação, aumento.

Organismos internacionais como o Unicef (Fundo das Nações Unidas para a Infância) e a Anistia Internacional calculam que há hoje cerca de 20 países onde crianças são sistematicamente recrutadas para serem soldados. Eles se concentram na África e na Ásia – a exceção é a Colômbia. No total, o número de menores de idade participando de guerras é estimado em 300 mil.

No caso do conflito centro-africano, o Unicef calcula que mais de seis mil meninos já tenham sido recrutados. [...]

A forma de recrutar as crianças é similar à de quase todos os conflitos: são sequestradas em suas escolas ou aldeias. Entretanto, há casos de menores que se voluntariam acreditando que podem sair da extrema pobreza ou vingar a morte de algum parente. [...]

Guerras na África voltam a recrutar crianças. *O Globo*. Disponível em: <http://oglobo.globo.com/mundo/guerras-na-africa-voltam-recrutar-criancas-11405712>. Acesso em: 21 jul. 2018.

Crianças-soldados com seus rifles em cerimônia de entrega de suas armas e uniformes. A cerimônia foi supervisionada pela Comissão Nacional de Desarmamento, Desmobilização e Reintegração e apoiada pelo Unicef. Pibor, no estado de Jonglei, Sudão do Sul, 2015.

1 ▸ Analise o mapa da página 186 e responda:

a) Em quais países africanos se verifica a presença de grupos armados contestando os poderes constituídos?

b) Em quais países africanos se verificam movimentos separatistas ou autônomos armados?

c) Entre quais países africanos se verificam tensões políticas que podem levar a confrontos armados?

2 ▸ Leia o texto a seguir, que trata de um estudo realizado todos os anos pela Organização das Nações Unidas para a Alimentação e a Agricultura (FAO) a respeito da segurança alimentar no mundo.

Em declínio constante por mais de uma década, a fome no mundo voltou a crescer e afetou 815 milhões de pessoas em 2016, o que representa 11% da população mundial. [...]

Esse aumento – de mais 38 milhões de pessoas do que o ano anterior – se deve, em grande parte, pela proliferação de conflitos violentos e mudanças climáticas, segundo explica o estudo Estado da Segurança Alimentar e da Nutrição no Mundo 2017. [...]

– O número total de pessoas famintas no mundo é de 815 milhões:

– Na Ásia: 520 milhões

– Na África: 243 milhões

– Na América Latina e no Caribe: 42 milhões

– Porcentagem da população mundial vítima da fome: 11%

– Ásia: 11,7%

– África: 20% (Na África Ocidental: 33,9%)

– América Latina e Caribe: 6,6%

FAO no Brasil. A fome volta a crescer no mundo, afirma novo relatório da ONU. Disponível em: <www.fao.org/brasil/noticias/detail-events/en/c/1037611>. Acesso em: 21 jul. 2018.

• Compare os dados apresentados no texto do estudo da ONU com o mapa da página 186. A quais conclusões você consegue chegar com base nessa comparação?

4 Os conflitos do Oriente Médio

O nome **Oriente Médio** foi consagrado pelos ingleses no início do século XX para denominar o território que se estende do mar Mediterrâneo à Índia, área então controlada em sua maior parte pelo Império Britânico.

Estrategicamente posicionada entre três continentes e dotada de imensas jazidas petrolíferas, a região é alvo de intensas disputas territoriais, com envolvimento das grandes potências. Também são constantes os confrontos por diferenças religiosas e étnico-culturais. Essa situação transformou a região em uma das mais tensas do planeta após a Segunda Guerra Mundial. Entre os principais conflitos na região, destacam-se os que envolvem árabes e israelenses.

Como tantos outros, esse conflito dá margem a diferentes interpretações. Esse é um assunto complexo, que não pode ser resumido a um lado "bom" e outro "mau". Por isso, é importante conhecer os dados e argumentos dos dois lados, além de colocar-se no lugar dos envolvidos.

O Oriente Médio (2018)

Em 2018, o Oriente Médio abrigava mais de 300 milhões de habitantes, divididos em diversas etnias, com línguas e religiões diferentes.

Fonte: elaborado com base em SIMIELLI, Maria Elena. *Geoatlas*. 32. ed. São Paulo: Ática, 2009. p. 85.

A disputa pela Palestina

Da Diáspora até a criação do Estado de Israel, em 1948, os judeus permaneceram espalhados pelo mundo. Sem um território próprio, formavam uma nação sem Estado. No final do século XIX, o jornalista Theodor Herzl liderou a formação do movimento sionista, que tinha como objetivo criar um Estado judeu independente na região da Palestina.

▶ **Diáspora:** dispersão dos judeus, que saíram da Palestina em direção a outras regiões durante a dominação romana, no século I d.C.

▶ **Sionista:** adepto ou relativo ao sionismo. O termo deriva do nome de uma colina de Jerusalém, chamada Sion.

Contudo, a região já estava ocupada desde o século VII pelos árabes islâmicos. Na desagregação do Império Árabe, a Palestina passou ao domínio dos turcos otomanos, também muçulmanos, até o início do século XX.

No término da Primeira Guerra Mundial e com a derrota do Império Turco, que se aliara aos alemães, a Palestina foi submetida ao domínio britânico, que estimulou a emigração de judeus para lá. Desde essa época, os choques entre palestinos e judeus só se intensificaram.

Durante a Segunda Guerra Mundial, a população judia da Europa foi vítima de perseguições e do extermínio nazista. Terminada a guerra, ganhou ainda maior impulso a emigração de judeus à região, intensificando os conflitos com os palestinos.

A ONU e a formação do Estado de Israel

Com a vitória dos Aliados na Segunda Guerra Mundial, os ingleses deixaram a cargo da ONU a tarefa de resolver a questão da Palestina. Em 1947, essa instituição recomendou a divisão do território em dois Estados independentes, o de Israel e o da Palestina.

No dia seguinte à criação do Estado de Israel, em 1948, os países árabes vizinhos atacaram o novo país. Os israelenses, apoiados pelos Estados Unidos, contra-atacaram, ocupando regiões originalmente destinadas aos palestinos. Nos anos seguintes, o governo israelense ampliou os limites sob seu controle muito além dos estabelecidos pela ONU. Em 1967, na Guerra dos Seis Dias, Israel ocupou:

- a **Cisjordânia** e a **Faixa de Gaza**, até hoje controladas, em sua maior parte, pelo exército de Israel;
- as **colinas de Golã**, só parcialmente devolvidas à Síria em 1973;
- a **península do Sinai**, devolvida ao Egito em 1979.

Os palestinos foram perdendo seu território e se dispersando pelos países vizinhos. Em 1964, para manter sua unidade e conquistar um Estado, eles criaram a **Organização para a Libertação da Palestina (OLP)**. Sua direção ficou a cargo de Yasser Arafat, que desde os anos 1950 lutava contra a presença de Estado judeu na região.

Em 1987, explodiu na Faixa de Gaza, ocupada pelos israelenses, uma rebelião popular palestina denominada **Intifada** ("Revolta das Pedras"), que em pouco tempo se espalhou por todos os territórios ocupados. Os israelenses responderam com violenta repressão, recebendo condenação da ONU.

Minha biblioteca

Palestina, de Joe Sacco, editora Conrad do Brasil, 2011. Nessa HQ, o jornalista e quadrinista Joe Sacco narra suas experiências na Faixa de Gaza. Muitos trechos da obra foram baseados em conversas e entrevistas que Sacco teve durante sua estadia.

Yasser Arafat, líder da Organização para a Libertação da Palestina (OLP), em foto na Jordânia, em 1970.

Israel (a partir da década de 1940)

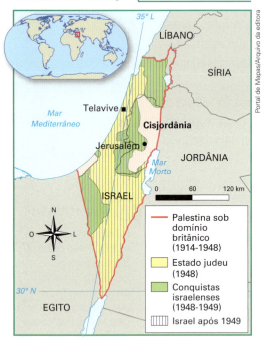

Fonte: elaborado com base em BARRACLOUGH, G. (Ed.). *The Times Concise Atlas of World History*. London: Times, 1986. p. 141.

Ocupações israelenses na Guerra dos Seis Dias (1967)

Fonte: elaborado com base em CHALIAND, G.; RAGEAU, J.-P. *Atlas du millénaire*. Paris: Hachette, 1998. p. 169.

Conflitos atuais

Com o fim da Guerra Fria, as tensões entre Israel e a OLP enfraqueceram temporariamente.

Em 1993, vários acordos intermediados pelos Estados Unidos foram assinados entre as partes, abrindo caminho para o estabelecimento da paz e a criação de um Estado Palestino. Dois anos depois, Israel se comprometeu a retirar-se gradualmente dos territórios ocupados. Na mesma época, foi criada a **Autoridade Nacional Palestina (ANP)**, uma espécie de governo autônomo para a região desocupada, e o primeiro presidente escolhido foi Arafat.

> **+ Saiba mais**
>
> ### A Faixa de Gaza
>
> A Faixa de Gaza é um território árido, com cerca de 45 quilômetros de extensão por 10 quilômetros de largura, situado a sudeste do Mediterrâneo, e abriga perto de 1,5 milhão de palestinos. Ao norte é limitada por Israel e ao sul, pelo Sinai, no Egito.

Charge de Tony Auth, de 2000, que mostra os esforços de Bill Clinton, presidente dos Estados Unidos na época, na tentativa de firmar um acordo de paz entre Israel e Palestina. Nela, podemos observar o ex-presidente estadunidense representado como a parte frontal de uma locomotiva. Ele diz: "Eu acho que consigo...". O trem, composto de dois vagões – um de israelenses e outro de palestinos –, vai em direção a uma placa onde se lê: "Paz".

UNIDADE 3 • O mundo da Guerra Fria e da descolonização

Entretanto, os acordos de paz esbarraram em várias questões:
- a posse da cidade de Jerusalém;
- o destino dos milhares de palestinos refugiados em países árabes;
- e os assentamentos de israelenses em territórios ocupados.

Novos conflitos explodiram a partir do ano 2000. De um lado, o Estado israelense cometeu crimes de guerra contra palestinos, deixando centenas de mortos; de outro, terroristas árabes cometeram atentados contra o povo judeu. Os dois lados foram criticados por organizações internacionais.

Ao final da primeira década do século XXI, muitos países reconheciam a existência de um Estado Palestino, formado pela Faixa de Gaza e por porções da Cisjordânia.

A atuação do presidente da ANP, Mahmoud Abbas, em busca de reconhecimento internacional, conseguiu que o Vaticano, sob o comando do papa Francisco, também reconhecesse formalmente o Estado Palestino. Contrários a isso estavam os EUA e alguns países europeus. Novas agitações surgiram na região após o presidente estadunidense Donald Trump reconhecer Jerusalém como a capital de Israel em dezembro de 2017, ano em que a primeira Intifada fez 30 anos.

> **De olho na tela**
>
> **Promessas de um novo mundo.** Direção: Justine Arlin, Carlos Bolado e B. Z. Goldberg. EUA/Palestina/Israel, 2001. O filme relata a história de um grupo de crianças israelenses e palestinas que, apesar de morarem no mesmo lugar, em Jerusalém, vivem em mundos separados por diferenças religiosas inconciliáveis.

Manifestantes palestinos são atingidos por granadas de gás lacrimogêneo lançadas pelas forças israelenses. Os confrontos ocorreram na fronteira entre Israel e Gaza, a leste da cidade de Gaza, em setembro de 2018.

Irã contra Iraque

Na corrida imperialista do século XIX, boa parte do que hoje é o Irã ficou sob influência do Reino Unido, que no início do século XX iniciou a exploração petrolífera. Em 1925, por meio de um golpe, teve início a dinastia Pahlevi, que em 1935 mudou o nome do país de Pérsia para Irã.

Depois da Segunda Guerra Mundial, cresceu a influência e o predomínio estadunidense sobre o país, para quem vendia petróleo e comprava materiais bélicos sofisticados. A crescente influência ocidental fez aumentar a resistência popular ao governo autoritário do xá Reza Pahlevi.

▶ **Xá:** palavra de origem persa usada para designar os reis iranianos.

Em 1979, líderes religiosos muçulmanos, a maioria de origem xiita, comandaram um movimento popular que derrubou o xá. O líder da **Revolução Iraniana**, o aiatolá Khomeini, estabeleceu uma ditadura fundamentada nos preceitos religiosos do Islã (República Islâmica do Irã). Estimulou a perseguição a seus opositores, o combate aos Estados Unidos — considerado o **Grande Satã** — e ações terroristas em várias regiões do mundo.

> **Aiatolá:** alto representante da religião muçulmana xiita.

Mulheres da guarda revolucionária, formada para lutar contra o governo do xá Reza Pahlevi. Foto de 1979, tirada em rua de Teerã (Irã).

Em 1980, para desestabilizar o governo do aiatolá, os EUA incentivaram o Iraque a declarar guerra ao Irã. Não precisaram de muito esforço. Governado pelo ditador Saddam Hussein, o Iraque, país muçulmano de maioria sunita, buscava conquistar a liderança do mundo árabe e dominar o canal iraniano de Chatt-el-Arab. A região oferece saída para o golfo Pérsico e é rica em jazidas petrolíferas. Depois de mais de oito anos de guerra e 500 mil mortos, foi estabelecida a paz entre os dois países por intermédio da ONU.

Em 2002, um programa de energia nuclear foi descoberto, e os EUA e seus aliados acusaram o Irã de querer fabricar uma bomba atômica. Em meio a várias sanções ocidentais, em 2015 o Irã assinou um acordo, comprometendo-se a limitar seu programa nuclear. Os Estados Unidos, governados pelo presidente Barack Obama, retiraram as sanções econômicas impostas ao país, que foram revistas depois, assim que seu sucessor, Trump, assumiu a presidência.

> 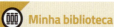 **Minha biblioteca**
>
> **Persépolis**, de Marjane Satrapi, editora Companhia das Letras, 2007. Autobiografia em quadrinhos que mostra a Revolução Islâmica e suas consequências no dia a dia dos iranianos.

Iranianos comemoram o acordo nuclear entre o Irã e as potências mundiais, assinado em Viena, capital da Áustria. Foto de 2015, em Teerã (Irã).

TRABALHANDO COM DOCUMENTOS

Os quadrinhos reproduzidos abaixo fazem parte do livro *Persépolis*, escrito e desenhado pela iraniana Marjane Satrapi. Ele conta a vida da autora, que tinha 9 anos de idade quando ocorreu a Revolução Islâmica no Irã.

SATRAPI, Marjane. *Persépolis*. São Paulo: Companhia das Letras, 2004. v. 1.

1. Em que aspecto a vida da autora foi alterada com a eclosão da Revolução Islâmica no Irã?
2. Como a mudança foi explicada pelos líderes da Revolução?
3. Como a autora percebeu a transformação na ocasião?
4. Alguma transformação política já afetou sua vida pessoal? Conte o que aconteceu.

A descolonização da Ásia e da África • **CAPÍTULO 11**

A Guerra do Golfo

O Iraque saiu da guerra contra o Irã com uma enorme dívida externa e com os preços de seu principal produto de exportação, o petróleo, em baixa no mercado internacional. O governo de Saddam Hussein acusou o Kuwait de provocar o declínio dos preços do petróleo por meio de sua superprodução.

Em agosto de 1990, tropas iraquianas invadiram o Kuwait. Sob pressão dos Estados Unidos, a ONU condenou a ocupação, recomendou um bloqueio ao Iraque e a imediata desocupação do Kuwait.

Diante da recusa do governo iraquiano em cumprir as determinações da ONU, esta aprovou o uso da força militar. Liderados pelos EUA, 28 países se uniram para atacar o Iraque, dando início à **Guerra do Golfo**.

Em fevereiro de 1991, as tropas de Saddam Hussein foram derrotadas. O líder iraquiano permaneceu no governo, mas o país sofreu sanções econômicas e foi obrigado a submeter seu arsenal bélico ao controle internacional. Além disso, as regiões habitadas por minorias étnicas de oposição, como os curdos, passaram a ser patrulhadas por forças estrangeiras. No final dos anos 1990, o país foi novamente bombardeado por forças internacionais.

Em 2002, quando já se encontrava aniquilado, o país foi acusado pelo governo estadunidense de possuir armas de destruição em massa e de patrocinar o terrorismo internacional. No ano seguinte, Estados Unidos e Inglaterra invadiram o Iraque com o objetivo de derrubar o governo de Saddam Hussein, preso em dezembro de 2003. No ano seguinte, inspetores internacionais confirmaram a inexistência do temido arsenal de armas.

Região do golfo Pérsico (2018)

Fonte: elaborado com base em SIMIELLI, Maria Elena. *Geoatlas*. São Paulo: Ática, 2013. p. 95.

Na foto, tropas estadunidenses sediadas na Arábia Saudita deslocam-se para invadir o Iraque, em janeiro de 1991, durante a Guerra do Golfo.

As consequências da Guerra do Golfo

Os confrontos entre iraquianos e as forças aliadas aos Estados Unidos continuaram fazendo numerosas vítimas. Nem a realização de eleições presidenciais, no início de 2005, nem a execução de Saddam Hussein, em 2006, puseram fim ao conflito.

No final de 2011, quando os EUA retiraram suas tropas do país, a guerra tinha custado várias centenas de bilhões de dólares, além da morte de mais de 3 mil soldados estadunidenses e de mais de 120 mil iraquianos.

Além da destruição do Iraque, foram acirrados os conflitos entre facções iraquianas rivais, especialmente entre xiitas e sunitas, situação que no início da segunda década do século XXI ainda lançava dúvidas sobre o futuro do país.

Em julho de 2014, grupos sunitas radicais proclamaram a criação de um novo Califado, com sede em Raqqa, denominado Estado Islâmico (EI). O Estado Islâmico prega o ódio aos xiitas, aos EUA e aos grupos minoritários de outras etnias.

O EI dominou diversas regiões entre Iraque e Síria e expandiu sua atuação por áreas petrolíferas, reunindo recursos para garantir obtenção de armas e novas regiões. No início de 2015, membros do EI destruíram museus e peças arqueológicas de antigas civilizações da região, como a dos assírios.

Governos ocidentais, liderados pelos EUA, contiveram a expansão do EI com bombardeios localizados via drones, minando o poderio das forças armadas do califado. Em 2017, a Rússia liderou uma ofensiva contra o Estado Islâmico na Síria, que libertou as cidades que estavam sob domínio do grupo. A coalizão militar encabeçada pelos EUA expulsou os membros do EI que controlavam regiões do Iraque. Esses ataques conjuntos enfraqueceram o EI, que perdeu muitos dos territórios que havia conquistado.

Combatentes sírios sobre um veículo blindado após a libertação da cidade de Raqqa, Síria, em 17 de outubro de 2017.

Mapeando saberes

ATENÇÃO A ESTES ITENS

CONFERÊNCIA DE BANDUNG E A INDEPENDÊNCIA DA ÍNDIA

- Após a Segunda Guerra Mundial, muitas colônias da Ásia e da África conquistaram sua independência. Em 1955, representantes de alguns desses países se reuniram na Conferência de Bandung, na Indonésia, a fim de formar um bloco independente dos EUA e da URSS, originando o chamado Terceiro Mundo. Na Índia, Mahatma Gandhi liderou uma luta pacífica contra os colonizadores ingleses. A independência foi obtida em 1947, com a criação da Índia, do Sri Lanka e do Paquistão, países de maioria hinduísta, budista e islâmica, respectivamente.

ÁFRICA: DESTAQUES DA DESCOLONIZAÇÃO

- Na República Democrática do Congo, a independência foi obtida em 1960. Em seguida, o país foi palco de violentos conflitos entre grupos que disputavam o poder, tornando-se alvo de países interessados em suas riquezas minerais. As colônias portuguesas da África só obtiveram sua autonomia após a Revolução dos Cravos (1974), que pôs fim ao regime ditatorial de Antonio Salazar em Portugal. Em Angola e Moçambique, a luta pela independência foi marcada por violentas disputas que opunham grupos financiados pelos EUA e pela URSS, no contexto da Guerra Fria. Após se emancipar em 1948, a África do Sul passou a ser comandada por uma elite branca, que impôs à maioria negra um sistema de segregação racial conhecido como *apartheid*. Este só foi abolido em 1993, após décadas de resistência e desobediência civil promovida pela população negra local.

ÁRABES E ISRAELENSES

- O Oriente Médio, região rica em petróleo e estrategicamente localizada, também foi alvo de muitos conflitos durante a Guerra Fria. As disputas pela região continuam até os dias atuais. Em 1948, logo após a criação do Estado de Israel, na Palestina, países árabes vizinhos atacaram a nova nação. Apoiados pelos EUA, os israelenses revidaram, ocupando regiões destinadas pela ONU à criação de um Estado Palestino. Nas décadas seguintes, inúmeras guerras e ocupações opuseram árabes e israelenses, que ainda não chegaram a um acordo de paz.

IRÃ, IRAQUE E EI

- Em 1979, a Revolução Islâmica pôs fim ao alinhamento do Irã com os EUA. Estes reagiram incentivando o Iraque a entrar em guerra contra os iranianos, em um conflito (1980-1988) que causou meio milhão de mortes. Em 1990, a baixa do preço do petróleo levou o líder iraquiano Saddam Hussein a invadir o vizinho Kuwait. Como consequência, tropas da Otan bombardearam o Iraque, na primeira guerra "quente" após o fim da URSS. O Estado Islâmico (EI) foi um dos desdobramentos dos contínuos conflitos na região do Oriente Médio, que incluem violência e posições extremistas.

POR QUÊ?

- Grande parte dos conflitos que hoje marcam o Oriente Médio são desdobramentos de confrontos iniciados antes e durante a Guerra Fria. Divisões étnicas, religiosas e políticas têm potencializado os embates e multiplicado aos milhões o número de vítimas, de refugiados e de migrantes na região.

- Os efeitos do imperialismo e das guerras pela independência dos países africanos e asiáticos, bem como as atuações de interesses internacionais nessas regiões, influenciaram sua história e são indispensáveis para que possamos conhecer melhor seus povos e entender os impasses desdobrados em crises humanitárias, guerras e migrações.

ATIVIDADES

Retome

1. Explique o que foi a Conferência de Bandung e quais foram as suas consequências.

2. Sobre a independência da Índia, responda:
   a) Quem liderou esse processo?
   b) Quais países surgiram com a independência indiana?
   c) No que consistia a estratégia da resistência pacífica defendida pelo líder desse processo?

3. Identifique o movimento político ocorrido em Portugal que impulsionou o processo de independência das colônias de língua portuguesa na África. O que ele representou?

4. Explique o que foi a política do *apartheid* na África do Sul. Após o seu fim, o que aconteceu com o governo desse país?

5. Explique por que os Estados Unidos combateram a expansão da Revolução Xiita no Oriente Médio.

Analise e discuta um texto

6. Os trechos a seguir compõem um conjunto de palestras feitas pelo escritor israelense Amós Oz, militante do movimento pacifista Paz Agora, que busca lutar por uma solução para os conflitos árabe-israelenses no Oriente Médio.

> Os palestinos estão na sua Palestina porque esta é sua terra natal, a única terra natal do povo palestino. [...] Os judeus israelenses estão em Israel porque não há nenhum outro país no mundo a que os judeus, como povo, como nação, poderiam chamar de seu lar. [...] Os palestinos tentaram, involuntariamente, viver em outros países árabes. Foram rejeitados, às vezes até humilhados e perseguidos, pela chamada "família árabe". [...] De uma maneira estranha, o povo judeu teve uma experiência histórica paralela a esta do povo palestino, de alguma forma. Os judeus foram expulsos da Europa [...]. Quando meu pai era menino, na Polônia, as ruas da Europa estavam cobertas de pichações "Judeus, vão para a Palestina!" [...]. Quando meu pai voltou, em visita à Europa, cinquenta anos mais tarde, os muros estavam cobertos de pichações "Judeus, saiam da Palestina".
>
> [...]
> Como contador de histórias, como romancista, não posso deixar de considerar que esta não é uma história com um lado negro e um lado branco. Não é um conto sobre bandidos e mocinhos. Não é um filme de faroeste, ou o reverso deste. Embora aqui na Europa eu encontre com bastante frequência, com maior frequência que o contrário, pessoas impacientes, que querem sempre saber em cada história, em cada conflito, quem são os "bonzinhos" e os "mauzinhos", quem se deveria apoiar e contra quem se deveria protestar... considero, a partir de minha experiência, que o choque entre judeus israelenses e árabes palestinos não é uma história de bons e maus. É uma tragédia: um choque entre certo e certo.
>
> OZ, Amós. *Contra o fanatismo*. Rio de Janeiro: Ediouro, 2004. p. 46-47 e 88.

a) Para Amós Oz, em que medida as experiências palestina e judaica se aproximam?
b) Como você interpreta as pichações que o pai do autor encontrou nos muros da Europa? A quais contextos históricos as pichações estavam relacionadas?
c) Para Amós Oz, qual é o maior erro dos críticos internacionais ao tentarem avaliar os conflitos entre palestinos e israelenses?

Autoavaliação

1. Quais atividades você considerou mais fáceis e mais difíceis? Por quê?
2. Em quais atividades você utilizou o texto do capítulo como base para sua resposta?
3. Algum ponto do capítulo não ficou muito claro para você? Qual?
4. Você compreendeu o esquema *Mapeando saberes*? Explique.
5. Você saberia apontar exemplos da atualidade considerando o que aprendeu no item *Por quê?* do *Mapeando saberes*?
6. Como você avalia sua compreensão dos assuntos tratados neste capítulo?
   » **Excelente**: não tive nenhuma dificuldade.
   » **Boa**: tive algumas dificuldades, mas consegui resolvê-las.
   » **Regular**: foi difícil compreender certos conceitos e resolver as atividades.
   » **Ruim**: tive muitas dificuldades, tanto no conteúdo quanto na realização das atividades.

LENDO IMAGEM

A economia dos Estados Unidos se expandiu durante a Segunda Guerra Mundial e continuou a crescer nas décadas seguintes. Logo após o conflito, bens que antes eram restritos a uma pequena parcela da população estadunidense passaram a ser acessíveis à maioria da população. O consumo era estimulado por intensa campanha publicitária.

Em geral, os trabalhadores daquele país puderam desfrutar de um padrão de vida mais confortável, graças ao acesso a vários aparelhos elétricos e eletrônicos, alimentos processados, novos tecidos e utensílios de material sintético.

Observe abaixo uma propaganda de um refrigerador de 1952. Em torno do produto, uma família numerosa está empenhada em armazenar nele uma grande quantidade de alimentos. A representação sugere um ideal de felicidade baseado no consumismo e na posse de bens como prova de sucesso social e econômico. No pós-guerra, esse ideal se disseminou na sociedade dos Estados Unidos e de seus parceiros econômicos, incluindo o Brasil.

Propaganda de refrigerador publicada na revista feminina estadunidense *McCall's* em 1952. O texto em vermelho diz, em tradução livre: "Aqui está o espaçoso refrigerador GE que nunca vai ficar pequeno para minha família!".

Em 1986, o artista plástico Andy Warhol estampou o logotipo da General Electric, a mesma marca da propaganda da página ao lado, em uma obra de arte encomendada para uma exposição na cidade de Milão, na Itália. O artista também estampou o logotipo de uma popular marca de salgadinhos estadunidense, compondo um trabalho que traz, ainda, outras referências.

Detalhe de *A última ceia (Mr. Peanut)*, de Andy Warhol (tinta de polímero sintético e tinta de serigrafia sobre tela), de 1986. Warhol se baseou na obra renascentista de Leonardo da Vinci para fazer esse trabalho. A obra de Warhol foi exibida em Milão, próximo ao convento onde se encontra o afresco de Da Vinci.

Identifique os elementos e a composição da obra

1. A obra de Andy Warhol faz referência a um episódio bíblico. Que episódio é esse?
2. De que modo esse episódio é representado na obra?
3. Qual é a diferença de traço usado por Andy Warhol para representar a última ceia e os logotipos das marcas estadunidenses?

Analise a obra

4. O que as diferentes técnicas usadas para representar o episódio bíblico e os logotipos sugerem?

Confronte diferentes representações e faça um desenho

5. A propaganda de refrigerador publicada na revista *McCall's* em 1952 e a obra de Andy Warhol foram produzidas com diferentes finalidades e 34 anos de intervalo entre elas. No entanto, ambas tratam do consumismo, um comportamento social e cultural intensificado no pós-guerra ainda presente nos Estados Unidos e em grande parte dos países de todo o mundo. Quais outros aspectos de uma sociedade consumista você acha que podem ser destacados? Em uma folha de papel sulfite, expresse sua opinião por meio de um desenho.

Trabalhador removendo parte da estátua de Lenin em Berlim Oriental, em novembro de 1991, um ano após a reunificação da Alemanha. A obra havia sido instalada em comemoração ao centenário do nascimento de Lenin, em 1970.

UNIDADE 4

O fim da Guerra Fria e o Brasil recente

Com a queda do Muro de Berlim e o fim da União Soviética, acabava também o período chamado de Guerra Fria e novas potências passaram a se destacar no cenário internacional. O predomínio do capitalismo abriu caminhos para um novo mundo, cada vez mais interligado, caracterizado pelo fenômeno conhecido como globalização. Em meio a tais mudanças internacionais prevaleceu, no Brasil, a reconstrução democrática.

Observe a imagem e responda.

1. De quem é a estátua que está sendo retirada da praça Lenin, na antiga Berlim Oriental, em 1991?

2. Na sua opinião, o que esse gesto simboliza?

CAPÍTULO 12
O fim da Guerra Fria e a globalização

Muro de Berlim. Foto de 1982.

Vimos que a política de "coexistência pacífica", estabelecida por Krushev no final dos anos 1950, não representou o fim das tensões entre soviéticos e estadunidenses, que continuaram a se intensificar nos anos 1960.

Nos anos 1970, os governantes Richard Nixon, dos Estados Unidos da América, e Leonid Brejnev, da União Soviética, retomaram a política de reaproximação conhecida como *détente* (distensão). Em 1972, os dois líderes assinaram o **Tratado sobre Limitação de Armas Estratégicas (Salt I)**, acordo que procurava estabelecer limites para posse de armas nucleares e expansão de arsenais. Em 1979, o presidente estadunidense Jimmy Carter, do Partido Democrata, deu continuidade aos acordos com a assinatura do tratado **Salt II**. Realizou ainda ampla campanha pelos direitos humanos, alterando a política externa dos Estados Unidos. Isso favoreceu processos de redemocratização em países de regimes ditatoriais na América Latina.

No início dos anos 1980, porém, as hostilidades entre soviéticos e estadunidenses ganharam novo impulso.

> **Para começar**
>
> Observe a imagem e responda às questões.
>
> 1. Você já estudou o Muro de Berlim. O que ele separava?
> 2. Você conhece algum outro caso de muro parecido com esse na história?
> 3. Por que o Muro de Berlim é um símbolo do período da Guerra Fria?

1 O fim da Guerra Fria

Apesar de todas as tentativas e acordos estabelecidos entre os governantes dos Estados Unidos e da União Soviética, novas tensões surgiram no início dos anos 1980. Entre outros fatores estão o intervencionismo soviético no Afeganistão e o projeto armamentista dos EUA no governo Ronald Reagan (1981-1988), do Partido Republicano, denominado **Guerra nas Estrelas**, desconsiderando os acordos de limitação de armas estratégicas.

Com o passar do tempo, o enfraquecimento econômico da União Soviética tornava-se cada vez mais evidente. Entre o final dos anos 1970 e o início dos anos 1980, a diminuição da produção industrial e agrícola do país não conseguia atender às necessidades do mercado interno. Nesse contexto, cresciam as pressões por reformulações profundas na estrutura do Estado. Essas mudanças ocorreram, de fato, com Mikhail Gorbachev, eleito Secretário-Geral do Partido Comunista em 1985.

LINHA DO TEMPO

1955-1964 — Período de coexistência pacífica

1964-1982 — Governo L. Brejnev

1985 — Governo M. Gorbachev

1989 — Queda do Muro de Berlim

1991 — Fim da URSS

1991-2006 — Fragmentação da Iugoslávia

1998 — Crise na Rússia

1999 — Crise no Brasil

2000-2002 — Crise na Turquia e na Argentina

2008 — BRIC / Crise financeira nos EUA

2011 — Crise na Europa / China: 2ª maior economia mundial

2014 — Crise da Crimeia

2018 — População mundial: 7,6 bilhões

Linha do tempo esquemática. O espaço entre as datas não é proporcional ao intervalo de tempo.

Mikhail Gorbachev, da União Soviética, e seu anfitrião Ronald Reagan, dos Estados Unidos, assinando acordos na Casa Branca em Washington D.C., EUA, 1987.

A intervenção soviética no Afeganistão

Em 1978, o Afeganistão passou a ser governado por um partido de tendência comunista, que gerou grande descontentamento entre as antigas elites latifundiárias, o clero islâmico e a população, de maioria muçulmana.

Para enfrentar os opositores do novo regime, tropas soviéticas invadiram o Afeganistão em dezembro de 1979. Ali permaneceram durante dez anos, combatendo grupos guerrilheiros formados por fundamentalistas islâmicos, patrocinados pelos EUA.

O apoio soviético, contudo, não impediu o desgaste interno do governo afegão. Em 1989, a URSS negociou com os grupos rebeldes sua retirada, favorecendo a ascensão política de grupos guerrilheiros financiados pelos Estados Unidos. Entre eles, destacaram-se o talibã, que governou o Afeganistão entre 1996 e 2000, e a Al-Qaeda, liderada por Osama bin Laden.

Contudo, com o fim da Guerra Fria, esses grupos passaram a ser considerados terroristas pelos EUA, que se tornaram o alvo preferencial de seus ataques.

2 A crise da URSS e o governo Gorbachev

Afeganistão (2018)

Fonte: elaborado com base em SIMIELLI, Maria Elena. *Geoatlas*. 32. ed. São Paulo: Ática, 2009. p. 89.

Quando Gorbachev assumiu o comando da União Soviética, era evidente a desigualdade entre o bloco socialista e o capitalista. Países como EUA, Japão e Alemanha conheciam um enorme crescimento econômico. Enquanto isso, a economia da URSS encontrava-se estagnada por uma série de motivos, entre eles:

- sua rígida e lenta estrutura burocrática, que contrastava com a rapidez e o dinamismo produtivo dos países capitalistas;
- o controle estatal da economia, que impedia a livre concorrência e dificultava, assim, o desenvolvimento tecnológico e a criatividade;
- os enormes gastos destinados à corrida armamentista e à sustentação de Estados e grupos pró-soviéticos;
- a crescente exigência da população por bens de consumo, incentivada principalmente pela propagação dos valores da sociedade estadunidense;
- as pressões pelo fim das restrições políticas.

Para enfrentar esse quadro, Gorbachev colocou em prática uma ampla reforma fundada em três pilares básicos: a **distensão internacional**, com acordos que pudessem interromper a corrida armamentista; a **reestruturação econômica**, chamada *perestroika*; e a **abertura política**, denominada *glasnost*.

A *glasnost* estabeleceu o fim do regime de partido único, provocando o surgimento de novas agremiações. Sentindo-se ameaçados, os burocratas tradicionais buscaram emperrar as reformas políticas, ampliando as enormes dificuldades da população soviética.

Nesse embate, formaram-se dois poderosos grupos políticos: os **conservadores**, contrários às mudanças defendidas por Gorbachev; e os **ultrarreformistas**, defensores da aceleração da *perestroika*. Entre estes últimos, destacava-se Boris Yeltsin, presidente da Rússia, principal República da União Soviética.

Em 1987, Gorbachev e Reagan assinaram um tratado que previa a eliminação dos mísseis de longo alcance dos dois países. A charge de Plantu, de 1987, ironiza a destruição dos armamentos, mostrando os dois líderes jogando mísseis num caminhão de lixo.

A desintegração do bloco soviético

A *perestroika* e a *glasnost*, associadas à aproximação com os países capitalistas, produziram a desagregação do bloco soviético. O símbolo maior desse processo foi a **derrubada do Muro de Berlim** pela população, em novembro de 1989. No ano seguinte, a Alemanha Oriental (socialista) e a Alemanha Ocidental (capitalista) foram reunificadas e, em 1991, Berlim voltou a ser a capital de toda a Alemanha.

De olho na tela

Adeus, Lênin. Direção: Wolfgang Becker. Alemanha, 2003. Na Alemanha Oriental, uma adepta fervorosa do partido socialista fica em coma durante oito meses. Quando acorda, a Alemanha estava unificada. Como não pode ter emoções fortes, seu filho faz de tudo para evitar que ela descubra a nova realidade.

Terra de ninguém. Direção: Danis Tanovic. Bósnia/Eslovênia/França/Itália/Reino Unido/Bélgica, 2001. Mostra a Guerra da Bósnia com um número muito reduzido de personagens, que representam as principais partes do conflito: os sérvios, os bósnios, a ONU e a imprensa.

A queda do Muro de Berlim e a abertura Leste-Oeste, em 11 de novembro de 1989.

Nos demais países do Leste Europeu, a queda do comunismo originou grandes crises políticas. Em alguns deles, as antigas lideranças conseguiram negociar a transição com os opositores e promoveram eleições livres. Foi o caso da Polônia, da Albânia e da Tchecoslováquia, esta última dividida em 1993 em duas Repúblicas (a Tcheca e a Eslovaca).

Em outros, o processo foi violento, como na Romênia, onde o chefe do governo comunista Nicolae Ceausescu foi preso e executado com sua esposa. Na Iugoslávia, o fim do comunismo trouxe à tona antigos conflitos históricos e étnicos, que desencadearam uma violenta guerra civil e levaram à fragmentação do país em várias novas repúblicas.

Os Bálcãs em guerra

Na Iugoslávia, criada em 1929, viviam povos de origens e religiões diferentes. Depois da expulsão dos alemães, em 1945, o líder comunista Josip Tito (1892-1980) transformou o país em um Estado socialista, formado por Eslovênia, Croácia, Bósnia-Herzegovina, Sérvia, Montenegro e Macedônia.

A crescente dificuldade econômica dos anos 1980 causou o colapso do país e a crise dos países socialistas abalou ainda mais o frágil equilíbrio na região. A partir de 1991, as lutas de independência levaram à proclamação de diversas repúblicas, mergulhando a região num dos conflitos mais violentos desde o fim da Segunda Guerra Mundial. A separação de Kosovo, em 2008, completou a fragmentação da ex-Iugoslávia.

3 O fim da União Soviética

As mudanças no Leste Europeu promoveram intensos debates em todo o mundo. Por um lado, Gorbachev obtinha prestígio internacional graças aos acordos de desarmamento, que lhe renderam o prêmio Nobel da Paz de 1990. Por outro lado, crescia na União Soviética o descontentamento com o governo.

A produção do país não conseguia atender às necessidades de consumo da população. Ao mesmo tempo, multiplicavam-se os conflitos provocados pela diversidade de mais de 100 povos agregados à União Soviética. Em meio a esse quadro, em 1991, as repúblicas bálticas (Estônia, Letônia e Lituânia) declararam independência.

Em agosto do mesmo ano, os conservadores tentaram um golpe de Estado para derrubar Gorbachev. Enfrentaram, porém, condenação internacional e forte resistência interna, liderada pelo presidente da Rússia, Boris Yeltsin. Em poucos dias, o golpe estava desmantelado, e a popularidade de Yeltsin, em alta. O Partido Comunista (PCUS), acusado de ligação com os golpistas, foi dissolvido por Gorbachev, que perdeu prestígio e força política.

Em dezembro de 1991, enfraquecido e pressionado, Gorbachev declarou a autonomia das repúblicas. No lugar da União Soviética, surgia a **Comunidade de Estados Independentes (CEI)**, uma espécie de órgão coordenador das várias ex-repúblicas soviéticas. Pouco depois, Gorbachev renunciaria ao poder.

Com a desagregação da URSS, a posição de maior e mais poderoso país da região ficaria com a Rússia, sob o governo de Boris Yeltsin.

> **Minha biblioteca**
>
> **Nós o povo: a revolução de 1989 em Varsóvia, Budapeste, Berlim e Praga**, de Timothy Garton Ash, Companhia das Letras, 1990. Livro do jornalista inglês que conta como testemunhou de perto alguns dos principais eventos da derrocada do bloco soviético em diversos países.

Comunidade de Estados Independentes (1991)

Fonte: elaborado com base em IBGE. *Atlas geográfico escolar*. 6. ed. Rio de Janeiro, 2012. p. 47.

O fim da URSS deu origem à Comunidade de Estados Independentes (CEI), uma organização para coordenar a política e a economia de 12 das 15 ex-repúblicas soviéticas.

As sucessivas crises na Rússia

Nos anos 1990, a política nas antigas repúblicas soviéticas se manteve bastante turbulenta, em parte, devido à crise econômica: entre 1990 e 1997, o PIB regional caiu cerca de 58%.

Também se multiplicaram os conflitos étnicos separatistas. O mais grave deles ocorreu na Chechênia, província russa de população predominantemente muçulmana.

Sua capital, Grozny, passou a ser palco de violentos enfrentamentos entre forças militares russas e separatistas, que se estenderam ao longo dos anos 1990 e 2000, resultando em maior autonomia dessa região em relação ao governo russo.

Em 1993, Boris Yeltsin fechou o Parlamento russo, que fazia oposição ao seu governo. Em seguida, convocou eleições para um novo Legislativo, e um referendo aprovou a nova Constituição por ele proposta. Em 1996, foi reeleito presidente, derrotando o candidato comunista.

Em 1998, a Rússia tornou-se centro de uma crise financeira internacional. O índice de desemprego era grande e 35% dos russos viviam abaixo da linha de pobreza. Eram os piores índices econômicos e sociais desde a fragmentação da União Soviética.

Em meio a sucessivas pressões políticas, acusações de corrupção, ameaças de *impeachment* e outras dificuldades, Yeltsin renunciou à Presidência, em 31 de dezembro de 1999. Esta foi assumida pelo então primeiro-ministro Vladimir Putin, que venceu as eleições presidenciais de 2000 e de 2004. Em 2008, Putin assumiu o cargo de primeiro-ministro do presidente recém-eleito Dmitri Medvedev, retornando à presidência em 2012 e sendo reeleito, mais uma vez, em 2018.

Mesmo com a retomada do crescimento econômico, nos primeiros anos do século XXI a Rússia continuou sentindo os efeitos das transformações ocorridas desde o fim da União Soviética.

Em 2014, a região da Crimeia, área em que boa parte da população é de origem russa, declarou sua independência em relação à Ucrânia por meio de um referendo. Apesar da oposição do governo ucraniano e da reprovação por parte dos governos dos Estados Unidos, dos países da Europa e do Japão, a Crimeia integrou-se à Federação Russa. Em seguida, outras regiões ucranianas do leste passaram a negar o governo ucraniano, enquanto os países ocidentais adotavam sanções econômicas e diplomáticas contra a Rússia. Confrontos armados se seguiram, formando mais um foco de tensão internacional, ampliado nos anos seguintes com o apoio russo ao governo da Síria, contra as atuações na região por parte dos EUA e dos países europeus.

Área residencial de Idlib, na Síria, destruída por bombardeio aéreo. Foto de 2018. Manifestações contra o governo de Bashar al-Assad, da Síria, ganharam força e foram fortemente reprimidas em 2011. Os confrontos desdobraram-se em violenta guerra civil, com diferentes modos de apoio internacional: da Rússia e do Irã a Bashar al-Assad; e dos EUA, Arábia Saudita, Turquia, Inglaterra e França aos opositores. Até março de 2018, estimava-se que a guerra havia provocado mais de 350 mil mortos. Perto de 6 milhões abandonaram suas casas, mudando-se para outras regiões do país, e 5,6 milhões deixaram a Síria.

4 A China em transformação

A desintegração do bloco soviético não significou o fim do socialismo ou do comunismo. Em alguns países, governos socialistas buscaram novos caminhos para sobreviver e alcançar o seu desenvolvimento. Foi o caso de Cuba, Vietnã, China e Coreia do Norte, entre outros. Vamos analisar aqui o caso da China, que, após reformas econômicas, tornou-se uma potência industrial e financeira no início do século XXI.

Desde a década de 1950, o governo chinês procurou se distanciar da União Soviética, buscando uma atuação independente no campo dos países socialistas. Na década seguinte, para obter apoio popular, Mao Tsé-tung liderou um grande movimento conhecido como **Revolução Cultural**, que envolveu toda a China e fortaleceu seu comando sobre o país. Ao mesmo tempo, seu regime perseguiu, torturou e até mesmo executou intelectuais e artistas que se opunham – ou eram acusados de se opor – aos rumos das transformações.

Com a morte de Mao, em 1976, o governo passou para as mãos de Deng Xiaoping, que adotou a **política das quatro modernizações**, incentivando a indústria, a agricultura, a ciência e a tecnologia. Procurou ainda anular a influência de Mao, revertendo a coletivização no campo e nas cidades. Também incentivou o desenvolvimento da iniciativa privada, sob controle do Estado, e a importação de tecnologias dos centros capitalistas, sobretudo dos Estados Unidos, do qual se aproximou.

Mao Tsé-tung (1893-1976). Foto de c. 1970.

As transformações na economia, porém, não foram acompanhadas de uma abertura política. As mobilizações populares contra a ordem instaurada pelo Partido Comunista Chinês continuaram a ser reprimidas violentamente, como aconteceu com o massacre na Praça da Paz Celestial, em 1989.

Na passagem para o século XXI, as autoridades chinesas continuaram aliando o discurso socialista a práticas econômicas típicas do capitalismo, naquilo que denominavam **socialismo com características chinesas**. O contínuo crescimento da economia chinesa, em uma média superior a 7,5% até 2013, tornou o país, desde 2010, a segunda maior economia do mundo, atrás dos Estados Unidos e na frente do Japão.

 **Minha biblioteca**

Cisnes selvagens: três filhas da China, de Jung Chang, Companhia das Letras, 1994. Neste romance épico, a autora recria as transformações ocorridas na China no século XX, baseando-se nas memórias familiares de três gerações de mulheres.

▷ Um estudante tenta barrar o avanço de tanques com o próprio corpo em protesto contra o autoritarismo governamental. Praça da Paz Celestial, Pequim, 1989.

5 O mundo pós-Guerra Fria

Com o fim da Guerra Fria, a bipolaridade do mundo se desfez e os Estados Unidos se tornaram a maior potência do planeta. Firmando seu poderio, os estadunidenses se envolveram em novos conflitos internacionais, como a guerra no Afeganistão, iniciada em 2001, e a ocupação do Iraque, de 2003 a 2011. Esses conflitos provocaram enormes gastos, estimados em U$ 4,4 trilhões até 2014.

O 11 de setembro e o Afeganistão

No dia 11 de setembro de 2001, terroristas sequestraram três aviões de passageiros e os lançaram contra dois grandes edifícios de Nova York (as torres gêmeas do World Trade Center) e o Pentágono, nos arredores de Washington. Um quarto avião, que também foi sequestrado, caiu na Pensilvânia, provavelmente abatido pela Força Aérea enquanto se dirigia para a Casa Branca.

Os ataques, que visaram aos principais símbolos do poderio econômico e militar dos Estados Unidos, deixaram milhares de mortos e expuseram a vulnerabilidade da nação mais poderosa do mundo.

A responsabilidade dos atentados foi assumida pela Al-Qaeda, facção **terrorista** fixada no Afeganistão e apoiada pelo grupo governamental Talibã. Em resposta, os estadunidenses invadiram o país asiático e deram início à primeira guerra declarada do século XXI, que culminou com a queda do Talibã e o estabelecimento de um novo governo no Afeganistão no final de 2001.

Ainda assim, as tropas da **Otan** permaneceram no país, que conheceu uma grande instabilidade política e militar nos anos seguintes. Em março de 2018, os Estados Unidos ainda mantinham 13 329 soldados no Afeganistão.

O atentado ao World Trade Center em Nova York, em 11 de setembro de 2001.

Globalização e novas alianças

Do ponto de vista econômico, a supremacia do capitalismo no pós-Guerra Fria estimulou as trocas financeiro-comerciais entre as nações e a integração dos mercados no mundo inteiro. Esse processo, em que todos os países do planeta se interligam cada vez mais, ficou conhecido como **mundialização capitalista** ou **globalização**. Na prática, porém, buscando desenvolver suas economias, as nações formaram novas alianças, não mais centradas em questões político-ideológicos, como na Guerra Fria, e sim predominantemente em interesses econômicos.

Das diversas alianças ganharam força aquelas que apontavam para uma economia mundial multipolar. Alguns blocos se destacavam nesse novo arranjo mundial:

- **Nafta**: ou Tratado de Livre-Comércio da América do Norte, integrando Estados Unidos, Canadá e México, sob a liderança dos Estados Unidos;
- **União Europeia (UE)**: liderado por Alemanha, França e a Inglaterra;
- e o bloco da região do **Pacífico**, sob liderança do Japão.

Questões político-financeiras mundiais passaram a ser debatidas pelo **Grupo dos 7**, ou **G7**, um colegiado informal que reúne as sete grandes potências capitalistas (Estados Unidos, Canadá, Alemanha, Reino Unido, França, Itália e Japão). Em 1998, a Rússia foi admitida no grupo, que passou a se chamar **G8**, mas foi excluída em 2014, após a anexação da Crimeia (província ucraniana). Nos anos 2000, cresceu também a importância política do **Grupo dos 20**, ou **G20**, grupo das 19 maiores economias do mundo, mais a **União Europeia**. Ao mesmo tempo, ganharam relevância os países denominados "emergentes", que formaram o **BRICS**, tendo grande destaque o polo da China.

Para regular suas relações, os líderes dos países capitalistas têm contado com poderosos organismos supranacionais, como a **Organização Mundial do Comércio (OMC)**, que supervisiona o comércio internacional, e o **Fundo Monetário Internacional (FMI)**, que procura auxiliar os países em dificuldades e controlar as crises internacionais, entre outras funções.

Encontro do BRICS em Johannesburgo, África do Sul, julho de 2018.

 Saiba mais

BRICS

Como entidade político-diplomática, Brasil, Rússia, Índia e China realizaram sua primeira reunião formal em 2008, assumindo o termo BRIC, criado alguns anos antes pelo mercado financeiro. Com a adesão da África do Sul em 2011, firmou-se o BRICS, conjugando países que tinham grande potencial de crescimento. Nos últimos anos buscou-se ampliar a cooperação econômica e política na agenda internacional e na cooperação multissetorial em diversas áreas, como saúde, ciência, tecnologia e inovação, turismo, etc. Destacam-se o encontro de cúpula de 2014, em que se firmaram acordos de constituição do Novo Banco de Desenvolvimento (NBD) para financiamento de projetos de infraestrutura e desenvolvimento sustentável, e o de 2017, com entendimentos para aprofundar essa atuação financeira e de pesquisas, como a Rede de Pesquisa em Tuberculose do BRICS.

6 O neoliberalismo e as crises econômicas

Para dinamizar a economia capitalista, as organizações empresariais passaram a ocupar espaços e realizar tarefas antes reservadas aos Estados, que diminuíram sua intervenção sobre a produção, o comércio e as finanças de seus países. Com isso, valorizou-se a economia de mercado, em uma política denominada **neoliberalismo**, que:

- destaca a necessidade de abertura da economia aos investimentos estrangeiros diretos; e
- sugere a diminuição da participação do Estado na economia para permitir maior autonomia ao setor privado.

Nas últimas décadas do século XX, a política neoliberal foi incentivada pelos governos conservadores de Margaret Thatcher, no Reino Unido; Ronald Reagan, nos Estados Unidos; e Helmut Kohl, na Alemanha.

A adoção do neoliberalismo, contudo, não evitou novas crises econômicas, que se proliferaram a partir da última década do século XX: no México (1994-1995), no Sudeste Asiático (1997), na Rússia (1998), no Brasil (1999), na Turquia e na Argentina (2000-2002), gerando maior endividamento desses países e o empobrecimento de suas populações. Buscando contê-las, muitos governos retomaram medidas intervencionistas na economia, na tentativa de reverter as práticas neoliberais.

Em 2008, teve início nos Estados Unidos uma crise financeira de grandes proporções. Como resultado, assistiu-se à quebra de bancos, diminuição de investimentos na produção, falências e desemprego, que se alastrou para outras economias do mundo nos anos seguintes. Vários países da Europa também entraram em crise, o que pôs em risco a Zona do Euro e ampliou o desemprego e as dificuldades sociais do continente.

> **Zona do Euro**: conjunto de países que adotam o euro como moeda única.

Desde 2008, Grécia, Portugal, Espanha e Itália enfrentaram grandes dificuldades econômicas. Os empréstimos da União Europeia a esses países foram condicionados a cortes de salários e de aposentadorias, privatizações e diminuição dos gastos governamentais, incluindo demissão de funcionários. Em 2017, entretanto, França, Itália, Espanha e até mesmo a Grécia voltaram a crescer. A economia dos países da União Europeia teve crescimento médio de 2,7% nesse ano. Também afetado pela crise, em 2016, após um plebiscito, o Reino Unido aprovou o Brexit (*Britain Exit*), a saída da União Europeia, que passou a ser negociada nos anos seguintes.

Apoiadores do Brexit na Inglaterra. Foto de 2018.

7 Neoliberalismo na América Latina

Nos anos 1970 e 1980, predominaram a recessão e a inflação alta, o que ampliou as desigualdades sociais na região. A estabilização monetária e o fim da inflação desenfreada só foram conseguidos nos últimos anos do século XX. No final da década de 1980, economistas das grandes instituições financeiras reuniram-se para debater a dívida da América Latina. Como resultado, produziram um conjunto de normas neoliberais, conhecidas como **Consenso de Washington**, a serem adotadas para a recuperação dos países latino-americanos. Órgãos financiadores, como o FMI e o Banco Mundial, passaram a exigir que os países tomadores de empréstimo (incluindo os de outros continentes) implantassem reformas econômicas baseadas nessas normas.

Entre as medidas propostas, estavam o favorecimento da livre circulação dos capitais e das mercadorias, a abertura das economias nacionais a investimentos internacionais e a redução dos gastos do Estado por meio da privatização de empresas estatais ou da diminuição do número de funcionários e serviços públicos.

Essa remodelação reduziu consideravelmente a inflação, mas não promoveu crescimento nem diminuiu as desigualdades sociais. No final dos anos 1990, havia cerca de 200 milhões de pobres na América Latina, e em 2002 a taxa de desemprego da região estava em 10,5%, até então um dos maiores índices já registrados.

Charge de Plantu, publicada em 1996, mostra desigualdades econômicas.

Ao longo da década de 1990 e da seguinte, os países da América do Sul e Central procuraram formar blocos regionais como o **Mercado Comum do Sul (Mercosul)**, a **Comunidade Andina** e o **Mercado Comum Centro-Americano (Caricom)**. Eles buscavam ampliar as trocas econômicas regionais e aumentar a participação no cenário internacional, mas não conseguiram reverter a relativa subordinação às grandes economias capitalistas.

Os graves problemas sociais e a queda do rendimento das classes trabalhadoras propiciaram uma onda de **protestos populares** em oposição às políticas neoliberais.

Na Venezuela, no Brasil, na Argentina, no Equador, no Paraguai e no Uruguai os processos eleitorais ocorridos entre os anos 1990 e a década seguinte resultaram na vitória de candidatos de esquerda ou centro-esquerda, críticos dessas práticas. Mesmo sem abandonar completamente o neoliberalismo, esses governos se comprometiam a rever os programas de desenvolvimento adotados e a melhorar as condições socioeconômicas.

Retomou-se a participação do Estado na promoção de políticas de redistribuição de renda e de desenvolvimento econômico na América Latina, o que resultou em um novo ciclo de crescimento, com melhorias nos índices sociais. Ao mesmo tempo, esses países buscaram fortalecer entre si novas parcerias de investimento, aproveitando as boas condições de crescimento econômico mundial, especialmente do desenvolvimento da China e de outros países, como Índia e Brasil.

Contudo, a partir dos anos 2010, diante dos desdobramentos da crise iniciada nos Estados Unidos em 2008, ganhou força a retração na economia internacional, afetando as políticas sociais latino-americanas, incluindo o Brasil. Depois de uma década de redução da pobreza, esta voltou a crescer na região entre 2015 e 2017, como mostram os gráficos abaixo.

> **Retração:** encolhimento, redução.

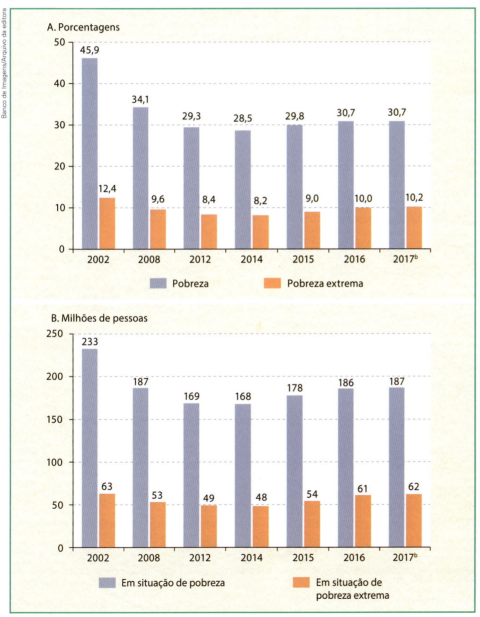

Porcentagem e número de pessoas em situação de pobreza e extrema pobreza, América Latina[a]: 2002-2017

a) Média ponderada dos seguintes países: Argentina, Bolívia, Brasil, Chile, Colômbia, Costa Rica, Equador, El Salvador, Guatemala, Honduras, México, Nicarágua, Panamá, Paraguai, Peru, República Dominicana, Uruguai e Venezuela.

b) O dado de 2017 corresponde a uma projeção.

Fonte: elaborado com base em CEPAL – Comisión Económica para América Latina y el Caribe. Panorama Social de América Latina, 2017 (LC/PUB.2018/1-P), Santiago, 2018.

> **De olho na tela**
>
> **Pão e rosas.** Direção: Ken Loach. França/Reino Unido/Espanha/Alemanha/Suíça, 2000. Filme que mostra a vida de imigrantes latinos nos Estados Unidos por meio da história de duas mexicanas que trabalham como faxineiras em um prédio comercial.

TRABALHANDO COM DOCUMENTOS

A canção "Fora da ordem" foi composta e interpretada por Caetano Veloso, em 1991. Leia este trecho da letra e, se possível, ouça a música. Depois resolva as questões propostas.

Fora da ordem

Vapor Barato, um mero serviçal do narcotráfico,

Foi encontrado na ruína de uma escola em construção

Aqui tudo parece que é ainda construção e já é ruína

Tudo é menino e menina no olho da rua

O asfalto, a ponte, o viaduto ganindo pra lua

Nada continua

E o cano da pistola que as crianças mordem

Reflete todas as cores da paisagem da cidade que é muito mais bonita

e muito mais intensa do que no cartão-postal.

Alguma coisa está fora da ordem

Fora da nova ordem mundial.

[...]

Meu canto esconde-se como um bando de ianomâmis na floresta

Na minha testa caem, vêm colar-se plumas de um velho cocar

Estou de pé em cima do monte de imundo lixo baiano

Cuspo chicletes do ódio no esgoto exposto do Leblon

Mas retribuo a piscadela do garoto de frete do Trianon

Eu sei o que é bom

Eu não espero pelo dia em que todos os homens concordem

Apenas sei de diversas harmonias bonitas possíveis sem juízo final.

Alguma coisa está fora da ordem

Fora da nova ordem mundial.

VELOSO, Caetano. Fora da ordem. *Circuladô*. Gravadora: Phonogram/Philips, 1991.

1 ▸ Quais palavras e situações da canção "Fora da ordem" mais chamaram sua atenção? Por quê?

2 ▸ Quais contradições do cotidiano das grandes cidades brasileiras são mencionadas na canção?

3 ▸ No início dos anos 1990, muitos analistas propagavam uma visão positiva da chamada Nova Ordem Mundial. De que maneira a canção de Caetano Veloso posiciona-se em relação a essa visão?

4 ▸ Em sua opinião, canções como "Fora da ordem" interferem na maneira como as pessoas compreendem o mundo em que vivem? Justifique.

8 Os grandes conglomerados

Nos anos 1990 grandes empresas multinacionais se espalharam pelo mundo, contando com a adoção das políticas neoliberais em muitos países periféricos, principalmente na Ásia, na América Latina e em países do leste europeu. Nesse novo contexto de abertura econômica, porém, tais empresas mudaram seu perfil. Deixaram de ser corporações com sede em um país e atuação em vários territórios do mundo para se tornarem conglomerados de empresas com representações em diversos países.

▶ **Conglomerado:** aglomerado, agrupamento, bloco.

▶ Charge de Patrick Chappatte, de 2006. Na placa, lê-se: "Fronteira dos EUA. Afaste-se". O muro pretende conter a entrada de imigrantes mexicanos nos Estados Unidos, mas o autor, ironicamente, considera que os trabalhadores mexicanos são importantes para a economia estadunidense.

O resultado de toda essa transformação está na possibilidade de encontrar, no mercado brasileiro, europeu ou latino-americano, um produto desenvolvido nos Estados Unidos, montado na China e utilizando componentes vindos da Alemanha, da Coreia do Sul e do Japão, por exemplo.

Cada uma das empresas de um conglomerado pode ter sócios de várias nacionalidades que compraram suas ações nas bolsas de valores de Pequim, Nova York ou Frankfurt. Essas transações são acompanhadas por investidores em todo o mundo, em tempo real, graças às inovações da internet e de mecanismos que permitem transferências de valores entre continentes. Caso uma dessas empresas tenha dificuldades que provoquem a queda do preço de suas ações, tal instabilidade se refletirá rapidamente em todas as outras bolsas.

Os investimentos das grandes empresas e as regras para a sua atuação em diferentes mercados não são regulados pelos governos dos países em que atuam, mas por órgãos internacionais, como a OMC, o FMI e o Banco Mundial. Para os críticos do neoliberalismo, essa prática fere, muitas vezes, a soberania dos países, principalmente daqueles com problemas financeiros.

Crises sociais

É comum os grandes conglomerados internacionais garantirem os baixos custos de sua produção por meio da superexploração do trabalho. Em países como China, Indonésia e Brasil, são frequentes as denúncias de práticas equivalentes à escravidão em fábricas vinculadas a grandes marcas internacionais, tanto de produtos eletrônicos como de vestuário.

O desemprego é outro grave problema social aumentado com a globalização. No final do século XX, a Organização Internacional do Trabalho (OIT) divulgou que estavam desempregados ou subempregados mais de 30% da População Economicamente Ativa (PEA) do mundo, formada por cerca de um bilhão de pessoas.

> **OIT:** Agência ligada à ONU. Atua na busca de soluções que promovam melhorias nas condições de trabalho.

No início de 2018, a OIT estimava um total de 192 milhões de desempregados em todo o mundo e tendência de aumentar para 193 milhões em 2019. Esse quadro colabora para manter elevados os índices de pobreza, a desigualdade e a criminalidade.

Quanto à desigualdade no mundo, entre 2016 e 2017 apenas oito homens possuíam a mesma riqueza que a metade mais pobre da população mundial - 3,6 bilhões de pessoas. De toda riqueza gerada nesses anos, 82% ficou com o 1% mais rico, acentuando a desigualdade distributiva da economia.

Em uma ordem internacional em que o mercado passou a ser o eixo da vida, não é de estranhar a crescente valorização do consumo, que define o *status* social e colabora para a destruição do meio ambiente, pela exploração mal planejada dos recursos naturais. Considerando que a população mundial já superou os 7,6 bilhões de habitantes e que ela cresce aproximadamente 80 milhões de habitantes a cada ano, se o consumo crescente for mantido sem um modelo sustentável de produção, as fragilidades do meio ambiente serão potencializadas.

> ***Status:*** condição, situação.

Vista aérea da favela Paraisópolis, na cidade de São Paulo (SP), em foto de 2016. A favela é um exemplo da exclusão e da miséria contrastantes com os bolsões de riquezas da capital paulistana.

> **Minha biblioteca**
>
> **Biopirataria: a pilhagem da natureza e do conhecimento**, de Vandana Shiva, Editora Vozes, 2001. Nesta obra, a ativista indiana discute os programas de biotecnologia e monocultura que põem em risco a biodiversidade e os saberes milenares da humanidade.

Mapeando saberes

GOVERNO DE MIKHAIL GORBACHEV (1985-1991)

- Promoveu a abertura política (*glasnost*), a reestruturação econômica (*perestroika*) do país e acabou com o sistema de partido único.
- Desdobramento dessas medidas: queda do comunismo nas principais repúblicas soviéticas, que em 1991 se desmembraram em países autônomos. A Rússia, principal ex-república soviética, enfrentou inúmeras crises políticas e econômicas após o fim do comunismo. Apesar disso, o país conseguiu retomar o crescimento econômico no início do século XXI, figurando ainda entre as maiores potências do mundo.

- Anos 1970: marcados pela *détente*, política de distensão entre EUA e URSS, que resultou em acordos para limitar a corrida armamentista.
- Final dos anos 1970: produção soviética dava sinais de crise, não acompanhando o desenvolvimento tecnológico das potências capitalistas nem atendendo às demandas de consumo de sua população.
- Anos 1980: marcados por tensões entre as duas superpotências. Apesar dos esforços diplomáticos, a principal causa do fim da Guerra Fria foi de natureza econômica.

ATENÇÃO A ESTES ITENS

- China: desenvolvimento econômico alcançado com a sua adaptação às demandas do mundo capitalista. A modernização tecnológica e o auxílio da iniciativa privada, (sob rígido controle do Estado), permitiram ao país se transformar em uma das maiores potências do século XXI. Com o fim da Guerra Fria, os EUA afirmaram sua supremacia mundial e envolveram-se em novos conflitos internacionais.

- Dinâmica do capitalismo nesse contexto integrou economicamente todos os países do planeta, no processo conhecido como globalização.
- No lugar dos antigos blocos políticos, formaram-se alianças econômicas regionais, como o Nafta, o Mercosul, a União Europeia e o Bloco do Pacífico.
- Uma das características do mundo globalizado é a hegemonia da ideologia neoliberal, segundo a qual o Estado deve intervir o menos possível na economia. Na América Latina, políticas neoliberais foram adotadas no final dos anos 1980, incentivadas pelo Consenso de Washington. A adoção do neoliberalismo, porém, não pôs fim às crises periódicas do capitalismo, nem conseguiu reverter significativamente a pobreza no mundo e tem ampliado as desigualdades sociais. Em reação a elas, alguns países têm adotado medidas intervencionistas.

POR QUÊ?

- A geopolítica do mundo atual foi definida, principalmente, a partir do fim da Guerra Fria, nos anos 1990. A importância que a China tem hoje na economia mundial só pode ser entendida com as mudanças das últimas décadas do século XX e início do XXI.

- As recentes crises internacionais têm motivado discussões sobre a ideologia neoliberal e exigido atuações dos governantes e das organizações supranacionais para soluções na condução da economia mundial.

- A questão social, como o desemprego em época de globalização, é um dos principais problemas a serem enfrentados em nosso tempo. Juntam-se ainda os conflitos internacionais, a estrutura de poderes entre as potências, a desigualdade social, a pobreza de grande parte da população mundial, o consumo excessivo e a questão do meio ambiente.

ATIVIDADES

> **Retome**

1. Explique os principais motivos que levaram à crise e ao fim da União Soviética.

2. Como se caracteriza o socialismo chinês atualmente?

3. Explique as práticas e ideias econômicas que definem o neoliberalismo.

4. O que foi o Consenso de Washington?

5. Considere a imagem a seguir, que mostra a situação dos habitantes de Moscou, em meio a crise da União Soviética, e identifique as medidas adotadas por Gorbachev para tentar solucioná-la.

▷ Fila de consumidores que aguardam para comprar pão em Moscou, em 1986.

> **Analise mapas**

Preste atenção nos mapas a seguir. Eles mostram a divisão e o fim da Iugoslávia e a composição étnica da região.

Divisão e fim da Iugoslávia (1991-2008)

Fonte: elaborado com base em IBGE. *Atlas geográfico escolar.* 6. ed. Rio de Janeiro, 2012. p. 43.

Composição étnica da antiga Iugoslávia

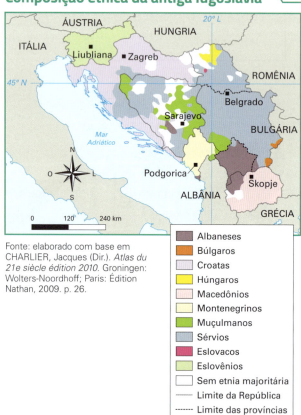

Fonte: elaborado com base em CHARLIER, Jacques (Dir.). *Atlas du 21e siècle édition 2010.* Groningen: Wolters-Noordhoff; Paris: Édition Nathan, 2009. p. 26.

218 ATIVIDADES

6. Em relação ao mapa *Composição étnica da antiga Iugoslávia*, responda:

    a) Quais grupos étnicos ocupavam a maior área da antiga Iugoslávia?

    b) Quais povos minoritários se encontram dispersos pelo interior do território da ex-Iugoslávia?

7. Em relação ao mapa *Divisão e fim da Iugoslávia*, responda: Quais estados se formaram a partir da fragmentação da antiga Iugoslávia?

8. Compare os dois mapas:

    a) É possível identificar coincidências entre a formação dos novos Estados e a distribuição étnica da população pelo território da ex-Iugoslávia? Explique.

    b) Quais grupos étnicos, em sua avaliação, podem ter sido vítimas de mais perseguições no processo de formação dos novos Estados? Onde os conflitos foram mais intensos? Justifique.

Discuta um texto

9. No livro *A corrida para o século XXI*, o historiador Nicolau Sevcenko discute as transformações que a globalização promoveu na relação entre os Estados e as empresas transnacionais. Leia o trecho a seguir e responda às questões.

   Pode-se dizer que desde a Revolução Científico-Tecnológica até os anos 1970, a tendência histórica foi que os Estados nacionais controlassem a economia e as grandes corporações, impondo-lhes um sistema de taxação pelo qual transferiam parte dos seus lucros para setores carentes da sociedade, organizando assim uma redistribuição de recursos na forma de serviços de saúde, educação, moradia, infraestrutura, seguro social, lazer e cultura, o que caracterizou a fórmula mais equilibrada de prática democrática, chamada "Estado de bem-estar social". No mesmo sentido, as organizações operárias, os sindicatos e as associações da sociedade civil atuavam tanto para pressionar as corporações a reconhecer os direitos e assegurar as garantias conquistadas pelos trabalhadores, como para pressionar o Estado a exercer seu papel de proteção social, amparo às populações carentes, redistribuição de oportunidades e recursos, contenção dos monopólios e contrapeso ao poder econômico. Assim, a sociedade e o Estado se tornaram aliados no exercício de controle das corporações e numa partilha mais equilibrada dos benefícios da prosperidade industrial.

   Com a globalização, porém, essa situação mudou por completo. As grandes empresas adquiriram um tal poder de mobilidade, redução de mão de obra e capacidade de negociação – podendo deslocar suas plantas para qualquer lugar onde paguem os menores salários, os menores impostos e recebam os maiores incentivos –, que tanto a sociedade como o Estado se tornaram seus reféns. O tripé que sustentava a sociedade democrática moderna foi quebrado.

   SEVCENKO, Nicolau. *A corrida para o século XXI*: no *loop* da montanha-russa. São Paulo: Companhia das Letras, 2001. p. 30-31.

    a) Qual é o risco que um país corre se empresas estabelecidas dentro de suas fronteiras transferem rapidamente o capital investido nele para outro lugar?

    b) Tomando por base o texto de Nicolau Sevcenko, você considera que a globalização fortaleceu ou enfraqueceu a ideologia neoliberal? Justifique.

    c) Em sua opinião, explique de que maneira a sociedade civil poderia pressionar as empresas transnacionais a partilhar seus lucros de forma mais democrática?

Autoavaliação

1. Quais atividades você considerou mais fáceis e mais difíceis? Por quê?

2. Em quais atividades você utilizou o texto do capítulo como base para sua resposta?

3. Algum ponto do capítulo não ficou muito claro para você? Qual?

4. Você compreendeu o esquema *Mapeando saberes*? Explique.

5. Você saberia apontar exemplos da atualidade considerando o que aprendeu no item *Por quê?* do *Mapeando saberes*?

6. Como você avalia sua compreensão dos assuntos tratados neste capítulo?

    » **Excelente**: não tive nenhuma dificuldade.

    » **Boa**: tive algumas dificuldades, mas consegui resolvê-las.

    » **Regular**: foi difícil compreender certos conceitos e resolver as atividades.

    » **Ruim**: tive muitas dificuldades, tanto no conteúdo quanto na realização das atividades.

CAPÍTULO 13

Brasil: redemocratização e globalização

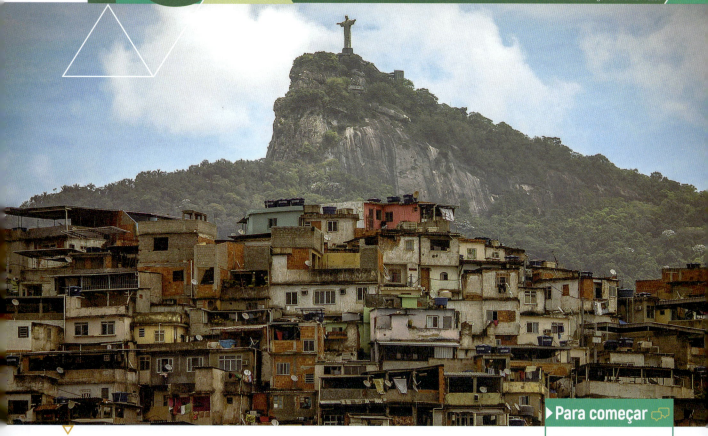

Mauro Pimentel/Agência France-Presse

Na imagem do Rio de Janeiro temos ao fundo o Cristo Redentor. À frente temos algumas moradias da favela do Morro da Coroa. Foto de 2017.

Com a posse do presidente **José Sarney**, em 1985, teve fim a ditadura militar. Os brasileiros comemoravam a redemocratização política e tinham esperança de um futuro melhor, depois de um período de tanta violência, censura e restrição das liberdades.

Em três décadas, a **Nova República** conquistou certa estabilidade financeira, mas atravessou vários planos econômicos, crises e dois *impeachments* presidenciais, não conseguindo reverter os quadros imensos de pobreza e desigualdades sociais no país. Nem conseguiu implementar políticas públicas promissoras nas áreas da saúde, educação e segurança.

Mais recentemente, ganhou força um tema antigo da história brasileira – o combate à corrupção. Com ele se destacou a atuação do Ministério Público e do Judiciário. Como centro das atenções, amplificaram-se anseios de uma moralidade a ser conquistada, atraindo diferentes setores da sociedade. É sobre esse percurso da Nova República que trata este capítulo.

> **▶ Para começar**
>
> Observe a imagem, leia a legenda e responda às questões.
>
> 1. O que ela representa? Quais aspectos sociais estão visíveis na imagem?
> 2. Quais são as consequências da situação social apresentada? Como você justificaria isso?

1 De Sarney a Itamar: o Brasil pós-ditadura

Durante o governo de José Sarney (1985-1990) cresceram a dívida externa e os índices de inflação, enquanto o poder de compra do trabalhador diminuiu. Os preços dos produtos cotidianos eram remarcados quase diariamente. Para combater a inflação herdada do regime militar, o governo Sarney estabeleceu o congelamento de preços e salários e criou uma nova moeda, o **cruzado**, para substituir o **cruzeiro**, muito desvalorizado.

Conhecido como **Plano Cruzado**, o pacote econômico apresentou bons resultados no início de 1986. Aos poucos, porém, empresários e trabalhadores começaram a pressionar o governo para liberar preços e salários, desdobrando-se no fracasso do plano e o retorno da inflação. Outros pacotes econômicos foram colocados em prática, como o **Plano Cruzado II**, o **Plano Bresser** e o **Plano Verão**. Todos fracassaram. A inflação, quase nula em meados de 1986, disparou nos anos seguintes, chegando a 1 782% no ano de 1989. Em março de 1990, quando terminava o mandato de Sarney, estava em 84% ao mês.

Se a vida econômica do país ia mal, o mesmo não se pode dizer de sua vida política, pois a mobilização iniciada no final da ditadura manteve-se nos anos seguintes. Em novembro de 1986, os brasileiros elegeram deputados para compor a **Assembleia Nacional Constituinte**, responsável pela elaboração de uma nova **Constituição**.

Promulgada em 1988, a nova **Carta Constitucional** atendeu a diversas reivindicações da sociedade, com propostas levadas aos parlamentares por meio de associações e sindicatos. Entre os direitos conquistados, estão o estabelecimento da igualdade de todos perante a lei, com o direito de voto aos analfabetos; maior assistência aos trabalhadores; a questão dos direitos dos povos indígenas e quilombolas e a regularização de suas terras; a ampliação das atribuições do Poder Legislativo e a limitação do Executivo; a condenação de práticas discriminatórias, tornando o racismo crime inafiançável, etc.

As mulheres, que desde os tempos da ditadura vinham lutando por mais direitos e por maior participação na vida política, tiveram algumas de suas bandeiras contempladas na nova Constituição.

LINHA DO TEMPO

1985 — Fim da ditadura; redemocratização

1988 — Constituição Cidadã

1997 — Emenda da reeleição para presidente

2013 — Manifestações populares

2014 — Relatório da Comissão Nacional da Verdade

2016 — *Impeachment* de Dilma Rousseff

2018 — Eleições presidenciais e vitória de Jair Bolsonaro

Linha do tempo esquemática. O espaço entre as datas não é proporcional ao intervalo de tempo.

▶ **Crime inafiançável:** crime em que o indivíduo não pode pagar uma fiança (valor determinado) para aguardar em liberdade até o término do processo.

Promulgação da Constituição de 1988 pelo presidente da Câmara, Ulysses Guimarães.

INFOGRÁFICO

Indígenas, quilombolas e mulheres na Constituição de 1988

A Constituição de 1988 representou um importante avanço para a garantia de direitos das populações indígena e quilombola e das mulheres. Vamos conhecer alguns deles.

▲ Ulysses Guimarães e a Constituição de 1988.

Indígenas

- Estabelece o direito da posse das terras tradicionalmente ocupadas por eles e o uso dos recursos naturais ali existentes e necessários para sua sobrevivência.
- Compromete o Estado a demarcar essas terras e protegê-las da exploração dos não índios.
- Garante o respeito à diversidade e a manutenção de suas tradições e costumes.
- Assegura processos próprios de aprendizagem no ensino fundamental, com a utilização de suas línguas maternas.

Mulheres

- Garante o direito à igualdade entre homens e mulheres nos assuntos conjugais e familiares, além de coibir a violência doméstica.
- Proíbe a demissão de gestantes, protegendo seu emprego até cinco meses após o parto, e institui a assistência gratuita a seus filhos e dependentes até cinco anos de idade, em creches e pré-escolas.
- Proíbe diferenciar salários, cargos ou critérios de admissão em função do gênero ou do estado civil.
- Estabelece os direitos trabalhistas aos empregados domésticos – na maioria, mulheres.

Quilombolas

- Confere o direito à propriedade definitiva das terras ocupadas por remanescentes das comunidades quilombolas e garante as titulações dessas terras.
- Reconhece o direito deles com base na autodefinição.
- Garante sua expressão cultural e social, seus saberes, meios e técnicas, caracterizando-os como patrimônio cultural brasileiro.

Atualmente

Muitas terras indígenas continuam aguardando o processo de demarcação e são alvo de disputa entre indígenas, empresas e grupos de madeireiras e mineradores. Por sua vez, territórios quilombolas ainda não tiveram sua titulação reconhecida.

Já com as mulheres, ainda perduram em nossa sociedade o preconceito e a violência. Elas enfrentam muitas barreiras para ocupar funções mais valorizadas economicamente e costumam receber salários inferiores aos dos homens, mesmo quando são igualmente (ou mais) qualificadas. Em agosto de 2006, a Lei Maria da Penha (Lei n. 11 340) aumentou o rigor na punição dos crimes de violência doméstica e familiar contra a mulher. Em março de 2015, a Lei do Feminicídio (Lei n.13.104) tornou o homicídio feminino um crime hediondo.

▶ **Titulação:** no caso, ato de dar o título de posse.

▶ **Crime hediondo:** crime praticado com violência extrema e que causa repulsa; esse tipo de crime é inafiançável.

TRABALHANDO COM DOCUMENTOS

Observe o cartaz abaixo. Ele faz parte de uma campanha pela defesa dos direitos da mulher.

Cartaz de campanha contra a violência doméstica, sob responsabilidade do Ministério Público do estado da Bahia.

1▸ Observe a cor do cartaz e as características da imagem ilustrada nele. Elas fazem pensar em um tipo específico de filme. A que gênero cinematográfico o cartaz faz referência?

2▸ Como você interpreta a maneira como o rosto da mulher foi representado?

3▸ Por que o cartaz precisa anunciar que a violência contra a mulher é crime?

4▸ O cartaz nos oferece uma pista importante sobre as razões pelas quais o combate à violência contra a mulher não é tarefa fácil no Brasil. Que pista é essa?

5▸ A reconstrução da democracia no Brasil foi importante para que houvesse a ampliação dos direitos das mulheres? Justifique sua resposta.

Collor: mudanças neoliberais e impeachment

Na primeira eleição direta para presidente desde o golpe militar de 1964, a vitória coube a Fernando Collor de Mello, no final de 1989, pelo PRN. Collor teve apoio de amplos setores empresariais, de parte dos meios de comunicação, de grupos políticos conservadores e de grande parcela da população mais pobre do país. Para combater a hiperinflação, o presidente pôs em prática um pacote econômico de caráter neoliberal que incluía o **Plano Collor**.

> *Impeachment:* processo em que o Congresso Nacional apura possíveis crimes de responsabilidade do presidente da República (delitos ou má conduta no exercício de suas funções). Se comprovada a acusação, ele pode ser destituído do cargo por votação dos parlamentares.

Saiba mais

Plano Collor

O plano criou uma nova moeda, o **cruzeiro**, congelou preços e salários e bloqueou, por 18 meses, todas as contas bancárias, cadernetas de poupança e aplicações cujo saldo ultrapassasse 50 mil cruzeiros. Houve indignação geral e o poder de compra e de investimento das pessoas diminuiu, prejudicando a atividade produtiva e o comércio. Assim, apesar da queda na inflação, houve uma série de falências e aumento do desemprego.

Para negociar a dívida do país com o FMI, o governo reduziu gastos com saúde, educação e programas sociais e de incentivo à cultura. Também iniciou um processo de privatização de empresas.

Collor abriu o mercado brasileiro para produtos estrangeiros. Despreparados para concorrer com os artigos importados, muitos industriais tiveram de reduzir a produção, demitir funcionários e até encerrar as atividades.

Denúncias de corrupção envolveram o presidente e assessores próximos, aumentando a impopularidade do governo. Em 29 de setembro de 1992, a Câmara dos Deputados aprovou a abertura do processo de *impeachment*. O presidente foi afastado do cargo e seu vice, Itamar Franco, assumiu seu lugar. Collor foi condenado e teve o mandato cassado e os direitos políticos suspensos por oito anos.

A foto, de 1992, registra uma das muitas manifestações que ocorreram no Brasil, como esta, em Brasília, pelo *impeachment* do presidente Collor.

Itamar Franco e o controle da inflação

Em fevereiro de 1993, Itamar Franco (1992-1994) nomeou para o cargo de ministro da Fazenda o sociólogo Fernando Henrique Cardoso, do PSDB (Partido da Social Democracia Brasileira), com o objetivo de controlar a **hiperinflação**.

Auxiliado por economistas, o ministro estabeleceu um amplo programa de redução de gastos públicos e privatizações, seguindo as orientações do Consenso de Washington. Em 1994, foi implantado um pacote econômico denominado **Plano Real**, que instituiu a moeda de mesmo nome. A inflação foi derrubada: de 44,83% em março para 3,27% em novembro do mesmo ano. Com a popularidade em alta, Fernando Henrique Cardoso foi eleito presidente da República nas eleições de 1994.

 De olho na tela

Depois da chuva. Direção: Cláudio Marques e Marília Hughes. Brasil, 2015. O filme mostra o cotidiano de Caio, adolescente que vive durante a redemocratização do Brasil.

2 De Fernando Henrique Cardoso a Michel Temer

Para integrar o Brasil à economia mundial, o governo de Fernando Henrique incentivou o **Mercosul** e adotou mudanças na legislação para atrair o capital estrangeiro. Com isso, as empresas transnacionais ampliaram sua atuação no mercado brasileiro nos anos 1990 e obtiveram um faturamento cada vez maior.

A abertura de mercado brasileiro fez os valores gastos com as importações superarem os obtidos nas exportações, gerando seguidos *deficit* na balança comercial, aumentando a dívida externa brasileira.

Também houve o acirramento dos conflitos na área rural envolvendo, principalmente, o **Movimento dos Trabalhadores Rurais sem Terra (MST)**, surgido na década de 1980. Em resposta, latifundiários formaram milícias para defender suas propriedades, muitas consideradas improdutivas. Diante do aumento da violência no campo, o governo implantou mecanismos de desapropriação dessas terras, mas sem atingir os objetivos.

> **Balança comercial:** diferença entre o montante de exportações e importações de um país. Quando o valor é positivo (o país exporta mais do que importa), há *superavit*. Quando é negativo, há *deficit*.

A forte exclusão social também se expressava nos baixos níveis de renda e de instrução da população. O Brasil era o quarto entre os países com maior concentração de renda do mundo. Porém, o declínio da inflação (que chegou a 3% ao ano em outubro de 1998) favoreceu a popularidade de Fernando Henrique. Depois de obter do Congresso a aprovação de uma emenda constitucional que instituía a reeleição presidencial, ele foi reeleito em 1998 com 53% dos votos válidos.

Marcha dos sem-terra na Esplanada dos Ministérios, em frente ao Congresso Nacional. Brasília (DF), 1997.

Em seu segundo mandato, o real se desvalorizou diante do dólar. Houve cortes nos gastos públicos, aumento dos impostos e um acordo de empréstimo com o FMI. O desemprego atingiu níveis altíssimos, com 7,6 milhões de desempregados em 1999, mais que o triplo do final da década de 1980.

Na política, merece destaque a aprovação da **Lei de Responsabilidade Fiscal**. Na educação, aumentou o número de crianças matriculadas nas escolas e houve uma queda no analfabetismo. Na saúde, destacaram-se o programa de combate à aids, elogiado internacionalmente, e a queda da mortalidade infantil.

Nas eleições de 2002, Fernando Henrique apoiou a candidatura de José Serra, ministro da Saúde durante boa parte de seu governo. Mas a vitória coube ao candidato do PT, Luiz Inácio Lula da Silva, que concorria pela quarta vez consecutiva.

> **Lei de Responsabilidade Fiscal:** fixou regras e limites para os gastos dos poderes Executivo, Legislativo e Judiciário, nos níveis federal, estadual e municipal.

Fernando Henrique na posse de seu segundo mandato presidencial, em janeiro de 1999.

CONEXÕES COM A GEOGRAFIA

Brasil, um país desigual

A nossa história recente tem mostrado que há muito a ser feito para que o país tenha mais igualdade social: educação de qualidade, sistema de saúde eficiente e melhor distribuição de renda são elementos que podem ajudar a alcançar esse objetivo. Mas como identificar as desigualdades para podermos chegar a essa realidade? Nesta seção, você conhecerá dois indicadores que podem ajudar nesse processo.

O **Índice de Desenvolvimento Humano (IDH)** é calculado com base em dados sobre renda, expectativa de vida e educação. Esse indicador varia em uma escala de 0 a 1, dividida em cinco faixas que classificam o desenvolvimento de "muito baixo" a "muito alto". Com o IDH, é possível analisar cada região e identificar aquelas que precisam de mais recursos para melhorar a qualidade de vida de seus habitantes.

Observe a seguir o gráfico que mostra o Índice de Desenvolvimento Humano até 2015.

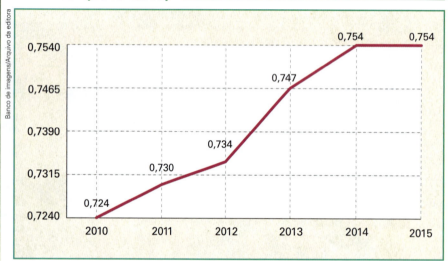

Fonte: elaborado com base em RELATÓRIO de Desenvolvimento Humano Nacional 2016. Brasília: PNUD 2016.

Outro indicador social é o **Índice de Gini**. Trata-se de uma medida utilizada para calcular a desigualdade na distribuição de renda. Também consiste em uma escala que varia de 0 (perfeita igualdade) a 1 (desigualdade máxima). Em 2017, o IBGE divulgou que o Índice de Gini do Brasil era de 0,549.

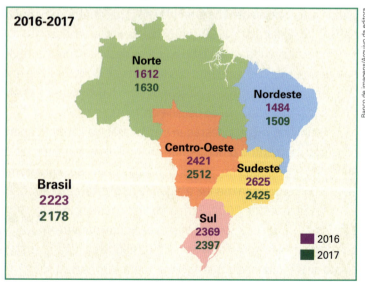

Fonte: elaborado com base em IBGE. Rendimento de todas as fontes 2017 – PNAD Contínua. Disponível em: <https://agenciadenoticias.ibge.gov.br/media/com_mediaibge/arquivos/acfb1a9112a9eceedc4ea612d5aaf848.pdf>. Acesso em: 8 ago. 2018.

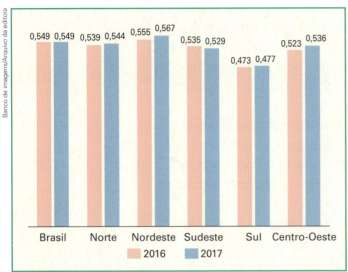

Índice de Gini do rendimento médio mensal real domiciliar *per capita* (2016-2017)

Brasil: 0,549 / 0,549
Norte: 0,539 / 0,544
Nordeste: 0,555 / 0,567
Sudeste: 0,535 / 0,529
Sul: 0,473 / 0,477
Centro-Oeste: 0,523 / 0,536

■ 2016 ■ 2017

Fonte: elaborado com base em IBGE. Rendimento de todas as fontes 2017 – PNAD Contínua. Disponível em: <https://agenciadenoticias.ibge.gov.br/media/com_mediaibge/arquivos/acfb1a9112a9eceedc4ea612d5aaf848.pdf>. Acesso em: 8 ago. 2018.

Vista aérea da Comunidade do Vidigal (morro Dois Irmãos) ao lado de um hotel de luxo no Bairro Vidigal. Rio de Janeiro, 2017. Essa vista, alcançada por meio de um drone, explicita o contraste social existente não só nesta cidade, como em todo o Brasil.

1▸ Observe os gráficos, o mapa e depois responda às questões.

a) Em qual(is) ano(s) o IDH cresceu e em qual(is) ele se manteve estacionado?

b) De acordo com o mapa, quais eram as regiões do país com o maior rendimento médio mensal em 2016? E em 2017?

c) No gráfico que mostra o Índice de Gini, quais foram as regiões do Brasil com o pior resultado?

d) Depois dessa análise, o que podemos concluir sobre a distribuição de renda nas diferentes regiões do país?

2▸ De acordo com os gráficos, quais são os índices da região onde você mora?

3▸ Será que o acesso à internet pode nos dizer algo sobre os desequilíbrios regionais? Observe o gráfico a seguir.

a) Considerando as informações do gráfico acerca do uso da internet no Brasil, o que você diria sobre o acesso da população brasileira à rede mundial de computadores?

b) O que você diria sobre as regiões Norte e Nordeste em relação às outras regiões?

c) O que explica a grande diferença do gráfico entre as regiões rurais e urbanas no acesso à internet?

O gráfico apresenta o percentual de domicílios em que havia uso de internet, no total de domicílios particulares permanentes, por Grandes Regiões, segundo a situação do domicílio.

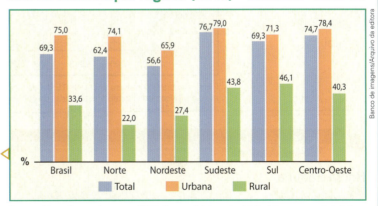

Uso da internet por regiões (2016)

Brasil: 69,3 / 75,0 / 33,6
Norte: 62,4 / 74,1 / 22,0
Nordeste: 56,6 / 65,9 / 27,4
Sudeste: 76,7 / 79,0 / 43,8
Sul: 69,3 / 71,3 / 46,1
Centro-Oeste: 74,7 / 78,4 / 40,3

■ Total ■ Urbana ■ Rural

Fonte: elaborado com base em IBGE. Acesso à internet e à televisão e posse de telefone móvel celular para uso pessoal. PNAD – Contínua. Disponível em: <ftp://ftp.ibge.gov.br/Trabalho_e_Rendimento/Pesquisa_Nacional_por_Amostra_de_Domicilios_continua/Anual/Acesso_Internet_Televisao_e_Posse_Telefone_Movel_2016/Analise_dos_Resultados.pdf>. Acesso em: 8 ago. 2018.

Política e economia no governo de Luiz Inácio Lula da Silva

Lula governou de 2003 a 2006 e foi reeleito para um segundo mandato de 2007 a 2010. Ao longo do primeiro mandato, continuou a política econômica do final do período anterior. Para pagar os custos da imensa dívida externa, estimulou as exportações e conteve despesas, além de ter mantido o pagamento pontual dos juros da dívida externa. Esse conjunto de medidas trouxe credibilidade ao país e atraiu mais investimentos. Com isso, ampliou e fortaleceu o mercado interno.

Entre 2003 e 2008, a expansão da economia mundial também favoreceu os negócios nacionais. A China, grande importadora de produtos agroindustriais, impulsionou a elevação dos preços desses produtos e fez do Brasil um importante fornecedor. O crescimento das exportações resultou em seguidos *superavit* na balança comercial brasileira.

Em 2005, veio à tona o **escândalo do mensalão**, que envolveu o pagamento a parlamentares em troca de apoio ao governo e levou à queda de políticos importantes do governo. Mesmo assim, Lula foi reeleito presidente.

No início de seu segundo mandato, o presidente lançou o **Programa de Aceleração do Crescimento (PAC)** e, nas relações internacionais, foi mais independente diante de potências como os EUA. O Brasil se destacou como parceiro de diversos países da América Latina e da África e ajudou a formar o **BRICS**.

Em seu governo, foram criados mais de 13 milhões de empregos e o salário mínimo subiu, contribuindo para a ampliação da classe média brasileira e de sua capacidade de consumo.

Contudo, o governo Lula não promoveu mudanças estruturais na área de segurança pública nem diminuiu a corrupção em órgãos governamentais. Também não estabeleceu uma ampla política de desenvolvimento sustentável ligada à preservação ambiental.

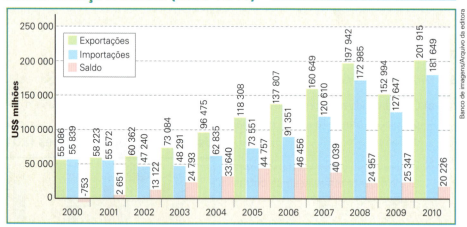

A partir de 2001, o país registrou *superavit*, que cresceu até 2006 e foi reduzido nos anos seguintes.

Fonte: elaborado com base em MINISTÉRIO da Indústria, Comércio Exterior e Serviços. Disponível em: <www.mdic.gov.br/comercio-exterior/estatisticas-de-comercio-exterior/balanca-comercial-brasileira-acumulado-do-ano>. Acesso em: 25 jul. 2018.

Saiba mais

Bolsa-Família

Esse programa foi importante para a redução das desigualdades sociais. Ele transfere recursos para famílias de baixa (ou nenhuma) renda que mantenham a vacinação das crianças em dia e sua frequência escolar. Com isso, a desnutrição infantil e o número de brasileiros abaixo da linha de pobreza diminuíram. Por sua vez, a autonomia das mulheres aumentou, pois elas são, na maioria dos casos, as titulares do cartão que permite o saque do benefício.

O governo de Dilma Rousseff

Com os altos índices de popularidade do presidente Lula, Dilma Rousseff, ex-ministra da Casa Civil, garantiu sua eleição para a presidência da República em 2010.

O agravamento da crise financeira internacional de 2008 marcou o início do governo Dilma. Para enfrentá-la, os Bancos Centrais de países europeus, dos EUA e do Japão emitiram mais dinheiro, ampliando a oferta de recursos às suas atividades econômicas. Isso provocou a desvalorização das moedas estrangeiras em relação ao real. Os produtos importados ficaram mais baratos e os nossos produtos de exportação, mais caros, fato que atingiu a balança comercial brasileira. Apesar da ampliação de incentivos para aumentar a competitividade dos nossos produtos no mercado internacional, foram anos de baixo crescimento e aumento da inflação.

Dilma manteve as **políticas sociais**, mas os assentamentos relacionados à Reforma Agrária foram menos numerosos do que nos governos de Lula e de Fernando Henrique. Outro destaque foi a aprovação no Congresso Nacional da **Comissão Nacional da Verdade**, como vimos no capítulo 9.

Na área política, a necessidade de compor um governo de coalizão que lhe desse apoio no Congresso Nacional (Assembleia e Senado) levou a presidente a dividir ministérios e secretarias com os partidos aliados, sobretudo o PMDB. Escândalos, acusações de corrupção e interesses partidários provocaram trocas frequentes de ministros e de altos funcionários da administração pública.

Além de ser a primeira mulher eleita para a Presidência da República no Brasil, Dilma Rousseff traz em sua biografia política o combate à ditadura militar e a consequente prisão por quase três anos. Na foto, Dilma Rousseff na cerimônia de posse no Palácio do Planalto, em Brasília, 2011.

▶ **Coalizão:** aliança, coligação.

Uma série de manifestações se espalhou pelo Brasil em junho de 2013, tendo como estopim as necessidades ligadas ao **transporte público**, somadas aos elevados gastos com os preparativos para o campeonato mundial de futebol de 2014. Essa onda de protestos ficou conhecida como **manifestações de junho de 2013**.

Os protestos de junho de 2013 começaram pelo combate ao aumento no preço das tarifas do transporte público e depois se tornaram atos genéricos contra a corrupção, reunindo inúmeras reivindicações. Na imagem, manifestação na cidade de Recife, 2013.

O segundo mandato de Dilma Rousseff e novo *impeachment*

Em 2014, Dilma foi reeleita, vencendo o candidato do PSDB, Aécio Neves, em uma votação apertada. As eleições ocorreram em meio à elevação da inflação, crise das contas públicas e escândalos de corrupção em órgãos do governo.

A oposição passou a defender o afastamento de Dilma, alegando que ela não tinha apresentado aos eleitores durante a campanha a real situação financeira do país. O movimento ganhou força ao longo de 2015 e 2016, liderado pelo PSDB, partidos liberais e por parcelas do PMDB, do qual fazia parte o vice-presidente Michel Temer.

Diante de uma inflação crescente e da diminuição dos investimentos do setor privado, o desemprego aumentou muito. Questões políticas agravaram a situação, pois se tornou público um enorme esquema de corrupção, principalmente na Petrobras, envolvendo empreiteiras e diversos políticos de vários partidos. As investigações, comandadas pela Polícia Federal, receberam o nome de **Operação Lava Jato**, com destaque para a atuação do juiz Sérgio Moro.

Em março de 2015, começaram grandes manifestações populares contra Dilma e o PT. Em sentido oposto, movimentos sociais, sindicatos e militantes de partidos de esquerda organizaram manifestações a favor do governo, ampliando a polarização política.

Após perder apoio da maior parte do Congresso Nacional, o processo de *impeachment* foi aberto em abril de 2016. A presidente foi acusada de descumprir a Lei de Responsabilidade Fiscal, por meio das chamadas "pedaladas fiscais". Em maio, Dilma foi afastada e em agosto perdeu seu cargo, mas não teve seus direitos políticos suspensos.

> **Empreiteira:** empresa que realiza obras, principalmente em grandes construções.
>
> **Pedaladas fiscais:** manobra fiscal que consiste no atraso da transferência de recursos do Tesouro Nacional a bancos públicos e privados para quitar dívidas.

Aprovação do processo de *impeachment* da presidente Dilma na Câmara dos Deputados, em sessão presidida pelo deputado Eduardo Cunha, 2016.

O governo de Michel Temer

Com o *impeachment* de Dilma, o vice-presidente Michel Temer foi empossado como o novo presidente da República. Seu governo começou em meio à grande instabilidade política em que muito se discutiu sobre a legalidade ou não do processo decorrente do *impeachment*.

Setores políticos como o Partido dos Trabalhadores e os movimentos sindicais e sociais de esquerda, bem como uma parcela da população, afirmavam que havia ocorrido um golpe. Por sua vez, partidos aliados ao novo governo, associações empresariais e setores populares diziam que o processo foi justificável e constitucional.

O governo Temer conseguiu a aprovação de algumas medidas, como:

- A Emenda Constitucional que limitou os gastos públicos por 20 anos (a chamada PEC 55), estabelecendo um limite para os investimentos do Estado em todas as áreas.

- O projeto de reforma do Ensino Fundamental e Médio, que estabeleceu um novo currículo, fundamentado na Base Nacional Comum Curricular (BNCC) a partir de 2019.

- Saque do dinheiro das contas do Fundo de Garantia do Tempo de Serviço (FGTS) dos trabalhadores que tivessem pedido demissão até 31 de dezembro de 2015, na tentativa de inserir mais dinheiro na economia brasileira.

Algumas medidas econômicas foram criticadas pela oposição, enquanto os aliados defendiam o controle dos gastos como forma de reequilibrar as contas do país e promover o crescimento econômico. Essa política provocou a regressão das taxas de inflação e alguma recuperação da economia. Em contraposição, o número de pessoas em situação de pobreza extrema no país tinha passado de 13,34 milhões em 2016 para 14,83 milhões em 2017, um aumento de 11,2%.

Mais medidas polêmicas

Ao longo de 2018, outro ponto polêmico foi a proposta de **Reforma da Previdência**, indispensável segundo analistas do governo. Para eles, sem a reforma seria impossível, no médio prazo, manter garantias a aposentados, uma vez que a previdência apresentava *deficit* crescentes ano após ano. Contrários a ela, estavam milhares de trabalhadores, organizações sindicais e funcionários públicos.

Outra decisão presidencial que dividiu apoiadores e críticos foi a intervenção federal na segurança do estado do Rio de Janeiro, visando reverter os crescentes índices de criminalidade no estado.

Lava Jato e novas investigações

Ainda em 2018, como resultado da Operação Lava Jato, o juiz Sérgio Moro determinou a prisão do ex-presidente Lula, julgado culpado pelo recebimento de um apartamento no Guarujá (SP) em troca de favorecimento a empreiteiras.

Enquanto isso, Michel Temer havia sido citado na mesma operação em depoimentos de grandes empresários, alegando terem pago altos valores ao presidente e ao seu partido (PMDB, agora MDB), para que Temer e seus aliados atuassem em medidas favoráveis aos seus interesses. A denúncia foi arquivada em votação na Câmara dos Deputados, enquanto outras investigações seguiam contra o presidente. Nas eleições presidenciais de 2018, defrontaram-se Fernando Haddad do PT e Jair Bolsonaro do PSL, sendo que o último saiu vitorioso no segundo turno.

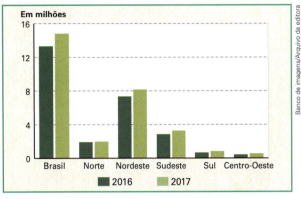

População vivendo abaixo da linha da pobreza (2017)

Fonte: elaborado com base em VALOR Econômico, 12 abril 2018, p. A3.

▶ **Situação de pobreza extrema:** renda domiciliar *per capita* por dia de US$ 1,90, segundo o Banco Mundial para a América Latina. Em 2016, segundo o IBGE, o equivalente a R$ 133,72 mensais e, em 2017, R$ 136,00.

Saiba mais

Após um mês da intervenção com tropas do Exército, em março de 2018, o assassinato da vereadora do PSOL, Marielle Franco, e de seu motorista, Anderson Gomes, foi notícia no Brasil e no mundo. Marielle lutava a favor dos direitos humanos, com destaque para as mulheres, os afrodescendentes e a comunidade LGBT. Ela era contrária à ocupação do exército e denunciava o abuso dos policiais militares em ações nas comunidades cariocas.

▶ **LGBT:** sigla utilizada para denominar quem se difere da orientação heterossexual, como homossexuais, bissexuais, travestis, transexuais e transgêneros.

Marielle Franco durante evento em Madureira, no Rio de Janeiro (RJ), em 2016.

Mapeando saberes

ATENÇÃO A ESTES ITENS

BRASIL: A REORGANIZAÇÃO DEMOCRÁTICA

- Os primeiros anos após o fim da ditadura no Brasil (1985-1994) foram marcados por forte instabilidade econômica, aumento da dívida externa, hiperinflação e empobrecimento dos trabalhadores.
- A Constituição de 1988 consolidou direitos políticos que vinham sendo reivindicados pela sociedade, como o direito de voto aos analfabetos, a criminalização do racismo e os direitos da mulher.
- Os governos de Sarney (1985-1989) e de Collor (1990-1991) fracassaram em seus planos econômicos para pôr fim à inflação. Esta só foi eficientemente reduzida no governo de Itamar Franco (1991-1994), por meio do Plano Real, implantado pelo ministro da Fazenda, Fernando Henrique Cardoso, do PSDB.

FHC, LULA, DILMA E TEMER

- Em 1994, o sucesso do plano econômico favoreceu Fernando Henrique na eleição à Presidência.
- Em 1998, ele foi reeleito devido à estabilidade econômica que o país viveu em seu governo e a uma emenda constitucional que instituiu a reeleição.
- A sucessão de Fernando Henrique coube a Luiz Inácio Lula da Silva, do PT.
- Denúncias de corrupção envolvendo membros do partido do presidente e da base aliada não abalaram a popularidade de Lula, reeleito em 2006. Seu governo foi marcado por programas sociais de grande impacto, como o Bolsa-Família.
- Dilma Rousseff, também do PT, foi eleita presidente em 2010 e reeleita em 2014, em meio a denúncias de corrupção na Petrobras, maior estatal brasileira.
- Em 2016, com o *impeachment* de Dilma, Michel Temer, seu vice, assumiu a presidência e foi sucedido por Jair Bolsonaro em 2019.

Lula Marques/Folhapress

POR QUÊ?

- Muitos dos direitos que hoje temos no Brasil foram reivindicados pela sociedade organizada após o fim da ditadura.
- Conhecer a história recente do país nos ajuda a compreender melhor os problemas econômicos, sociais e políticos que hoje nos afligem e a nos posicionar a seu respeito.
- Os desdobramentos dos embates políticos, jurídicos e do quadro social e econômico apontam impasses que pesam sobre as tendências históricas brasileiras para os próximos anos.

UNIDADE 4 • O fim da Guerra Fria e o Brasil recente

ATIVIDADES

Retome

1. Cite a principal medida do governo de José Sarney para reconstruir a cidadania no país.

2. Sobre a Constituição de 1988, responda:

   a) De que maneira a Carta de 1988 restabelecia os direitos dos cidadãos?

   b) Identifique a importância da inclusão do racismo como crime no texto da Constituição. Analise como isso pode ajudar a combater o preconceito no Brasil.

   c) Cite quais foram as principais conquistas dos indígenas, dos quilombolas e das mulheres a partir da Constituição de 1988.

3. Indique os fatores que desencadearam o processo de *impeachment* de Fernando Collor de Mello.

4. Identifique a importante mudança que houve na área econômico-monetária no país durante o governo Itamar Franco.

5. Compare os governos de Fernando Henrique Cardoso e de Luiz Inácio Lula da Silva. É possível afirmar que o segundo representou uma ruptura com o primeiro? Justifique sua resposta.

6. Quais foram as principais dificuldades enfrentadas pela presidente Dilma em seus mandatos? Como seu segundo mandato terminou?

Pesquise

A inflação foi um dos maiores problemas enfrentados pela população brasileira desde a década de 1980 até meados de 1990.

7. Pergunte a seus avós, pais ou a outros adultos como era a vida na época da inflação "galopante", que chegava a 80% ao mês no início dos anos 1990. Quais medidas eles adotavam para "proteger" o dinheiro da desvalorização?

Analise um texto

Leia o texto a seguir.

[...] Pode-se dizer que a entrada do século XXI assiste no Brasil ao confronto de duas concepções de sociedade. Uma delas é a tradicional, que se apoia numa interpretação distorcida do liberalismo rotulada de neoliberalismo, apregoando respeito à liberdade, como direito formal, mas atenta apenas ao mundo dos negócios, ao mercado, sem qualquer preocupação com a justiça social, com a situação daqueles que aprenderam com a história de suas famílias e com sua própria história que o direito de ser livre é apenas uma fantasia hipócrita quando concedido a uma pessoa que não tem a possibilidade de ser livre. Essa é uma concepção egoísta e materialista da sociedade, que começa a ser superada no Brasil.

Outra concepção [...] a pesar nas decisões políticas, é de caráter humanista. Para os adeptos dessa concepção de sociedade, a primeira prioridade é a pessoa humana, com sua dignidade e seus direitos fundamentais. O que permitiu o surgimento dessa concepção foi o aparecimento do povo como protagonista [...]. A menos que ocorra outro golpe de Estado e que sejam totalmente obstruídos os canais de expressão democrática, essa tendência deverá prevalecer, porque corresponde às necessidades e aspirações da grande maioria do povo brasileiro.

DALLARI, Dalmo de Abreu. Sociedade, Estado e direito: caminhada brasileira rumo ao século XXI. In: MOTA, Carlos Guilherme (Org.). *Viagem incompleta*: a grande transição. São Paulo: Senac, 2000. p. 486-487.

8. De acordo com o autor, quais são as duas concepções econômicas existentes no Brasil no início do século XXI?

9. Quais são as diferenças entre elas?

10. Na opinião do autor, qual caminho deve prevalecer?

Autoavaliação

1. Quais atividades você considerou mais fáceis e mais difíceis? Por quê?

2. Em quais atividades você utilizou o texto do capítulo como base para sua resposta?

3. Algum ponto do capítulo não ficou muito claro para você? Qual?

4. Você compreendeu o esquema *Mapeando saberes*? Explique.

5. Você saberia apontar exemplos da atualidade considerando o que aprendeu no item *Por quê?* do *Mapeando saberes*?

6. Como você avalia sua compreensão dos assuntos tratados neste capítulo?

   » **Excelente**: não tive nenhuma dificuldade.

   » **Boa**: tive algumas dificuldades, mas consegui resolvê-las.

   » **Regular**: foi difícil compreender certos conceitos e resolver as atividades.

   » **Ruim**: tive muitas dificuldades, tanto no conteúdo quanto na realização das atividades.

PROJETO 2º SEMESTRE — Conclusão

Simulação

Assembleia Geral da Organização das Nações Unidas (ONU): as Coreias e a ordem geopolítica da Guerra Fria

Execução

Para a elaboração da simulação, é importante que todos os grupos tenham em mente o cenário geopolítico em questão. Conforme demonstra o historiador britânico Eric Hobsbawm no trecho abaixo, o mundo vivia em extrema tensão, sempre aguardando a possibilidade da eclosão de um conflito militar de grandes proporções entre as superpotências que disputavam a hegemonia mundial.

Essa ordem bipolar deve ser considerada para determinar a opinião de cada país envolvido na simulação. Isso quer dizer que seus posicionamentos devem, necessariamente, estar alinhados a um dos dois polos do conflito. Os espectadores da simulação devem ter clareza de que se tratava de um cenário político e ideológico constituído por dois polos opostos. Para isso, é fundamental que os posicionamentos dos países envolvidos na simulação estejam coerentes com esse contexto.

A Segunda Guerra Mundial mal terminara quando a humanidade mergulhou no que se pode encarar, razoavelmente, como uma Terceira Guerra Mundial, embora uma guerra muito peculiar. Pois, como observou o grande filósofo Thomas Hobbes, 'a guerra consiste não só na batalha, ou no ato de lutar: mas num período de tempo em que a vontade de disputar pela batalha é suficientemente conhecida'. A Guerra Fria entre EUA e URSS, que dominou o cenário internacional na segunda metade do breve século XX, foi sem dúvida um desses períodos. Gerações inteiras se criaram à sombra de batalhas nucleares globais que, acreditava-se firmemente, podiam estourar a qualquer momento, e devastar a humanidade. Na verdade, mesmo os que não acreditavam que qualquer um dos lados pretendia atacar o outro achavam difícil não ser pessimistas, pois a Lei de Murphy é uma das mais poderosas generalizações sobre as questões humanas ('se algo pode dar errado, mais cedo ou mais tarde vai dar'). À medida que o tempo passava, mais e mais coisas podiam dar errado, política e tecnologicamente, num confronto nuclear permanente baseado na suposição de que só o medo da 'destruição mútua inevitável' (adequadamente expresso na sigla MAD, das iniciais da expressão em inglês – mutually assured destruction) impediria um lado ou outro de dar o sempre pronto sinal para o planejado suicídio da civilização. Não aconteceu, mas por cerca de quarenta anos pareceu uma possibilidade diária.

HOBSBAWM, Eric John. *Era dos extremos*: o breve século XX, 1914-1991. São Paulo: Companhia das Letras, 1995. p. 224.

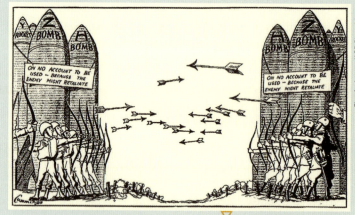

O cartunista Michael Cummings, nesta charge de 1953, ironiza o fato de que as duas superpotências na época da Guerra Fria mantinham ataques diversos uma à outra. No entanto, não utilizavam seus respectivos arsenais de bombas atômicas porque a nação rival poderia revidar. Nas bombas constam avisos: "Não utilizar porque o inimigo poderá retaliar".

Assinada pelo cartunista Bruce Russel em 1945, esta charge faz referência à Guerra Fria. A imagem apresenta um abismo entre o urso soviético e a águia estadunidense causado por "declarações irresponsáveis" e "grandes desconfianças", expressões escritas nos papéis que caem em direção ao fundo do abismo.

Trump ressuscitando a Guerra Fria, do cartunista Arcadio Esquivel. Publicada em dezembro de 2017, a charge refere-se às declarações e atitudes do presidente dos Estados Unidos, Donald Trump, em relação às políticas da Rússia (antiga União Soviética).

Para a execução da simulação, é preciso que as delegações representantes dos países se atentem aos pontos a seguir:

1. Assegurem-se de chegar adiantado no dia da simulação, para que possam rever o seu DPO, familiarizar-se com o ambiente e resolver quaisquer imprevistos antecipadamente.

2. O debate deve ser iniciado pelo professor de História, que também será o mediador de toda a simulação.

3. Quando o professor passar a palavra às delegações, deve ser feita uma rodada de introduções. Nesse momento cada representante apresentará seu posicionamento diante da crise em questão.

4. As rodadas subsequentes serão de réplicas ao posicionamento exposto pelos representantes dos países. Nas réplicas, as delegações identificarão os interesses e os limites de cada país, o que facilitará a negociação diplomática.

5. Prezem sempre pela ordem durante a conversação. Não se deve interromper o discurso dos representantes. Questões de ordem deverão ser apresentadas ao professor somente no intervalo entre os pronunciamentos.

6. Após um tempo estabelecido para o debate, a última etapa da simulação é a redação de um documento final. Esse documento deve conter as propostas encontradas pela turma para a solução da questão debatida. A redação final deve se basear em argumentos estabelecidos consensualmente pelos representantes e deve ser encaminhada para uma votação. O documento finalizado será avaliado pelo professor e discutido com a turma, a fim de que todos possam refletir sobre seus meios de realização e posterior eficácia.

É importante considerar que o objetivo dessa atividade é que tanto os alunos como o público que acompanham o debate percebam que os conflitos internacionais podem ser resolvidos no âmbito diplomático, sem necessidade de confrontos militares.

> **Questão de ordem:** é uma solicitação de esclarecimento a respeito da forma de condução dos trabalhos ou sobre a interpretação das regras procedimentais. A questão de ordem pode ser levantada quando qualquer delegado tiver dúvidas ou notar equívocos.

Atividades

1. O que você aprendeu com a atividade de simulação?

2. Indique de que maneira a atividade contribuiu para a sua compreensão da ordem geopolítica da Guerra Fria.

3. Quais são as principais diferenças entre o cenário geopolítico da Guerra Fria e o do mundo de hoje?

4. Na sua opinião, como a diplomacia pode ajudar a evitar e solucionar conflitos?

CAPÍTULO

14

O nosso tempo

Pessoas utilizando o ponto *wi-fi* de conexão à internet em um grande hotel no Malecon, em Havana. Cuba, 2018.

Você está terminando seu estudo da disciplina de História do 9º ano.

Este capítulo é um pouco diferente dos anteriores estudados na coleção. Ele tem por objetivo propor uma reflexão sobre o tempo presente. Tal diferença já aparece na foto de abertura e na ausência de linha do tempo no início do capítulo.

Pela imagem, fica evidente que vamos tratar de algo que diz respeito às mudanças no mundo atual. Tanto os historiadores quanto os estudantes de História não escapam das interrogações de seu tempo. Também sabemos que a história foi e continua sendo construída. Além disso, como conhecimento, a História não é uma ciência do passado, e sim a **ciência das sociedades no tempo**. Sendo assim, ela abrange todos os períodos cronológicos, incluindo o tempo recente ou de agora.

Apesar dos necessários cuidados diante das opiniões e emoções que nos cercam no tempo presente, elas não nos impedem de refletir sobre as questões que vivemos no dia a dia.

> **Para começar**
>
> Observe a imagem, leia a legenda e responda às questões.
>
> 1. As pessoas da foto estão se comunicando?
> 2. Cite uma vantagem e uma desvantagem dessa forma de comunicação.

1 A revolução do nosso tempo

Como vimos ao longo deste livro, muitas mudanças aconteceram até chegar ao momento em que vivemos.

Imagine um mundo em que não houvesse computador, celular ou internet disponíveis para as pessoas. Esse mundo existiu até, mais ou menos, as décadas de 1960 a 1980. A partir desse período, a **Revolução Técnico-científica** ou **Revolução Informacional** se acelerou e, aliada à globalização, trouxe avanços em diversas áreas do conhecimento:

- Desenvolvimento de novos medicamentos, vacinas e tratamentos médicos, que garantem, de modo geral, a melhoria das condições de saúde de grande parte da população mundial.
- Criação e difusão de novos modelos de computadores, *smartphones* e *tablets*, que permitem a comunicação instantânea entre pessoas de diferentes partes do mundo.
- Expansão da internet pelas mais diversas regiões do planeta, que possibilita trocas de informações mais rápidas.
- Progressos importantes em vários ramos da ciência, como astronomia, física e bioengenharia, que possibilitaram maior conhecimento a respeito de nós, seres humanos, e do Universo que nos cerca.

Tudo isso afeta a produção agrícola e industrial, os serviços, os transportes, as telecomunicações; em síntese, a vida das pessoas.

Outra característica marcante do período atual é a **aceleração** das mudanças. O que se considera "novo" pode se tornar "velho" e "obsoleto" em questão de pouco tempo. Essa sensação de rapidez foi impulsionada especialmente pela revolução tecnológica nas telecomunicações, com a invenção da internet e do celular, que nos permitem ter informações a todo instante sobre os mais diversos assuntos.

Além disso, enquanto navegamos, somos bombardeados por anúncios de produtos eletroeletrônicos, dos novos modelos de automóveis, das tendências da moda etc. Dessa forma, a publicidade passou a atingir a vida de cada um com muito mais força, gerando uma onda de consumismo com impactos preocupantes para o planeta.

No entanto, embora o mundo pareça mais integrado em muitos aspectos, são inúmeros os desafios e problemas que enfrentamos na atualidade. Muitos deles exigem que governos e cidadãos busquem novos jeitos de interagir com o planeta, com os recursos naturais, com o acesso ao conhecimento e com a sociedade.

Motivos de troca de aparelhos eletrônicos, eletrodomésticos, digitais* e celulares

	Porque o novo era mais atual, moderno, melhor ou com mais funções.	Porque o antigo até funcionava, mas estava com alguns defeitos.	Porque o antigo não funcionava mais.
Digitais	53%	22%	25%
Eletrônicos	52%	15%	33%
Celular	46%	21%	33%
Eletrodomésticos	42%	30%	28%

Fonte: elaborado com base em IDEC/MARKET ANALISYS. *Ciclo de vida de eletroeletrônicos.* 2013. Disponível em: <http://www.idec.org.br/uploads/testes_pesquisas/pdfs/market_analysis.pdf>. Acesso em: 10 ago. 2018.

* Aparelhos digitais referem-se a computadores, *notebooks*, *tablets* e afins.

Saiba mais

Quarta Revolução Industrial (ou continuidade da Terceira Revolução Industrial) e o emprego

Avanços tecnológicos recentes, bem como os efeitos potenciais sobre a produção e a ordenação econômica e social, têm recebido a denominação de Indústria 4.0 (por parte de alemães) e de outros de 4ª Revolução Industrial. Há quem aponte, no entanto, que são tão somente avanços da 3ª Revolução Industrial, um "upgrade" (atualização) da automação com digitalização.

Uns e outros apontam as novidades e seus impactos, bem mais intensos que os das últimas décadas. Na lista estão os **veículos autônomos** (carros, caminhões, tratores, barcos, drones); a **impressão 3D** (capaz de fabricar objetos por impressão, camada por camada, como peças de carros, por exemplo); **robôs avançados** (executando as mais diferentes tarefas e tendo maior interação via sensores avançados); **internet das coisas** (integração entre coisas, serviços, pessoas via redes "inteligentes"); além de recorrer a novos materiais mais leves, fortes, adaptáveis e recicláveis, bem como aos avanços vindos da biologia, da química e outras áreas.

Muitos economistas também apontam uma maior aceleração das mudanças, destacando o impacto dessa modernização nos mais variados setores afetando a questão do emprego. Alguns avaliam que milhões de empregos serão sacrificados e indicam estimativas entre 15 e 20% dos postos de trabalho desaparecendo, outros chegam a cifras bem mais altas até 2030. Lembrando que entre 2018 e 2019 já eram mais de 190 milhões de desempregados apontados pela OIT.

Como enfrentar tal quadro é o desafio que muitos pesquisadores discutem, passando por propostas de diminuição da jornada de trabalho (na França é de 34 horas, no Brasil, 40), tomando a ideia de que trabalhar menos abre portas para que todos trabalhem. Outros defendem impostos sobre a produtividade, assim obtendo recursos de empresas que recorrem a tais avanços produtivos para financiar empregos em outras áreas, como educação e saúde. Há ainda propostas de se criar a renda mínima nacional, garantindo as bases mínimas de sobrevivência de todos os cidadãos, empregados ou não, bem como a garantia do mercado de consumo. No entanto, tais encaminhamentos e discussões continuam enfrentando muitas barreiras, a exemplo da questão da competitividade das empresas (como a diminuição da jornada de trabalho ou aumento de tributos), já que representam mais custos.

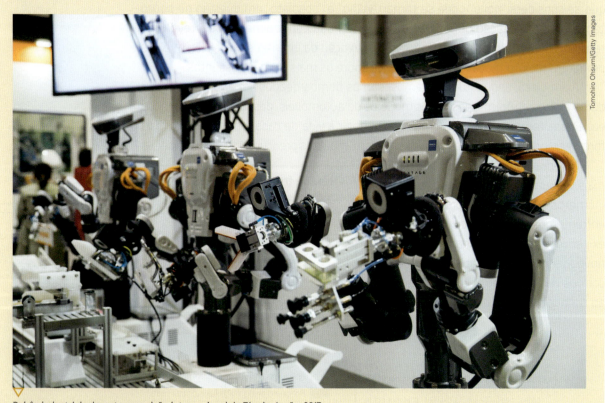

Robôs industriais durante exposição internacional de Tóquio. Japão, 2017.

TRABALHANDO COM DOCUMENTOS

O grafite é uma forma de expressão artística muito utilizada atualmente. Quase sempre ele é feito em locais de grande visibilidade. Essa forma de arte ocupa fachadas de construções, muros e pilares de viadutos, tornando a cidade um museu a céu aberto, que pode ser apreciado por qualquer pessoa. Devido a essas características, trata-se de uma manifestação artística bastante democrática.

Observe as imagens a seguir.

▷ Mural *Viver, reviver e ousar*, de Eduardo Kobra, em São Paulo (SP), 2018.

▷ Grafite *Salve os Tapajós*, feito pela artista plástica Simone Siss, em São Paulo (SP), 2016.

1▸ Como o artista representa os personagens no grafite 1?

2▸ Em que cenário esses personagens se encontram?

3▸ É possível visualizar a expressão desses personagens? Por quê?

4▸ Que sentimentos o grafite 1 desperta em você? Justifique sua resposta citando elementos da obra.

5▸ Observe o grafite 2 e identifique quem o produziu e onde ele está localizado. Na sua opinião, que mensagem a artista quis passar através de sua obra?

6▸ Existem grafites na cidade em que você vive? Você já parou para observá-los? O que você acha desse tipo de arte? Compartilhe sua opinião com os colegas de classe.

2 Tempo de desafios

Qual seria a "cara" do nosso tempo? Qual seria a característica mais marcante da sociedade em que vivemos? Muitos acreditam que as novas tecnologias de comunicação, da internet ao celular, dos satélites à televisão digital, constituem os elementos que dão forma e força ao século XXI. Outros ressaltam as questões ambientais como elementos centrais de nossa época.

A internet e seus usos

O mundo das imagens quase instantâneas da mídia, as redes sociais, os portais de notícias e os canais de vídeo, por exemplo, quando bem utilizados, podem ser importantes ferramentas na busca por soluções para os desafios enfrentados no cotidiano.

Para que isso aconteça, é fundamental que as sociedades se organizem, pressionando governos e instituições, discutindo propostas de avanço. A **rede mundial de computadores** (www, abreviatura de *world wide web*) ou **grande rede**, como é chamada a internet, pode promover a cidadania, favorecer a eficiência econômica, as relações entre pessoas e as mobilizações políticas. Movimentos sociais podem usar essa ferramenta para se expressar, organizar-se e manifestar-se.

Porém, as novas tecnologias de comunicação também podem ser utilizadas de maneira negativa. A rapidez na circulação de informações nas redes sociais pode disseminar notícias com erros, origens duvidosas e até mesmo falsas (as chamadas *fake news*). A isso unem-se a montagem de imagens e vídeos com técnicas ainda mais perfeitas de falsificação, as falsificações profundas (chamadas *deep fake*), que se espalham contando com o costume que temos de valorizar como verdade o que vemos.

▶ Alunos em aula de robótica em escola de Jaboatão dos Guararapes, em Recife (PE), 2017.

Outros exemplos de mau uso dessas tecnologias de comunicação são os grupos terroristas, neonazistas, criminosos que invadem computadores e a privacidade de seus usuários, além dos golpes bancários.

Assim, as sociedades se veem diante de novos problemas e precisam encontrar soluções para enfrentá-los, o que implica estabelecer legislação específica para combater tais práticas.

Produção, consumo e meio ambiente

Como já vimos, a população mundial atingiu os 7,6 bilhões de habitantes em 2017. O planeta nunca esteve tão populoso, e as projeções indicam que esse número continuará a crescer aceleradamente, atingindo 9 bilhões em 2050. Ao mesmo tempo, as pessoas estão vivendo cada vez mais, devido aos avanços da medicina e ao acesso a tratamentos médicos; em 2015, a expectativa de vida mundial atingiu a média de 71,4 anos – no Brasil, era de 75,5 anos, passando a 75,8 em 2016.

O crescimento da população e o seu envelhecimento geram um aumento do consumo de recursos naturais. Por isso, é preciso criar um modelo de **produção sustentável**, que atenda a crescente demanda de produtos sem acabar com esses recursos. Para tanto, é necessário pensar em mudanças, incluindo os hábitos de consumo.

Nesse sentido, é preciso encontrar alternativas energéticas para os combustíveis fósseis. A questão do clima em nosso planeta (aquecimento global) também tem mobilizado grupos sociais, pesquisadores e autoridades. Com frequência, são discutidas metas que buscam minimizar os efeitos negativos sobre o meio ambiente, como o controle do desmatamento de áreas florestais, das queimadas e das emissões de gases poluentes.

Vista aérea via drone do Parque Eólico Barra dos Coqueiros, em Sergipe, 2018.

Desigualdade social e violência

As cidades continuam se expandindo, o que agrava problemas ambientais e sociais, como **poluição**, falta de tratamento adequado ao **lixo**, uso excessivo de **defensivos agrícolas** nos alimentos, dificuldades nos **transportes** e no acesso a **moradias** dignas com **saneamento básico** e abastecimento de **água potável**, **desemprego**, **baixos salários**, **desigualdade econômica** e aumento da **violência** e da **criminalidade**.

Movimento no Metrô, centro de São Paulo (SP), 2017.

No Brasil, 786 870 pessoas foram assassinadas entre janeiro de 2001 e dezembro de 2015, uma média de um homicídio a cada dez minutos. Em 2016, foram 61 283 homicídios – média de quase sete pessoas assassinadas por hora –, dos quais 4 606 foram homicídios de mulheres e feminicídios – um a cada duas horas.

O caso dos afrodescendentes é bastante preocupante. De cada 100 pessoas assassinadas, 71 eram negras. Negros e pardos, que representam 53,6% da população brasileira, corresponderam a cerca de 75% dos casos de homicídio em 2016. E os jovens negros entre 15 e 29 anos apresentavam maior probabilidade de exposição à violência que os jovens brancos da mesma faixa etária.

O tráfico e o consumo de drogas

Outro problema que também está associado ao aumento da violência em nossa sociedade é o tráfico e o consumo de drogas.

Em 2015, cerca de 250 milhões de pessoas em todo o mundo afirmaram ter usado algum tipo de droga pelo menos uma vez ao longo de um ano. Desse total, cerca de 29,5 milhões de pessoas – ou 0,6% da população adulta global – tinham problemas relacionados ao uso de drogas e 190 mil morreram em decorrência do uso de substâncias ilícitas, como cocaína, *crack* e heroína.

A produção em larga escala das drogas sintetizadas impulsionou um comércio altamente rentável. O combate ao comércio ilegal de drogas, em nível mundial, passou a existir apenas em 1961, após uma convenção da ONU.

Apesar das leis proibitivas e da repressão para conter a expansão do uso das drogas, ainda não foi possível barrar seu alastramento pelo mundo. O Brasil tem a terceira maior população prisional do mundo, ficando atrás somente dos Estados Unidos e da China. E, dos mais de 720 mil presos, um terço cumpre pena por tráfico de drogas.

Agricultor coleta papoulas no distrito de Argo, na província de Badakhshan, Afeganistão, 2017. Nos últimos anos, a comunidade internacional tem buscado erradicar essa produção, mas sem sucesso.

As guerras e os "senhores das armas"

Quase 200 milhões de pessoas morreram nas guerras nos últimos cem anos. O aumento desses confrontos foi acompanhado por avanços na tecnologia bélica, que tornaram esses conflitos ainda mais letais.

Os bombardeios atômicos nas cidades japonesas de Hiroxima e Nagasáqui, em 1945, trouxeram à realidade a possibilidade de um combate nuclear entre nações. O uso de armas químicas (como diferentes gases, a exemplo do mostarda e do lacrimogêneo) e biológicas (como vírus e bactérias para contaminação de multidões) também se difundiu ao longo do século XX.

A indústria de armamentos esteve envolvida em todos esses confrontos, sendo responsável por grandes investimentos em pesquisa e desenvolvimento de armas e tecnologias bélicas. É uma das mais poderosas indústrias da atualidade, e opera diretamente no setor de defesa das nações.

Para tentar regular o comércio de armas e prevenir desvios de armamentos e munições para criminosos, grupos terroristas e governos que violam os direitos humanos, foi aprovado, em dezembro de 2014, o **Tratado sobre Comércio de Armas** na Assembleia Geral das Nações Unidas (ONU). Trata-se do primeiro acordo internacional para um possível controle global de armas.

Já no Brasil a questão das armas de fogo e da violência tem estimulado o debate sobre o Estatuto do Desarmamento, aprovado em 2003, que restringe o direito ao porte de armas. Parte dos cidadãos defende a sua revogação e outros entendem que há estudos suficientes que confirmam que mais armas em circulação causam mais mortes.

Revogação: anulação, cancelamento.

Saiba mais

Panorama dos povos indígenas no século XXI

Há mais de 500 anos ocorreram os primeiros contatos dos povos nativos do nosso continente com os europeus conquistadores. Seguiram-se séculos de desapropriação sistemática dos seus territórios, práticas discriminatórias, escravidão e extermínios. A população indígena declinou vertiginosamente por todo esse longo tempo e apenas nas últimas décadas ocorreu alguma recuperação populacional. Segundo dados de 2010 sobre a população indígena na América Latina, publicados pela Comissão Econômica para a América Latina e Caribe (Cepal), existem atualmente 45 milhões, referente a 826 povos indígenas contabilizados, sem considerar aqueles que vivem voluntariamente isolados (estimados em cerca de 200 povos). Veja abaixo a distribuição dos povos indígenas na América Latina.

Os povos indígenas na América Latina

Fonte: elaborado com base em CEPAL. *Los pueblos indígenas en América Latina*. Disponível em: <www.cepal.org/sites/default/files/infographic/files/indigenas_espanol.pdf>. Acesso em: 4 ago. 2018.

Por toda a região vários povos indígenas estão em perigo de extinção física e cultural e muitos outros em constantes conflitos com as frentes de exploração econômica, como mostra o mapa a seguir.

Minha biblioteca

Maíra, de Darcy Ribeiro, editora Global, 2014. Romance do antropólogo brasileiro que entrelaça as culturas indígenas e europeias revelando o caráter multicultural do Brasil.

A Terra sem males: mito guarani, de Jakson de Alencar, editora Paulus, 2009. Narrativa sobre o mito guarani da terra sem males, que abre uma discussão sobre as especificidades da cultura desse povo.

América Latina: mapa de projetos extrativos no setor de minerais e hidrocarbonetos em territórios habitados por povos indígenas (2010-2013)

Fonte: elaborado com base em DEL PAPOLO, Fabiana (ed.). *Los pueblos indígenas en América* (*Abya Yala*): desafíos para la igualdad en la diversidad. Libros de la CEPAL. n. 151 (LC/PUB.2017/26). Santiago: Comisión Económica para América Latina y el Caribe (CEPAL), 2017. p. 194. Disponível em: <https://repositorio.cepal.org/bitstream/handle/11362/43187/6/S1600364_es.pdf>. Acesso em: 1º ago. 2018.

Tais conflitos, destacam os pesquisadores da Cepal, decorrem de vários fatores, especialmente:

i) [...] inadequado ou inexistente resguardo jurídico dos direitos dos povos indígenas sobre suas terras [...]. ii) [...] violação de lugares sagrados dos povos indígenas. iii) Deficiente ou inexistente avaliação independente do impacto ambiental, social, econômico e territorial dos projetos extrativos. iv) Descumprimento do dever estatal de consulta aos povos indígenas e adoção de salvaguardas e medidas para proteger seus direitos antes de outorgar concessões ou autorizar a execução de projetos extrativos. v) Exclusão dos povos indígenas da participação nos benefícios pela exploração de recursos de seus territórios. vi) Criminalização do protesto social indígena por projetos de investimento que afetam seus direitos e territórios.

Indígenas bloqueiam a rodovia Panamericana em protesto contra o governo da Colômbia, 2017.

CEPAL. *Os povos indígenas na América Latina*: avanços na última década e desafios pendentes para a garantia de seus direitos. 2015. p. 56. Disponível em: <https://repositorio.cepal.org/bitstream/handle/11362/37773/S1420764_pt.pdf;jsessionid=322E3C41ACC6E08BE06866C6169E69D3?sequence=1>. Acesso em: 4 ago. 2018.

Fazer frente a tais desafios exige de todos nós, antes de tudo, levar em conta que os povos indígenas representam um dos grupos mais desfavorecidos em nossa história secular na América. A inclusão e o respeito aos direitos dos povos indígenas exigem romper com as práticas discriminatórias ainda persistentes e transformar em prioridade as políticas voltadas para a preservação de suas identidades coletivas e de seus territórios.

3 Nossa história

Podemos observar ao longo da história vários momentos em que diferentes sociedades atuaram para defender seus direitos. A **Declaração Universal dos Direitos Humanos**, que integra a luta contra o racismo, o respeito aos trabalhadores, a defesa pelos direitos femininos e o respeito às liberdades democráticas, pode ser considerada resultado dessa luta. Ditaduras e governos comprometidos com elites foram e continuam a ser cada vez mais enfrentados por boa parte da população mundial.

O conhecimento histórico pode ser associado a essas conquistas. Com base em pesquisas e reflexões feitas por estudiosos ao longo da história, foi possível desenvolver soluções para os desafios do presente. Isso torna o estudo histórico uma peça importante para a compreensão dos caminhos que nós podemos traçar.

O estudo da história não se encerra com o fim do ano escolar. Ele é uma abertura para você se tornar um cidadão mais crítico, participativo e responsável.

Na próxima etapa de seus estudos, você terá de começar a escolher o seu futuro profissional. Quanto dessa escolha pode ajudar a tornar possível o mundo que queremos? As suas escolhas fazem parte da sua história pessoal, que caminha ao lado de uma história maior, que é a do nosso tempo!

De olho na tela

Estrelas além do tempo. Direção Theodore Melfi. EUA, 2017. No contexto da Guerra Fria, um grupo de matemáticas negras, funcionárias da Nasa (agência espacial dos Estados Unidos), enfrenta o forte preconceito racial.

Vivendo no seu tempo

Você conheceu como era a vida em diversos períodos da história. Percebeu como os povos enfrentavam problemas e situações do cotidiano e conheceu as soluções que encontravam para eles. Agora, chegou a sua vez de contar como é viver no seu tempo!

Quais são seus costumes, como é seu dia a dia, o que você gosta de fazer e como se relaciona com as outras pessoas com as quais convive?

No caderno, escreva um texto com quatro ou cinco parágrafos sobre esse tema. Você pode se inspirar no conteúdo das outras seções *Vivendo no tempo*, deste e dos demais volumes da coleção, para ajudar a elaborar sua história. Pode, também, incluir imagens para enriquecê-la.

Depois, troque seu relato com o de um colega e veja as semelhanças e as diferenças entre suas histórias.

Elabore duas ou três perguntas sobre o texto que você leu e devolva para o colega, para que ele as responda. Você também vai responder às questões feitas sobre seu texto.

Ao final, todos podem ler suas histórias para a classe, com a orientação do professor.

São inúmeras as iniciativas de jovens escolares na área cultural que se engajam nos mais diversos projetos, bem como ações de solidariedade na sua cidade e região. Na foto, alunos da comunidade ribeirinha das proximidades do rio Tapajós, em Santarém, no Pará, recebem o projeto social *Saúde e Alegria*, que promove a cultura local por meio da dança e do canto do carimbó. Foto de 2017.

Mapeando saberes

TEMPO DA REVOLUÇÃO TÉCNICO-CIENTÍFICA
- Novos medicamentos, modelos de computadores, *smartphones*, *tablets*, etc.
- Expansão da internet, avanços nos mais variados campos da ciência, esperança de vida em alta, etc.

ATENÇÃO A ESTES ITENS

TEMPOS DE AVANÇOS DA TERCEIRA REVOLUÇÃO INDUSTRIAL OU QUARTA REVOLUÇÃO INDUSTRIAL E DE BUSCAS
- De fontes alternativas de energia, de defesa do meio ambiente (controle do desmatamento, de queimadas, de gases poluentes), de produção sustentável.
- De equacionar a relação produção e emprego; de minimizar as desigualdades econômicas e sociais; de garantir as liberdades e a democracia; de garantir os direitos dos povos indígenas; de maior eficácia no combate ao racismo, aos preconceitos e às violências; de efetivar uma sociedade mais solidária e de paz.

TEMPOS DE DESAFIOS
- Da questão do desemprego; do uso negativo da internet, da produção e o meio ambiente, da desigualdade social e a violência, do tráfico e consumo de drogas.
- Das prisões e a crescente população carcerária, das guerras e a produção de armas, da questão indígena, etc.

POR QUÊ?

- As reflexões sobre o passado servem de orientação para as decisões atuais e futuras.
- O conhecimento histórico, com suas pesquisas e discussões, contribui para o desenvolvimento de soluções para os desafios do nosso tempo.

- Quanto a essas tantas questões desafiadoras do nosso tempo, muito mais preocupante é a falta de discussão sobre como resolvê-las.
- As próximas etapas de estudo certamente juntarão esforços para viabilizar possíveis soluções.

ATIVIDADES

Retome

1. Vamos analisar uma letra de música.

   Pela internet

   Criar meu *website*
   Fazer minha *home-page*
   Com quantos gigabytes
   Se faz uma jangada
   Um barco que veleje

   Que veleje nesse infomar
   Que aproveite a vazante da infomaré
   Que leve um oriki do meu velho orixá
   Ao porto de um disquete de um micro em Taipé
   Um barco que veleje nesse infomar

   Que aproveite a vazante da infomaré
   Que leve meu e-mail até Calcutá
   Depois de um *hot-link*
   Num site de Helsinque
   Para abastecer

   Eu quero entrar na rede
   Promover um debate
   Juntar via internet
   Um grupo de tietes de Connecticut

   De Connecticut acessar
   O chefe da Macmilícia de Milão
   Um hacker mafioso acaba de soltar
   Um vírus pra atacar programas no Japão

   Eu quero entrar na rede pra contactar
   Os lares do Nepal, os bares do Gabão
   Que o chefe da polícia carioca avisa pelo celular
   Que lá na praça Onze tem um videopôquer
       para se jogar

       GIL, Gilberto. Pela internet. *Quanta*, Warner Music, 1997.

   a) Qual é o tema principal da música?
   b) Segundo a letra, quais são os usos possíveis da internet?
   c) A letra cita vários lugares do mundo. Identifique-os e localize-os em um mapa do mundo. O que você acha que o compositor queria dizer ao enumerar esses locais na canção?
   d) Na sua opinião, a internet provocou mudanças no mundo em relação ao que você estudou sobre o passado? Justifique.
   e) Como você acha que as pessoas se comunicavam e obtinham informações antes da invenção da internet?

2. Faça um texto estabelecendo uma relação entre a indústria bélica e a violência.

3. O capítulo apresentou alguns problemas do presente e os desafios a ser superados para enfrentá-los. Você saberia identificar outros problemas da atualidade?

4. Agora, pense em algumas soluções para os problemas que você levantou na atividade anterior. Anote suas ideias e escreva um texto com suas conclusões.

5. Faça um balanço do que você aprendeu em História este ano:

   a) De qual tema você mais gostou? E de qual você menos gostou? Por quê?
   b) Quais assuntos você acha que merecem mais leituras e discussões?

6. Com base no que você estudou este ano em História, levante os aspectos positivos e negativos que você identificou na dinâmica histórica do século XX ao XXI e anote-os em uma folha avulsa de papel. Troque suas anotações com um colega e veja o que ele anotou. Depois, escreva um texto reunindo as ideias da dupla.

Trabalhe em grupo

7. Leia o texto a seguir, observe a imagem e depois responda às questões.

   Em 2016, pela primeira vez na história, o número de homicídios no Brasil superou a casa dos 60 mil em um ano. De acordo com o Atlas da Violência de 2018, [...], o número de 62.517 assassinatos cometidos no país em 2016 coloca o Brasil em um patamar 30 vezes maior do que o da Europa. Só na última década, 553 mil brasileiros perderam a vida por morte violenta. Ou seja, um total de 153 mortes por dia.

   Os homicídios, [...], equivalem à queda de um Boeing 737 lotado diariamente. Representam quase 10% do total das mortes no país e atingem principalmente os homens jovens: 56,5% de óbitos dos brasileiros entre 15 e 19 anos foram mortes violentas.

> SALGADO, Daniel. Atlas da Violência 2018: Brasil tem taxa de homicídio 30 vezes maior do que Europa. *O Globo*. Disponível em: <https://oglobo.globo.com/brasil/atlas-da-violencia-2018-brasil-tem-taxa-de-homicidio-30-vezes-maior-do-que-europa-22747176>. Acesso em: 10 out. 2018.

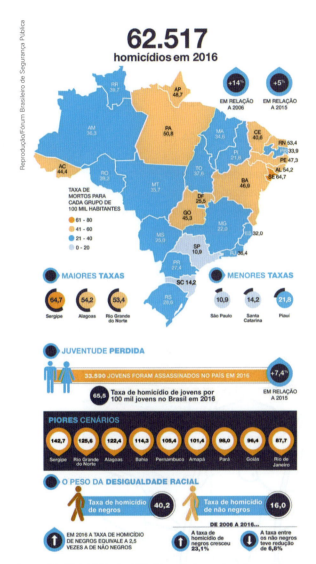

Fonte: ATLAS da Violência, 2018. Disponível em: <http://www.forumseguranca.org.br/wp-content/uploads/2018/06/FBSP_atlas_violencia_2108_Infografico.pdf>. Acesso em: 13 nov. 2018.

a) De acordo com o texto, como a questão do homicídio se caracteriza no Brasil?

b) Que grupos mais sofrem com a violência no país?

c) Observando a imagem, a taxa de homicídios aumentou ou diminuiu no Brasil entre 2006 e 2016?

d) E no seu estado, essa taxa cresceu ou apresentou queda nesse mesmo período?

e) Na sua opinião, o que pode ser feito para diminuirmos a morte de jovens por assassinato na sua cidade e no Brasil?

8. Em grupos de 4 a 6 alunos, escolham um dos temas descritos adiante e façam uma pesquisa em bibliotecas, na internet, em jornais, etc. e apresentem à classe em data a ser estabelecida pelo professor. Para isso, acompanhem os passos a seguir.

a) Escolham um dos temas para o trabalho:
- Tema 1: Aquecimento global
- Tema 2: Efeito estufa
- Tema 3: Mudanças climáticas
- Tema 4: Desmatamento
- Tema 5: Urbanização e meio ambiente
- Tema 6: Extinção de espécies

b) Para qualquer tema escolhido, apresente por escrito e oralmente os itens a seguir:
- Quais são os exemplos reais mais conhecidos da questão?
- Quais são os exemplos mais próximos que vocês conhecem na cidade, região ou estado em que vivem?
- Há ou não há preocupação da população e dos governos com o tema? Por quê?
- Sem sim, há ou não há uma mudança comportamental para conter esse processo? Em que sentido?
- Citem alguns caminhos a serem seguidos que poderiam contribuir para amenizar ou até resolver os problemas decorrentes da questão.

Autoavaliação

1. Quais atividades você considerou mais fáceis e mais difíceis? Por quê?
2. Em quais atividades você utilizou o texto do capítulo como base para sua resposta?
3. Algum ponto do capítulo não ficou muito claro para você? Qual?
4. Você compreendeu o esquema *Mapeando saberes*? Explique.
5. Você saberia apontar exemplos da atualidade considerando o que aprendeu no item *Por quê?* do *Mapeando saberes*?
6. Como você avalia sua compreensão dos assuntos tratados neste capítulo?
   - **Excelente**: não tive nenhuma dificuldade.
   - **Boa**: tive algumas dificuldades, mas consegui resolvê-las.
   - **Regular**: foi difícil compreender certos conceitos e resolver as atividades.
   - **Ruim**: tive muitas dificuldades, tanto no conteúdo quanto na realização das atividades.

LENDO IMAGEM

A internet conecta aparelhos eletrônicos de todo o mundo e permite um intenso fluxo de informações. Ela pode ser usada para facilitar relações entre pessoas e na organização de manifestações políticas, por exemplo. Entretanto, também pode ser utilizada como ferramenta em crimes, fraudes e no planejamento de atentados terroristas. Isso gera novos desafios à segurança de pessoas e nações.

Como evitar possíveis crimes sem invadir a privacidade de usuários e respeitando os princípios universais dos direitos humanos e da soberania das nações?

Em 2013, Edward Snowden, ex-funcionário da Agência Nacional de Segurança (NSA, na sigla em inglês) dos Estados Unidos, revelou detalhes de um programa de vigilância exercido por esse órgão. Segundo Snowden, a NSA espionava a população estadunidense e vários países da Europa e da América Latina, incluindo o Brasil. As denúncias causaram indignação e protestos internacionais e resultaram no documento *Direito à Privacidade na Era Digital*, elaborado por autoridades do Brasil e da Alemanha. O documento foi aprovado pela Assembleia Geral da Organização das Nações Unidas, no final do mesmo ano. A charge a seguir trata desse assunto.

A expressão do agente militar estadunidense é serena, como se estivesse realizando um trabalho de rotina.

A bandeira estadunidense, o símbolo da NSA e a cor da vestimenta sugerem que o personagem é um agente militar dos Estados Unidos.

O quepe, a cor da roupa e a bandeira chinesa sugerem que o personagem é um agente militar da China.

Pessoas comuns despreocupadamente manuseiam seus aparelhos eletrônicos enquanto são vigiadas por meio de um monitor.

O militar chinês é representado com uma expressão irônica, de superioridade, por estar espionando a NSA.

A ciberespionagem é o tema dessa charge de 2013, do cartunista holandês Arend Van Dam.

▶ **Ciberespionagem**: obter informações secretas de forma ilegítima por meio da internet ou de computadores conectados em rede.

A questão ambiental é outra pauta importante da atualidade. Alguns cientistas preveem grandes catástrofes e transformações climáticas se nenhuma providência for tomada acerca da preservação do meio ambiente. Com isso, políticas públicas que tratam dessa questão passaram a ser discutidas em todo o mundo. A charge a seguir trata desse assunto.

"Ajude, por favor" ("*Please help*", em inglês) é o título da charge, de 2014, do cartunista estadunidense Randall Enos. A expressão que dá título está escrita em inglês, na ilustração.

Identifique os elementos e a composição da obra

1▸ Quem segura a placa com a expressão "Ajude, por favor" ("*Please help*")? Quais são as características dessa figura?

2▸ Que outros personagens estão presentes na charge?

Analise a obra

3▸ Qual problema ambiental a charge critica? Justifique sua resposta.

4▸ Com base na charge, quais hipóteses você formula sobre o problema ambiental?

Pesquise uma charge e faça uma análise

5▸ Pesquise em jornais, revistas e na internet uma charge sobre um problema atual. Em um cartaz, faça uma análise da charge que você encontrou apontando: o assunto criticado e os recursos utilizados pelo chargista para fazer essa crítica. Em sala, mostre o seu cartaz para os colegas.

COMO FAZER

Seminário

Seminários são eventos nos quais grupos de estudantes expõem e debatem os resultados de suas pesquisas. Estas, em geral, abordam aspectos variados de um mesmo tema.

Para preparar um seminário, é preciso cumprir certas etapas de trabalho. Veja a seguir.

Definir o tema geral

Neste trabalho, estudaremos os conflitos sociais na Primeira República no Brasil.

Delimitar os temas específicos

Os temas específicos sugeridos para o trabalho são: a Revolta da Vacina e a reforma urbana do Rio de Janeiro; a Revolta da Chibata e os resquícios da escravidão no Brasil; a greve de 1917 em São Paulo e a imigração italiana.

Com o auxílio do professor, organizem-se em grupos e escolham o conflito que caberá a cada grupo pesquisar.

Desenvolver as pesquisas

Os grupos devem realizar a pesquisa em livros, revistas e *sites* para:

a) identificar os grupos envolvidos no conflito e apontar os interesses de cada um dos lados;

b) narrar o conflito, indicando seus principais episódios;

c) explicar a relação apresentada no enunciado do tema específico.

Preparar a apresentação

O grupo deve preparar uma apresentação oral dos resultados da pesquisa. Para atrair a atenção dos colegas, é interessante utilizar recursos audiovisuais, como cartazes, filmes, painéis com fotos, etc.

O debate final

Finalizadas as apresentações, organizem-se em um grande círculo na sala e, sob a orientação do professor, discutam os resultados das pesquisas.

Análise de fotografia

Costumamos acreditar que uma fotografia traz sempre um retrato fiel das pessoas e das situações. Contudo, não se pode esquecer que ela é apenas um "recorte" da realidade, feito pelo olhar do fotógrafo. Algumas fotos são "montadas" com a intenção de oferecer ao público uma determinada interpretação do que está sendo registrado.

Ao fazermos a análise de uma fonte fotográfica, devemos observar e refletir sobre alguns aspectos. Veja a seguir.

Identificar o autor

Pesquise a obra e a biografia do fotógrafo, pois isso pode ajudar a entender as suas intenções ao produzir a foto. A pesquisa poderá ser feita em revistas, livros especializados e *sites*.

Pesquisar o contexto

Verifique na legenda o lugar e a data da foto. Que fato histórico marcava esse momento?

Conhecer os recursos técnicos disponíveis

Identifique o tipo de fotografia.

As fotografias em preto e branco conferem mais dramaticidade à cena e, até 1907, eram as únicas que existiam. Mesmo depois da invenção da fotografia colorida, as fotos em preto e branco predominaram até 1930, pois os filmes coloridos eram muito caros. Por muito tempo, o peso e a dificuldade de manejo das máquinas também foram um obstáculo para o registro de cenas de grande movimento.

Identificar os elementos da fotografia

Na fotografia há grandes personalidades (como chefes de Estado e líderes revolucionários) ou personagens anônimos? Há prédios, construções, placas ou cartazes identificando lugares, marcas, etc.?

Descrever a fotografia

Ao descrever uma fotografia, é importante ficar atento a determinados aspectos:

1▸ A fotografia é em preto e branco ou colorida? Recebeu algum tipo de tratamento (efeitos, colorização, etc.)? Quais cores foram ressaltadas e como?
2▸ Como se distribuem a luz e as sombras?
3▸ De que ângulo foi feita a foto? Como é seu enquadramento?
4▸ Quem são, o que fazem e como se expressam os personagens retratados?
5▸ Quais características do cenário chamam sua atenção?

Interpretar a fotografia

Considere todos os itens anteriores e faça uma interpretação da fotografia. Lembre-se de que a imagem registrada na foto não é a realidade, mas uma interpretação dela, determinada pelo ponto de vista do fotógrafo. Por trás de cada foto, existe uma intenção, e é isso que se deve tentar apreender.

Ponto de ônibus em Berlim. Foto de Robert Capa, de agosto de 1945.

Coleta de depoimentos

A prática de coletar e analisar depoimentos históricos é chamada de história oral. Os historiadores que se valem dessa prática não tomam esses depoimentos como "verdades históricas definitivas". Eles sabem que muitas informações são omitidas e outras, muitas vezes, são transformadas pela memória das pessoas. O objetivo não é descobrir como os fatos realmente aconteceram, mas como foram preservados na lembrança dos indivíduos.

Para coletar depoimentos históricos, é necessário seguir alguns passos. Veja a seguir.

Delimitar o tema

Em grupo, escolham um tema vinculado à ditadura militar no Brasil, como a censura, a prática da tortura, a luta armada, os festivais de música ou outro.

Encontrar os entrevistados

Cada grupo escolhe uma ou mais pessoas que tenham vivenciado a ditadura militar. Além das lembranças, os entrevistados podem revelar outros documentos da época, como objetos, notícias de jornal, discos, fotografias, cartas, etc.

Montar o roteiro

O roteiro da entrevista deve conter: identificação do entrevistado (nome, idade, cidade onde nasceu, profissão, local onde vivia e o que fazia à época da ditadura) e o tema escolhido.

Exemplos de perguntas que podem ser feitas:

1. Que imagem você tinha das Forças Armadas no tempo da ditadura militar?
2. Como eram os programas de televisão e de rádio?
3. Como era seu cotidiano naquele tempo?
4. Você se lembra de algum episódio de repressão da ditadura?
5. Você se recorda de algum evento que foi notícia de destaque durante a ditadura: a Marcha da Família com Deus pela Liberdade, o sequestro do embaixador dos Estados Unidos, a vitória da seleção brasileira de futebol em 1970? Em caso afirmativo, que memória tem deles?

Fazer a entrevista

Se possível, gravem a entrevista em áudio ou vídeo.

No decorrer da entrevista, deixem o entrevistado à vontade. No entanto, será estimulante se vocês formularem novas questões em função das lembranças que forem sendo trazidas à tona.

Transcrever e analisar o conteúdo

- Depois de gravada a entrevista, vocês terão de transcrevê-la. Selecionem dela apenas as memórias do entrevistado que chamaram mais sua atenção ou que vocês considerem mais importantes.
- Por fim, comparem os depoimentos dos entrevistados entre si e com as informações que vocês estudaram neste capítulo: Existem contradições? Em quais aspectos coincidem? O que as entrevistas revelaram sobre as memórias que as pessoas têm da ditadura?

Análise de um telejornal

Para muitos de nós, as informações sobre o que ocorre hoje no Brasil e no mundo chegam por meio dos noticiários de televisão. Isso significa que nossas interpretações e opiniões sobre os fatos são influenciadas pelo que as emissoras valorizam ou não no momento em que transmitem as notícias. Por isso, é preciso avaliar criticamente as informações que recebemos.

Ao analisarmos um telejornal devemos seguir alguns passos. Veja adiante.

Conhecer o perfil do telejornal

Procure identificar o perfil do telejornal que costuma ser visto em sua moradia. Em geral, os jornais de maior audiência são os das 20 h, horário em que a maior parte das pessoas já retornou para casa depois do trabalho. Há também telejornais que transmitem somente notícias locais, outros que abordam um único assunto, como esportes ou finanças.

Escolher o tema

Com a ajuda do professor, escolham em sala pelo menos três assuntos de grande repercussão nos últimos dias. De preferência, escolham uma notícia internacional, uma nacional e outra local, da cidade ou do estado em que vivem, pois assim vocês perceberão a qual segmento o jornal costuma dar mais ênfase.

Acompanhar o telejornal por um período

Durante alguns dias, todos os alunos da sala devem acompanhar os telejornais mais vistos em casa. O ideal é que isso seja feito por sete dias. Para fazer esse acompanhamento, elaborem uma tabela com os itens a serem analisados, reservando espaço para observações a cada dia do período determinado pela classe.

Registrar as observações

Enquanto o telejornal estiver sendo exibido, preencha o quadro abaixo com as informações pedidas.

Nome do telejornal:					
Canal e horário em que é transmitido:				Data:	
Público a que se dirige:					
"Chamadas" de abertura:					
Notícias	Ordem de aparição	Assunto	Duração (em minutos)	Imagens mostradas	Comentários do apresentador ou entrevistado; adjetivos empregados
	1ª				
	2ª				
	etc.				

Comparar diferentes telejornais

Reúnam-se em grupos para comparar os resultados. De preferência, cada grupo deve ser formado por alunos que acompanharam diferentes telejornais.

Identifiquem diferenças de abordagem entre os telejornais analisados. Todos trataram dos mesmos temas? Dedicaram a mesma atenção a eles? Que postura os apresentadores expressaram durante a transmissão das notícias?

Ao final dos debates, apresentem suas conclusões para a sala em forma de seminário.

Bibliografia

ANDERSON, Perry. *O fim da História*: de Hegel a Fukuyama. Rio de Janeiro: Zahar, 1992.

BARROS, Edgard Luiz de. *O Brasil de 1945 a 1964*. São Paulo: Contexto, 1990.

BECKER, Jean-Jacques. *O Tratado de Versalhes*. São Paulo: Ed. da Unesp, 2011.

BETHELL, L. (Org.). *História da América Latina*: a América Latina colonial. São Paulo: Edusp, 1998-1999. 2 v.

BOBBIO, Norberto. *Dicionário de política*. Brasília: Ed. da UnB, 1993. 2 v.

BUSHKOVITCH, Paul. *História concisa da Rússia*. São Paulo: Edipro, 2014.

CARVALHO, José Murilo de. *A formação das almas*: o imaginário da República no Brasil. São Paulo: Companhia das Letras, 1990.

_____. *Os bestializados*: o Rio de Janeiro e a República que não foi. São Paulo: Companhia das Letras, 1987.

CHASTEEN, John Charles. *América Latina*: uma história de sangue e fogo. Rio de Janeiro: Campus, 2001.

CORDEIRO, Domingos Sávio. *Narradores do Padre Cícero*: muito mais a contar. Fortaleza: Expressão Gráfica Editora, 2011.

D'ALESSIO, Márcia Mansor. *Reflexões sobre o saber histórico*. São Paulo: Fundação Ed. da Unesp, 1998.

DOWBOR, Ladislau; IANNI, Octavio; RESENDE, Paulo-Edgar A. *Desafios da globalização*. Petrópolis: Vozes, 1997.

DUBY, Georges. *Atlas histórico mundial*. Lisboa: Presença, 1985.

FAUSTO, Bóris. *A Revolução de 1930*. São Paulo: Brasiliense, 1972.

_____. *Getúlio Vargas*. São Paulo: Companhia das Letras, 2006.

FERRO, Marc (Org.). *O livro negro do colonialismo*. Rio de Janeiro: Ediouro, 2004.

FREITAS, Marcos Cezar de (Org.). *A reinvenção do futuro*. São Paulo: Cortez, 1996.

GASPARI, Elio. *A ditadura derrotada*. São Paulo: Companhia das Letras, 2003.

_____. *A ditadura encurralada*. São Paulo: Companhia das Letras, 2004.

_____. *A ditadura envergonhada*. São Paulo: Companhia das Letras, 2002.

_____. *A ditadura escancarada*. São Paulo: Companhia das Letras, 2002.

_____. *A ditadura acabada*. Rio de Janeiro: Intrínseca, 2016.

GOMES, Angela de Castro (Coord.). *Olhando para dentro*: 1930-1964. Rio de Janeiro: Objetiva, 2013. v. 4.

GRECO, Patrícia Danza. *Arte e revolução na Rússia bolchevique*. Disponível em: <www.uff.br/revistacontracultura/Arte%20Revolucao%20Greco.pdf>. Acesso em: 6 ago. 2018.

HALPERIN DONGHI, Túlio. *História da América Latina*. Rio de Janeiro: Paz e Terra, 1975.

HOBSBAWM, Eric J. *A era dos extremos*: o breve século XX. São Paulo: Companhia das Letras, 1995.

_____. *A era dos impérios*. Rio de Janeiro: Paz e Terra, 1988.

_____. *Globalização, democracia e terrorismo*. São Paulo: Companhia das Letras, 2007.

HOLANDA, Sérgio Buarque de; FAUSTO, Bóris (Dir.). *História Geral da civilização brasileira*. Rio de Janeiro: Bertrand Brasil, 1996. 11 v.

IANNI, Octavio. *A sociedade global*. Rio de Janeiro: Civilização Brasileira, 1998.

JUDT, Tony. *Pós-guerra*: uma história da Europa desde 1945. Rio de Janeiro: Objetiva, 2008.

KUCINSKI, Bernardo. *A síndrome da antena parabólica*. São Paulo: Fundação Perseu Abramo, 1998.

LE GOFF, Jacques. *Uma vida para a história*: conversações com Marc Heurgon. São Paulo: Ed. da Unesp, 1998.

LIRA NETO. *Getúlio*: dos anos de formação à conquista do poder (1882-1930). São Paulo: Companhia das Letras, 2012.

LOSURDO, Domenico. *Guerra e revolução*: o mundo um século após outubro de 1917. São Paulo: Boitempo, 2017.

LÖWY, Michael. *Revoluções*. São Paulo: Boitempo, 2009.

MEDEIROS, Daniel H. de. *1930*: a revolução disfarçada. São Paulo: Brasil, 1989.

MORAES, Reginaldo. *Neoliberalismo*: de onde vem, para onde vai? São Paulo: Senac, 2001.

NAPOLITANO, Marcos. *História do Brasil República*: da queda da Monarquia ao fim do Estado Novo. São Paulo: Contexto, 2016.

NEPOMUCENO, Eric. *A memória de todos nós*. Rio de Janeiro: Record, 2015.

NOVAES, Marcel. *Do czarismo ao comunismo*: as revoluções russas do início do século XX. São Paulo: Três Estrelas, 2017.

NOVAIS, Fernando A. (Dir.). *História da vida privada no Brasil*. São Paulo: Companhia das Letras, 1998. v. 3 e 4.

NÓVOA, Jorge Luiz Bezerra (Org.). *A História à deriva*: um balanço de fim de século. Salvador: UFBA, 1993.

POCHMANN, Marcio. *O emprego na globalização*: a nova divisão internacional do trabalho e os caminhos que o Brasil escolheu. São Paulo: Boitempo, 2012.

PRADO, Maria Ligia. *História da América Latina*. São Paulo: Contexto, 2014.

REIS FILHO, Daniel Aarão; FERREIRA, Jorge; ZENHA, Celeste (Org.). *O século XX*. Rio de Janeiro: Civilização Brasileira, 2000.

REIS, Daniel Aarão (Coord.). *Modernização, ditadura e democracia*: 1964-2010. Rio de Janeiro: Objetiva, 2014. v. 5.

RIBEIRO, Darcy. *Os índios e a civilização*: a integração das populações indígenas no Brasil moderno. São Paulo: Companhia das Letras, 1996.

SADER, Emir. *A Revolução Cubana*. São Paulo: Moderna, 1986.

_____ (Org.). *O mundo depois da queda*. São Paulo: Paz e Terra, 1995.

_____. *Século XX*: uma biografia não autorizada. São Paulo: Fundação Perseu Abramo, 2000.

SADER, Emir; JINKINGS, Ivana; NOBILE, Rodrigo; MARTINS, Carlos Eduardo (Coord.). *Latinoamericana*: enciclopédia contemporânea da América Latina e do Caribe. São Paulo: Boitempo, 2006.

SCHWARCZ, Lília Moritz. *Brasil*: uma biografia. São Paulo: Companhia das Letras, 2015.

SEVCENKO, Nicolau. *Pindorama revisitada*: cultura e sociedade em tempos de virada. São Paulo: Petrópolis, 2000.

_____. *A corrida para o século XXI*: no *loop* da montanha-russa. São Paulo: Companhia das Letras, 2001.

SINGER, Paul. *A formação da classe operária*. São Paulo: Atual, 1987. (Discutindo a História).

SKIDMORE, Thomas. *Brasil*: de Getúlio a Castelo. Rio de Janeiro: Paz e Terra, 1975.

TELES, Edson; SAFATLE, Vladimir Pinheiro (Org.). *O que resta da ditadura*: a exceção brasileira. São Paulo: Boitempo, 2010. (Coleção Estado de Sítio).

VENTURA, Zuenir. *1968, o ano que não terminou*. Rio de Janeiro: Nova Fronteira, 1988.

WASSERMAN, Claudia. *História da América Latina*: cinco séculos. Porto Alegre: Ed. da UFRGS, 1996.

ZIZEK, Slavoj. *Alguém disse totalitarismo*: cinco intervenções no (mau) uso de uma noção. São Paulo: Boitempo, 2013.